本书出版得到广西科技大学学术专著出版基金
广西科技大学博士基金项目(13z06)的资助

WOGUO
XINXING CHANYE FAZHAN DE
ZHIDU CHUANGXIN YANJIU

袁中华 著

我国新兴产业发展的制度创新研究

Southwestern University of Finance & Economics Press
西南财经大学出版社

图书在版编目(CIP)数据

我国新兴产业发展的制度创新研究/袁中华著.—成都:西南财经
大学出版社,2013.11
ISBN 978 - 7 - 5504 - 1224 - 8

Ⅰ.①我…　Ⅱ.①袁…　Ⅲ.①新兴产业—产业发展—制度建
设—研究—中国　Ⅳ.①F279.244.4
中国版本图书馆 CIP 数据核字(2013)第 243200 号

我国新兴产业发展的制度创新研究

袁中华　著

责任编辑:李霞湘
封面设计:穆志坚
责任印制:封俊川

出版发行	西南财经大学出版社(四川省成都市光华村街55号)
网　　址	http://www.bookcj.com
电子邮件	bookcj@foxmail.com
邮政编码	610074
电　　话	028 - 87353785　87352368
照　　排	四川胜翔数码印务设计有限公司
印　　刷	郫县犀浦印刷厂
成品尺寸	148mm×210mm
印　　张	9.375
字　　数	230 千字
版　　次	2013 年 11 月第 1 版
印　　次	2013 年 11 月第 1 次印刷
书　　号	ISBN 978 - 7 - 5504 - 1224 - 8
定　　价	38.00 元

摘　要

2007 年美国发生次贷危机之后，这一危机不断向其他国家蔓延，继而发展成为席卷全球的金融危机，给世界政治、经济、文化带来深刻影响，尤其是在经济格局方面将可能导致其重新洗牌与调整，全球步入后危机时代。

全球经济发展历史的经验表明，新兴产业总能在战胜重大经济危机的过程中孕育和成长，以其特有生命力成为新的经济增长点，成为摆脱经济危机的根本力量，并在危机过后，推动经济进入新一轮的繁荣。当前，无论是后危机时代的强烈需求，还是科学技术内部所积蓄的能量，都正在催生着一场以新能源技术和生命科学重大突破为标志的技术革命。面对国际金融危机的严重冲击，主要发达国家纷纷调整产业发展方向，出台新兴产业发展战略规划，加大对科技创新的投入，加快对新兴技术和产业发展的布局，力争通过发展新技术、培育新产业，创造新的经济增长点，率先走出危机，抢占新一轮经济增长的战略制高点，新一轮的产业、技术革命正在酝酿。

新兴产业作为一种新的产业形态，具有高风险、高投入和高收益等不同于传统产业的独特特征，其发展规律、模式、制度需求等均与传统产业有着较大区别，政府的政策引导与制度保障显得相当重要，因此，新兴产业的发展，需要一系列的制度创新以促进各种资源在新兴产业的集聚，在新一轮经济发展中调整产业结构，抢占产业发展制高点。

我国自改革开放以来，坚持进行各项体制、制度的改革与完善，但从整体而言，仍然存在诸多的问题：在融资制度方面，商业银行对新兴产业发展的支持作用甚微，创业投资的发展时间较短，创业板的发行节奏缓慢而远不能满足众多创新型公司的融资需求，政策性银行由于功能性定位而处于服务缺位状态。在人力资本培育制度方面，人才教育制度与社会需求脱节，企业培训制度供给不足，激励制度不健全而难以充分激发创新人才的积极性和创造性，人才在各个产业之间自由、合理流动的机制有待完善。在科技制度方面，科技管理机构重叠、多头交叉，缺乏科技投入的长期增长机制，企业尚未成为真正的技术创新主体，产业化比率低下，科研生产"两张皮"现象严重；在政府管理制度方面，立法不成体系且协调性差，财政投入增长机制没有落实，财政支出方式缺乏效率，税收优惠政策针对性不强，税种设置不合理，财税政策对新兴产业激励、引导作用尚不明显。所有的这些问题，都需要不断进行制度创新，有效破解新兴产业发展的制度瓶颈，为新兴产业的发展提供良好的制度环境与制度安排。

本书的分析脉络大体如下：

首先对新兴产业及其相关概念之间的联系与区别进行界定，厘清有关制度、制度创新的概念，并系统梳理有关产业发展的一般理论。

然后对新兴产业的形成动因、发展路径进行理论研究，并运用行业面板数据对影响新兴产业发展的主要因素进行实证检验，尤其是考察了制度变迁对新兴产业发展的贡献程度。

接下来分析制度在新兴产业发展过程中的作用定位，阐述新兴产业发展所需的制度系统，并运用制度分析法研究新兴产业制度创新机制以及运用演化博弈思想动态分析制度创新模式，从而为本书后续的研究奠定了理论基础以及分析框架。

在此框架下，本书接下来的三章分别结合我国制度建设的实际情况，就我国新兴产业发展的要素培育制度创新、企业制度创新以及政府管理制度创新进行详细论述，提出了较具可行性、操作性的观点。

最后，本书以成都市战略性新兴产业的发展实践为案例，说明新兴产业发展所需的制度系统及其创新。

本书的主要结论有：

（1）新兴产业形成的动因主要有："技术推动"模式、"需求拉动"模式以及"技术推动—市场拉动"综合模式。新兴产业发展路径主要有市场自发培育式、政府培育式以及市场自发与政府扶持相结合模式。

（2）制度与资本、技术、人力资本构成新兴产业发展的内生性要素，但制度高于技术，制度高于资本，是首要的因素。制度对其他三大要素均有着极其重要的影响，资本、技术、人力资本在某个产业集聚的数量和质量，取决于制度环境和具体的制度安排；制度能够促进人才、资本与技术之间的耦合。

新兴产业发展的制度系统分为正式制度和非正式制度。正式制度包括要素培育制度、企业制度和政府管理制度，其中要素培育制度包括了融资制度、人力资本制度和科技制度，企业制度由企业组织制度、企业产权制度、法人治理制度、管理制度等构成，政府管理制度包括财税制度、法律制度和产业政策等。非正式制度则涵盖了价值观、意识形态、风俗习惯、文化传统等内容。

（3）实证检验的结果显示，我国新兴产业增长的主要拉动力量是实物资本的投入，尚未走出传统产业"粗放型、数量型"增长方式的一贯模式，向"集约型、质量型"增长方式转变势在必行。人力资本、技术进步对新兴产业发展的促进作用不显著，其主要原因是尚未建立较为完善的人力资本制度和科技制度，限制了人力资本和技术进步在新兴产业发展中作用的发挥。制度因素已经成为新兴产业发展中仅次于实物资本之后的第二大拉动因素，但应该看到的是，尽管非国有化、市场化、外向化进程仍在不断继续，政府扶持力度也在加大，仍存在较大的制度创新空间，应坚持各项制度、机制的改革与创新，并注重制度之间的耦合性，使之成为新兴产业发展的首要拉动因素。

（4）由于与传统产业相比对制度的特殊需求，新兴产业的出现必将导致制度的非均衡，而且这种制度的非均衡会在一定时期内存在，也即新兴产业从诞生开始，总是或多或少要经历一段"制度真空"时期。因此，政府和企业应加强对新兴产业发展规律、影响因素、适应的制度、技术和产业发展趋势等方面的基础性研究，尽量减少认知时滞，缩短制度非均衡存在的时间，尽早形成有利于新兴产业发展的制度环境和制度安排。

由于制度创新仅在潜在收益大于创新成本时才发生，新兴产业出现后引发的制度失衡并不必然导致制度的"适应性"创新，"制度真空"时段的长短取决于是否有某个外部的力量来改变潜在收益与制度创新成本之间的比较。而危机作为一种典型的外部力量，将给新兴产业的快速发展带来新的机遇，对政府而言，要充分利用好危机之后给新兴产业带来的发展机遇，适时创新制度，转危为机。

主体的创新收益大于创新成本，还只是该主体进行制度创新的必要条件，而非充分条件，因为制度供给存在外部性。对创新主体而言，只有当与其他主体合作条件下的创新利润大于不合作条件下的创新利润时，该主体才会从事制度创新活动。而一旦所有主体在合作条件下的创新利润小于不合作条件下的创新利润之和时，演化稳定策略取决于初始状态。

（5）要素培育制度是新兴产业发展的核心制度。任何一个产业的发展都离不开资本（实物）、人力资本和技术这三大要素，对于新兴产业而言亦不例外，只是其对这些要素需求的特征（特性、数量、质量）与传统产业有所区别，这些要素的供给与集聚，都是在一定制度背景和制度安排下进行的，因此，要素培育制度是新兴产业发展的核心制度，该制度与新兴产业发展的耦合与适应程度会直接影响到新兴产业的发展速度与质量。

（6）企业制度是新兴产业发展的微观基础。鉴于新兴企业的特征，结合现代企业组织发展的新趋势，未来新兴企业组织形式将朝着扁平化、虚拟化、网络化、模块化等方向发展。

（7）政府管理制度是新兴产业发展的重要支撑。政府管理制度包括法律制度、财税制度以及产业政策，通过这些制度功能的发挥，能够起到"引导"、"激励"、"服务"和"规范"作用，从而有效促进新兴产业的发展。

本书可能的创新之处包括：

（1）运用行业面板数据验证制度变迁对新兴产业发展的贡献。尽管在产业经济学的经典教材中新兴产业的概念早已有之，但在本次危机之前，对新兴产业的研究相对较少，再加之目前尚未有专门的统计口径对新兴产业的发展相关数据进行核算，以前的研究仅从定性的角度分析新兴产业与产业结构、经济增长之间的关系，尚缺乏对新兴产业有关问题的定量研究。传统的经济理论认为产业的发展主要在于投入要素，本书的一个创新就在于将制度变迁作为一个内生因素纳入分析框架，并借用高技术产业的历史统计数据运用行业面板模型，对人力资本、技术进步尤其是制度变迁对新兴产业发展的贡献程度进行实证验证，以准确分析新兴产业发展的影响因素。

（2）探索新兴产业发展的制度系统，运用新的方法研究制度创新机制与模式。宏观的制度系统、制度创新机制与模式研究在新制度经济学中属于基础性研究，但对特定产业发展的制度系统及其创新的研究目前还处于探索阶段，一般是借用新制度经济学派的分类与研究方法。本书在具体分析新兴产业的制度系统时，不囿于其框架，对新兴产业的制度系统进行大胆的尝试性探索，将其分为要素培育制度、企业制度以及政府管理制度，当然，其可行性还有待商榷。同时，借助新制度经济学的研究方法，对新兴产业发展的制度创新机制进行研究，并尝试运用演化博弈的思想，探讨新兴产业发展的制度创新模式，得到一些有益的启示，这是本书的另一创新之处。

（3）提出了一些具体的制度创新设想与思路。制度创新有渐进式与激进式之分，而且对于我国而言，更多的是采取渐进式的制度变革方式，因此，本书大多数制度创新也遵循这一思路，但仍提出一些比较有创新性的制度变革建议。例如在融资制度创新中，为了解决商业银行进入新兴产业领域的"两难"选择，本书提出了三种比较有创新意义的思路：构建风险保障机制、创新信贷管理办法以及构建科技银行功能，并针对每一思路提供了切实有效的实施路径；另外，在融资制度方面，还提出了组建科技政策性银行的大胆建议，也设计了组建政策性银行的三个渠道；在企业知识产权制度创新中，为消除专利实施中的授权障碍、促进专利技术的推广应用、实现集成创新与知识产权的有效保护，建议在新兴产业中建立与推行"专利池"制度，并对构建模式的选择、专利池的规划、组建方式、管理及规制等方面的内容提出了初步设想。在政府管理制度创新中，基于我国培育和发展新兴产业与传统产业升级改造的双重任务，本书提出要通过有效的产业政策，实现传统产业与新兴产业耦合发展的思想，并从耦合的三个方面进行了具体的论述。

关键词：后危机时代；新兴产业；制度系统；制度创新；制度安排

Abstract

After the subprime mortgage crisis occurred in America in 2007, the crisis had spread to other countries and then developed into a global financial crisis, wich has a great impact on the world's policy, economy and culture. The financial crisis will lead to an adjustment in the economic structure, the world steps into the post – crisis era.

It is proved by the history of global economic development, that emerging industry can always grow up with the overcoming of economic crisis, and become a new economic growth point by its unique vitality as well as the major force to get rid of the economic crisis. The emerging industry will promote the economy into a new round of prosperity after the crisis. Currently, no matter the strong demand of the post – crisis era or the energy saving by inner scientific technology are being spawned with a technological revolution marked with a new technology for energy – use and a breakthrough in life science. Facing the severe impact of the financial crisis, major developed countries have to adjust the direction of the industrial development. A package of emerging industry development strategy and continually investment in scientific innovation, accelerate the layout of emerging industry and industrial development and try to get out of the financial crisis by developing new technologies, generating new industries and creating a new economic growth point in order to seize a commanding point in a new round of economic growth. New round of industrial technology revolution is brewing.

As a new industrial type, emerging industry has its unique characteristics which are different from traditional industries such as high risk, high investment and high yield. The law of development, pattern and system requirement of emerging industry are quite different from the traditional industry, the government's policy guidance and institutional guarantee become very important. So the development of emerging industry requires a series of institutional innovation in order to promote industrial resources' agglomeration in emerging industry. Adjust the industrial structure in a new round of economic development on purpose to seize a commanding point in industrial development.

Since reform and opening up, China insists on the institutional reform and improvement, but overall, there are still many problems: on financial institution, the commercial banks play a very small role on the development of the emerging industry, the time of venture capital investment's development is very short, Growth Enterprises Market issue is too slow to meet the financial needs of numerous innovative companies, due to the functional orientation the policy banks are in a state of service vacancy. In the human capital training intitution, personnel education system is disconnect with social needs, the training system of company is in short, incentive system is distempered, so that it is very difficult to fully motivate the initiative and creativity of creative talents. The mechanism that talents can flow freely and reasonably should be improved. In science and technology institution, technology management duplication and long cross, lack of long - term science and technology investment growth mechanism, the enterprise has not become a true technological innovation main body yet, the rate of industrialization is low, phenomenon of "two pieces of skins" in research and production is serious. In government management system, legislation is not systemic and poor coordinated, financial investment growth system is not implemented, way of fiscal expenditure lack of efficiency, pertinence of preferential tax policies is not strong, tax sets unreasonable, fiscal and taxation policies' encouraging and introductory function in emerging industry is not clear yet. All of these problems need continuous insitutional innovation, to break the bottleneck of the development of emerging industry. Provide a good institutional environment and institutional arrangements for the development of the emerging industry.

The analysis of context in the dissertation as bellow:

First of all, definite emerging industry and the connection and difference between it and other related concepts, clarify the concepts of institution and institutional innovation, and comb the general theory of industrial development systematically.

Secondly, do some theoretical research in motivation and development route of emerging industry, and use panel data on the empirical test about the main factors of impact of the development of emerging industry, in particular, examines the degree which institutional change contribute to the development of emerging industry.

Thirdly, analyze the role in position that institution plays in emerging industry, discourse the institutional system that emerging industry required in its development, and make use of institutional analysis method in the analysis of institutional innovation in emerging industry and the use of evolutionary game theory in the dynamic analysis of institutional innovation model, thereby laying a posterior analytical framework and a theoretical foundation for this paper.

According to this framework, the paper combines the following three chapters with the actual situation of china's institution context, discuss the emerging industry development of cultivating system innovation elements, the enterprise system innovation and the government management system innovation in detail, and present some feasible, operational opinions.

Finally, as the developmental practice of strategic emerging industry in chengdu city a case, paper explain the needed institiution in the development of emerging industry and its innovation.

The main conclusions of this paper are:

(1) The main causes of emerging industrial formation are: "technology push" model , "demand pull" model and "technology push—the market pull" integrated model. The paths of emerging industrial development are: market spontaneous foster type, the government foster type and market spontaneous combined with government support model.

(2) Institiution, capital, technology and human capital make up the emerging industrial development endogenous elements, but the institiution is higher than the technology, the system is higher than the capital, is the primary factors. The institiution has an important impact on other three elements, the quantity and quality that capital, technology and human capital gathered in an industry depend on the institutional environment and specific institutional arrangement, institiution promote the coupling among talents , capital and technology.

Emerging industry divide into formal institiution and informal institiution. Formal institiution includes elements cultivation institiution, enterprise institiution and government managemental insti-tiution. The elements cultivation institiution includes financing sys-tem, human capital system and technology system. The enterprise in-stitiution consists of enter [rise organization system, enterprise prop-erty right system, corporate governance system, management system, etc, and the government managemental institiution includes taxation, the legal system and industrial policies. Informal system covers the values, ideology, customs, and cultural traditions and so on.

(3) The results of empirical shows that the main driving force of emerging industrial development is the physical capital investment, and has not get out of china's traditional industry "extensive, quantita-tive growth" consistent pattern , it is necessary to turn to the intensive , the quality − type growth model. Human capital, technology pro-gress play inconspicuous promoting effect on the emerging industrial development, the main reason is that has not been set up a perfect sys-tem of human capital and technology management system, limiting the functions that human capital and technology progress played in the emerging industrial development. Institutional factors has become the pull factors that is only second to physical capital in emerging industri-al development, it should to noted that, although the progress of non − nationalization, market oriented and outward oriented still contin-ues, the government support have been strengthened, but there are still lager room for institution innovation, we should stick to institution and mechanisms of reform and innovation, and focus on the coupling between the system, making it the chief pull factor of emerging indus-trial development.

(4) As compared with traditional industries of the special needs of the system, the emergence of emerging industry will lead to

institution non – equilibrium, and the kind of institution non – equilibrium will exist in a period of time, namely, from the birth, the emerging industry always go through a period of "institutional vacuum" times more or less. Therefore, the government and enterprises should strengthen the basic research in the law on the development of emerging industry, the effecting factors, adaptive system, technology and industry trends and other aspects, and try to minimize the cognitive delay as soon as possible, shortening the time of institution non – equilibrium, creating a good institutional environment and institutional arrangement for emerging industry.

Due to the institutional innovation only occurs when the potential gain is greater than the innovation cost, the system imbalance triggered by the emergence of emerging industry trigger does not necessarily lead to institutional "adaptive" innovation, "institutional vacuum" time depends on whether there is an external power to change the comparisons between the potential gain and institutional innovation cost. As a typical external force, the crisis will provide a new opportunity to the rapid development of emerging industry. For the government, taking full advantage of the crisis to bring a development opportunity in emerging industry, innovating the system timely, and turning the crisis into an opportunity.

The benefits of main body are greater than the cost of innovation cost, only the necessary condition for the subject institutional innovation, not the sufficient condition, because the institution supply is external, for the subject of innovation, only when the innovation profits on cooperation with other subject are greater than the innovation profits on noncooperation, the subject will be engaged in innovation activities. And once the innovation profits under the condition of cooperation with all subjects is less than the innovation profits under the condition of noncooperation, the evolutionary stable strategy depends on the initial state.

(5) The elements cultivation institiution is the core institiution in the development of emerging industrial. Any industry can not develop without three elements: capital (physical), human capital and technology, the emerging industry is not a exception, but the characteristic of these elements demand is different from the traditional industry. The supply and concentration of these elements are carrying through in a certain institutional context and institutional arrangements, therefore, elements cultivating system is the core system of emerging industrial development, the coupling of elements cultivating system and the emerging industrial development will have a direct impact on the speed and quality of emerging industrial development.

(6) The enterprise institiution is the micro basis of the emerging industrial. In view of the characteristics of the emerging industry, and combing the new tendency of modern enterprise development, the structure of emerging industry will move forward to a plat, virtual and modular direction.

(7) The government managemental institiution is the important support for the emerging industrial development. The government managemental institiution including legal system, fiscal and taxation system, and industrial policy, through the institutional function, can play a "guide", "motivation", "service" and "standard" role, so as to promote the development of emerging industry effectively.

The possible innovation of this paper includes:

(1) Since few formulation of the concept of emerging industry, plus there is no special statistics for the data related to the

development of emerging industry, previous studies only analyses the connection among the emerging industry, industrial structure and economic growth from a qualitative standpoint, there has not been a literature about the quantitative studies of the relationship among the three elements. Traditional economic theory believes that the industrial development is mainly in input elements, an innovation of this paper is that as endogenous factors the system change will involved in the analysis framework as a endogenous factors, to use the historical data of the high − tech industry and industry panel model for the verification that the human capital, technology progress and especially the institution change contribute to the development of the emerging industry, to analyze factors affecting the development of emerging industry accurately.

(2) Macro institution innovation mechanisms and model research belong to the basic research in the new institutional economic, but a research for specific industry institution innovation is still in the exploratory stage. Based on the new institutional economics, to research the institutional innovation mechanism of emerging industry, and try to use the ideal of evolutionary game to research the institutional innovation model of emerging industry, and to get some useful lessons, which is another innovation of this paper.

(3) The research about the macro institutional system is more at present, but as an institutional system necessary to develop the specific industry, , usually borrowed the classification method of new institutional economics school. This paper study the emerging industrial system and its innovation from a unorthodox standpoint, an attempt has been made in this paper to explore the institutional system and innovation category in emerging industry, and the institutional system

and innovation category in emerging industry are divided into elements cultivating institiution, enterprise institiution and the government managemental institiution (innovation), of course, the feasibility is open to question.

Key words: Post - crisis Era; Emerging Industry; Institutional System; Institutional Innovation; Institutional Arrangement

目　录

1 绪论

1.1 研究背景

始于美国次贷危机并席卷全球的金融危机，是 20 世纪 30 年代以来最严重的国际金融危机，给世界政治、经济、文化带来深刻影响，尤其是在经济格局方面可能将导致重新洗牌和调整，全球的增长模式将发生深刻变化。在危机之后，世界各国调整产业发展方向，纷纷出台新兴产业发展战略规划，将新兴产业的发展作为应对经济危机重要战略措施，以占据产业链高端，提升国家竞争力，新一轮的产业技术革命正在酝酿。新兴产业作为一种新的产业形态，其发展规律、模式、制度需求等均与传统产业有较大区别，因此，对新兴产业发展的研究也开始成为产业经济学研究的一个新课题与方向。

1.1.1 后危机时代及其主要特征

2008 年爆发的国际金融危机是自 20 世纪 30 年代以来最为严重的一次金融危机，它对世界的经济造成了巨大冲击：世界经济增长速度明显减缓，主要发达国家或地区经济呈现出衰退趋势，美、日、欧元区等主要发达经济体均出现不同程度的收缩；主要金融市场尤其是股市遭受重创，许多金融机构倒闭，2007 年、2008 年、2009 年美国因金融危机而倒闭的银行数量分别为 3 家、25 家、130 家，而 2005—2006 年间，美国没有银行倒闭；大量企业倒闭，许多国家就业形势严峻，失业人数不断攀升，例如我国在危机之后仅 2008 年下半年就出现了 3000 万的民工"返乡潮"；为实施金融救援计划，多国政府财政赤字增加，通货膨胀压力加大；金融危机导致全球范围内的贸易保护主义抬头，国际贸易环境恶化①。危机之后，各国政府均主动实施了一系列的财政、货币政策等经济刺激与救援计划，在一定程度上缓和了危机的加深与进一步蔓延。到 2009 年第二季度，全球经济体经济指标逐步企稳，世界经济渡过金融危机的恐慌而进入较长的一段调整阶段，也即后危机时代。

所谓后危机时代（Post‑Crisis Era），是指危机缓和后出现的一种较为平稳的状态。但是这种状态是相对而言的，因为造成危机的根源并没有消除，而且危机也并没有结束，从而使得世界经济仍然存在很多不确定因素，经济危机时刻还会回来甚至加剧。例如，尽管危机已度过最艰难的时期，但 2011 年美国和希腊等再一次面临国家债务危机，如果不能及时妥善地化解，或将导致经济的二次探底或者衰退。

在后危机时代，世界经济也呈现出一些新的特征：第一，需求乏力是后危机时代的显著特征。一些主要发达国家改变以往低储蓄、高消费的经济增长方式，在这次危机后提高储蓄，减少消费，市场需求出现低迷状态，需求的萎缩导致经济增长乏力。第二，结构调整是核心主题。金融的高风险性以及金融体系本身的脆弱性，改变了美国等国家服务化、金融化的一些

---

① 吴一群，刘榆. 刍议 2008 年全球金融危机的影响及启示 [J]. 东南学术，2009 (1)：28‑33.

基本立场，使各国开始认识到，不能片面强调金融和过度依赖金融，只有积极保持和发展实体经济，才是经济可持续发展的稳定基础，各发达国家重新关注实体经济尤其是制造业的发展，出现了"再工业化（Re - industrialization）"趋势，而在再工业化的产业选择上，各国纷纷选择新能源、新材料、生物医药、新一代信息技术等高端产业作为发展的重点，结构调整的步伐明显加快。第三，自主创新是发展引擎。当前的新兴产业都代表着世界技术发展的前沿水平，要想在这些产业具有国际竞争力，就必须加强技术领域的研发，掌握产业核心技术，才能占据产业链高端。各国正在进行抢占科技制高点的竞赛，全球将进入空前的创新密集时代，谁能在科技创新方面占据优势，谁就能够掌握发展的主动权，率先复苏并走向繁荣。第四，低碳经济是主攻方向。在"后危机时代"，各国正调整经济发展战略，受金融危机影响严重的发达国家和地区欲寻求新的经济增长点，结合应对全球气候变化，低碳经济正成为传统实体经济的转型方向。欧盟已明确提出加快向低碳经济转型，计划启动"绿色汽车"、"低能耗建筑"、"未来工厂"三大行动，大力发展低碳经济绿色技术，总投入 72 亿欧元；美国计划让新能源产业成为带动经济复苏的驱动力；日本近来不断出台重大政策，将重点放在发展低碳经济上，尤其是能源和环境技术开发上；八国集团提出到 2050 年将全球温室气体排放量至少减半的目标也意味着将进行一场彻底的能源技术革命。①

　　对于我国在后危机时代所表现出的主要特征，中国社会科学研究院研究生院院长刘迎秋教授通过对后危机时代的观察分析，总结出四大特征：第一，这个时代是一个结构调整需要付出代价

---

　　① 杨益．"后危机时代"我国经济和产业发展面临的机遇、挑战及战略选择 [J]．国际贸易，2009（9）：4 - 7．

的时代。发展中国家的一个重要特点就是结构的调整，而结构调整首先是经济的结构调整。这些调整需要付出代价，最简单的例子就是我国所谓的四万亿刺激经济计划。面对这次危机，我国有四万亿政府的投资，这四万亿投资最开始的一万多亿投到国有行业，后面逐步向非国有、非基础部门投资，特别是中小企业这方面倾斜。这些调整不是一般的由市场解决或者分开解决，是在财政层面要付出代价的。第二，这个时代还是产业升级需要技术支持的时代。产业需要升级，但是产业升级的特征不是资本的密集。资金需要增加，投资需要增加，但是更多转向技术的投入，而这个技术也应该包括人本身，也就是人力资本的投入。第三，这个时代还是技术创新需要制度支持的时代。我国经济体制改革不仅没有完成，还产生新的需要改革的对象和内容。第四，这个时代还是垄断与反垄断斗争进一步加剧，不同利益集团的矛盾需要科学调解的时代。目前这个矛盾没有缩小，没有弱化，反而在强化。例如有些观点认为光电过剩、风电过剩了，从表面上看似乎是光电用太阳能和风发电这部分生产多了，实际上是远不够，除了缺少对市场科学的预见外，其中一个最主要的问题是现在已有的水电、火电不愿意让光电和风电发展，这是垄断和反垄断利益的冲突①。

1.1.2　后危机时代呼唤新兴产业

全球经济发展历史中无数次的经验表明，受益于科技革新力量的推动，一批又一批新兴产业总能在战胜重大经济危机的过程中孕育和成长，并以其特有生命力成为新的经济增长点，成为摆脱经济危机的根本力量，并在危机过后，推动经济进入

---

① 刘迎秋．共识网：http://new.21ccom.net/articles/zgyj/ggzc/article_201001202707.html

新一轮繁荣（见表1-1）。如1857年第一次波及全球的生产过剩危机引发了电气革命，推动人类社会从蒸汽时代进入电气时代，内燃机和电动机逐步取代蒸汽机，创造了电力与电器、汽车、石油化工等一大批新兴产业。1929年的世界经济危机引发了以电子、航空航天和核能等技术突破为标志的第三次技术革命，电子产业迅猛发展带动了一批高技术产业崛起，推进了传统产业的升级换代①。

表1-1　　　　历次推动经济走出危机的新兴产业

经济危机	产业革命	高速发展的新兴行业	引导增长的方式	持续力度
"圈地运动"引发生产关系的重大变革	第一次工业革命	纺织行业、运输行业、机器设备行业	纺纱机、蒸汽船、蒸汽机车的出现极大地提升了英国的劳动生产率。内河航业、机器制造业兴旺，银行贷款额增长得更为迅速。工业投资迅猛增长，投资品需求旺盛，生产能力迅速扩大，出口不断增加。	持续到19世纪初期
1857年过度铁路投机引发经济危机	第二次工业革命	电力与电器、汽车、石油化工	在铁路建设和电气革命的推动下，美国兴建了大批煤井、铸钢厂、炼铁炉。工业的迅猛发展，大量移民入境和新土地开拓，使美国的国内市场猛烈扩大。同时电报的普及，让经营的可控性大大提高。	持续至20世纪初
第二次世界大战之后	第三次工业革命	原子能、航天科技、电子计算机、生物工程	极大提升了劳动生产率，加强了产业结构的非物质化和生产过程智能化的趋势，令一批西方国家完成了现代化。	持续至石油危机
石油危机	信息化技术革命	个人计算机、通信设备、微电子	信息高速公路计划推动了互联网从国防领域发展到商业领域，计算机的普及和基础通信设施投资为互联网时代打下了基础，带动美国走出石油危机后的衰退。	持续至20世纪90年代
1997亚洲金融危机	互联网革命	互联网产业、移动通信产业	彻底改变了人们的生活方式，基于网络的新兴服务形态使得现代服务业出现重大变革。	持续至今

资料来源：东方证券研究所

---

① 祝宝良. 构建发展战略性新兴产业政策支撑体系. 科技成果纵横 [J]，2010 (1)：7-9.

当前，无论是后金融危机时代的强烈需求，还是科学技术内部所积蓄的能量，都正在催生着一场以新能源技术和生命科学重大突破为标志的第四次技术革命。面对国际金融危机的严重冲击，主要发达国家纷纷加大对科技创新的投入，加快对新兴技术和产业发展的布局，力争通过发展新技术、培育新产业，创造新的经济增长点，率先走出危机，抢占新一轮经济增长的战略制高点。对我国而言，新兴产业的发展具有重要的战略意义。

1.1.2.1 助推产业结构调整与升级、保持经济持续增长的重要抓手

产业结构优化一般包括产业结构合理化与产业结构高度化。产业结构合理化的标志包括最大限度满足社会需要、现有资源的合理利用、产业间协调发展、吸收当代最新科技成果等，而产业结构高度化则表现为高加工度化、高附加价值化、技术知识集约化和产业结构软化等。

新兴产业的发展能够实现产业结构的合理化和高度化，推动产业结构调整与升级。在新兴产业中，有些产业能够满足新的市场需求（如生物医药、健康产业），有些有利于提高资源的利用效率（如新能源、新材料产业），而且一般都是技术创新的结果，具有较高的技术结构水平和较高的生产效率。另外，利用信息、生物等高新技术和先进适用技术改造提升传统产业，实现农业由传统农业向现代农业转变、制造业由一般加工向高端制造转变、先进制造业与现代服务业的互动并进，从而促进产业的高加工度化、高附加价值化和技术知识集约化，实现产业技术结构水平的整体提升。

从国际产业演进和发达国家发展历程看，每一次危机之后都会给新兴产业带来发展机遇，只有抓住科技创新和产业转移的重大机遇，适时地推进产业结构调整优化，才能提升在国际

产业分工中的地位，保持经济持续的增长态势。例如日本在石油危机后，减少对能耗高、污染大的产业支持，转而发展计算机、电子、新材料、新能源等产业；21世纪以后，则加大了对信息通信、节能环保和新能源开发、生物工程、宇宙航空、海洋开发等一系列新兴产业的发展①。而一旦新旧产业的更替出现断层，就可能导致经济增长乏力和衰退，美国在20世纪80年代的经济发展困境和日本90年代以后的经济衰退都是因为没能及时进行产业结构升级与新兴产业发展迟缓所造成。

1.1.2.2 经济增长与低碳经济相融合的最佳载体

改革开放以来，我国经济一直保持了高速增长，但这种增长一直是建立在"高投入、高消耗、高污染"的模式之上的，高速增长的背后积累了诸多的矛盾和问题，转变经济发展方式势在必行。但单纯依靠传统的减排方式，并不能保证经济增长和减排目标的协调，特别是当前中国正处在城市化、工业化的道路中，依旧有相当强烈的工业排放要求②。因此，寻求经济增长和低碳消耗之间最佳契合点成为当务之急。

新能源、新材料、环保、生物医药、新一代电子信息等新兴产业均具有附加值高、资本密集、技术密集、能耗低、污染少等传统产业无法比拟的优势，属于资源节约和环境友好型产业，是打造现代产业体系的重要组成部分，这些产业的发展不仅为发掘新的经济增长点找到出路，也能有力促进低碳经济发展模式的实现，产生产业生产力与生态生产力的和值效应③。

---

① 汪斌. 东亚工业化浪潮中的产业结构研究［M］. 杭州：杭州大学出版社，1997：289.

② 程瑞华，王赢. 加大信贷支持力度 推动新兴产业发展［J］. 中国金融家，2010，(1)：57-58.

③ 吴垠. 低碳经济发展模式下的新兴产业革命［N］. 经济参考报，2009-11-3 (5).

1.1.2.3　紧抓科技革命与产业革命契机

当今世界，一些主要国家为应对这场危机，都把争夺经济、科技制高点作为战略重点，把科技创新投资作为最重要的战略投资。这预示着全球科技将进入一个前所未有的创新密集时代，重大发现和发明将改变人类社会生产方式和生活方式，新兴产业将成为推动世界经济发展的主导力量。对我国而言，发展新兴产业的战略性选择，具有国内发展转型和参与全球经济竞争的双重背景。

2009 年 11 月 23 日的首都科技界大会上，温家宝总理指出："近代以来中国曾经有过四次科技机遇，但四次均错失。第一次是当欧洲工业革命迅速发展的时候，中国正处于所谓'康乾盛世'。当时的清王朝沉湎于'天朝上国'的盲目自满，对外，将国外的科技发明称之为'奇技淫巧'，不予理睬；对内，满足于传统农业生产方式，对科技革命和工业革命麻木无睹，错失良机。第二次是 1840 年鸦片战争以后，在西方列强的坚船利炮下被迫打开国门的清朝，洋务派发动'师夷长技以自强'的洋务运动，但因落后的封建制度和对近代科学技术认识的肤浅终告失败，使中国又一次丧失了科技革命的机遇。第三次是 20 世纪上半叶，由于军阀混战及外敌入侵，中国失去了科学救国和实业救国的机遇。第四次是'文革'时期，新中国建立的宝贵科学技术基础受到很大的破坏，我们又失去了世界新技术革命的机遇，使我国与世界先进科技水平已经有所缩小的差距再次拉大。前事不忘，后事之师，中国再不能与新科技革命失之交臂"①。以危机为契机，在新旧技术经济范式更替之际，加快发展新兴产业与产业结构升级，力争在新的科技革命与产业革命

---

① 温家宝. 让科技引领中国可持续发展 [J]. 科技管理研究, 2010 (1)：1－3.

中大有作为，实现国家竞争力的大幅度提升。

1.1.3　新兴产业发展需要制度创新

瑞典经济学家缪尔达尔（Mydal. G）曾指出，制约发展中国家发展的主要因素是制度和人们的观念。刘易斯（Lewis. W）也认为，在推动一国或地区经济增长的源泉中，技术进步只是表层的原因，而由土地制度、产权制度和专利制度等所激发的技术创新热情才是更为深层的原因。我国学者吴敬琏（1999）也认为，产业发展对制度环境需要的重要程度，远甚于资本、技术和人力资源等要素的投入，而且这些要素投入的数量、质量本身亦与制度安排、供给有关。对于"李约瑟之谜"① 的解答，李约瑟博士的答案是：中国的科举制度扼杀了人们对自然规律探索的兴趣，抑制了现代科学在中国的成长。诺斯将之归咎于中国当时没有建立起一套有效地保护创新、调动人的积极性的产权制度，但不管是哪种解答，均认为制度是主要的症结②。

新兴产业作为一种新的产业形态，具有高风险、高投入和高收益等不同于传统产业的独特特征，均处于种子期或初创期，其发展规律、模式、制度需求等均与传统产业有较大区别，政府的政策引导与制度保障显得相当重要，因此，新兴产业的发展，需要一系列的制度创新以促进各种资源在新兴产业的集聚，在新一轮经济发展中调整产业结构，抢占产业发展制高点。

我国自改革开放以来，坚持进行经济体制、制度的改革与完善，但从整体而言，仍然存在诸多的问题：在融资制度方面，

---

① 著名的李约瑟之谜是指"为什么近代科学没有产生在中国，而是在 17 世纪的西方，特别是文艺复兴之后的欧洲？"这样一个难题表述。

② 刘澄，顾强，董瑞青. 产业政策在战略性新兴产业发展中的作用 ［J］. 经济社会体制比较，2011（1）：196－203.

商业银行对新兴产业发展的支持作用甚微，创业投资因发展时间较短而作用有限，创业板的发行节奏缓慢而远不能满足众多创新型公司的融资需求，政策性银行由于功能性定位而难以真正给予中小科技企业以扶持。在人力资本培育制度方面，人才教育制度与社会需求脱节，企业人才培训制度供给不足，激励制度不健全而难以充分激发积极性和创造性，人才在各个产业之间自由、合理流动的机制有待完善。在科技制度方面，科技管理体制机构重叠、多头交叉，缺乏科技投入的长期增长机制，企业尚未成为真正的技术创新主体，产业化比率低下，科研生产两张皮现象严重；在政府管理制度方面，立法不成体系且协调性差，财政投入增长机制没有落实，财政支出方式缺乏效率，税收优惠政策针对性不强，税种设置不合理，财税政策对新兴产业激励、引导作用尚不明显。所有的这些问题，都需要不断进行制度创新，有效破解新兴产业发展的制度瓶颈，为新兴产业的发展提供良好的制度安排与制度环境。

1.2 研究目的与意义

1.2.1 研究目的

新兴产业作为一种新的产业形态，具有独特的产业生命周期、形成与发展规律、影响因素，而且其对制度需求、制度创新机制与模式也与传统产业有一定区别。本书将对这些方面进行较为系统的研究，而且结合新兴产业发展所需的制度系统对我国新兴产业发展过程中的制度瓶颈进行分析，并提出若干重要制度方面创新的基本思路。为此，本书将在以下几个方面深入探讨以实现研究的理论和实践方面的成果。

（1）进行新兴产业发展的相关基础理论研究。在系统总结前人已有研究成果的基础上，科学合理地阐述新兴产业形成与发展的理论内涵及一般机理；归纳新兴产业发展所需的制度系统，并以此作为文章后续架构的基础；对新兴产业发展制度创新机制与模式进行研究，从而理解制度创新的内在过程以及区分在这一过程中制度创新的主体，以期能根据其发展机理为所需的制度创新提供理论依据。

（2）进行实证研究，为我国新兴产业发展提供实践指导。利用我国新兴产业发展的历史数据，科学分析新兴产业发展的各种影响因素及其贡献程度；对我国新兴产业发展过程中存在的制度障碍进行系统梳理，并对重要领域的制度创新进行深入分析，为促进后危机时代我国新兴产业健康发展提供决策依据。

1.2.2　研究意义

尽管理论界对新兴产业早有定义，但实践中多是以高新技术产业形式出现，统计年鉴也仅有高技术产业统计年鉴，中国工业统计年鉴等其他年鉴中缺乏相应的统计口径，因此，在金融危机之前，主要是对高新技术产业方面的研究文献，而对新兴产业的研究，就像新兴产业本身一样，仍完全处于新兴阶段，专门的研究是在本次危机之后的这两年才较多地出现，而且主要是对其发展重要性进行定性的介绍，本研究具有一定理论与现实意义。

1.2.2.1　理论意义

（1）丰富新兴产业形成与发展机理研究。新兴产业作为一种全新经济形态的产业群，既不同于传统产业，也区别于幼稚产业，具有比较独特的形成与发展规律，只有充分掌握新兴产业发展的内在规律，了解影响其发展的各种因素，才能有的放矢地制定各种扶持政策和进行相关制度安排，构筑新兴产业发展的良好环境。当前的研究大多从区域的视角来探析新兴产业的形成与发展模式，从而缺乏一般性，而且由于当前新兴产业发展的时间较短，总结其形成与发展机理有一定难度。本书从新兴产业的一般视角探讨其形成与发展的机理，尽管可能存在不尽完善之处，但仍能为新兴产业形成与发展规律的理论研究起到启发性作用。

（2）丰富产业发展所需制度系统的理论研究。产业发展所需的不是某个单独的制度，而是一系列的制度安排，并且需要各种制度相互配合、协调形成一个制度系统。由于新制度经济学发展时日尚短，之前更多视角关注于宏观经济与社会，对产业发展所需制度系统缺乏深入研究。本书将新兴产业发展的正式制度系统分为要素培育制度、企业制度和政府管理制度，能够为中观层面制度系统的研究提供一种可行的思路。

（3）丰富有关政府在产业发展中作用的研究。对于政府在新兴行业发展中的作用是否与传统产业一致，其作用的边界、范围如何等问题，目前仍然存在一定争议。本书在政府管理制度演化的基础上，结合新兴产业特征，对政府的角色定位进行了合理界定，并结合政府管理制度论证了其作用的实现，能够在一定程度上丰富政府在不同产业发展中作用的研究。

1.2.2.2 现实意义

综观世界各国与地区的经济、产业发展历程，及时选择和培育新的经济增长点，进行新旧产业之间的更新换代是所有国家和地区经济发展中的必然选择。改革开放以来，我国新兴产业取得了长足发展，产业总量快速增长，新兴产业门类不断涌现，对经济发展的带动作用越来越大。但是从总体上来讲，我国新兴产业尚处于全面发展的初期，起点较低，规模较小，核心技术掌握不多，竞争力不强，产业链不完善。当前存在的这些问题，均可以从制度的视角加以解释，并通过制度创新进行解决，本研究具有重要的实践意义。

（1）有利于正确看待我国新兴产业发展中存在的各种问题。当前许多研究，能够看到我国新兴产业发展过程中存在的各种问题，但遗憾的是，大部分研究就问题谈问题，没有看到新兴产业发展存在问题背后的制度因素，未能透过现象看本质，从而解决措施也难以触及根本，还处于"头痛治头，脚痛治脚"的肤浅层面，只有从体制、机制的角度来了解问题的本源，才能真正根治问题。本书通过探索新兴产业发展所需制度系统，以此为分析框架，系统梳理我国当前各项制度存在的障碍，

（2）有利于加快我国有关新兴产业发展各项制度的创新步伐。目前我国大部分对新兴产业的研究是从宏观角度谈整体发展战略、发展模式，较少从具体制度的角度加以分析。本书在客观分析我国当前新兴产业发展制度系统存在问题的基础上，结合新兴产业的基本特点、形成与发展规律、新兴产业制度创新机制与模式等，提出的各项措施更具可操作性、针对性，有利于加快各项制度创新的步伐。

1.3 文献综述

在本次危机之前，已经有部分对新兴产业相关领域进行研究的文献，但数量相对较少；危机之后，对新兴产业的研究文献如雨后春笋一般，对新兴产业在产业结构调整、经济增长中的促进作用，新兴产业的特征、新兴产业所需的政策支持等做了大量研究。但目前从整体而言，系统研究新兴产业形成与发展机理、新兴产业发展中政府的功能定位以及制度创新的文献相对较少，大多是一些比较宏大的、抽象的策略与建议，理论基础研究相对比较薄弱，定性研究较多，定量研究更是凤毛

麟角。

1.3.1 技术经济范式、经济危机与新兴产业

在研究背景中已经提到，发展新兴产业是本次危机之后诸多国家的一个集体行动，而且历史的经验也表明，每一次危机之后都将带来新兴产业的大发展，国际金融危机与新兴产业之间似乎存在着某种内在的联系。

Gourinchas（2005）通过对虚拟经济与金融危机之间关系进行研究之后发现，金融危机是新兴产业发展的一个重要契机[1]。Perez（2009）对本次的国际金融危机进行了深入的考察，她认为 21 世纪的这次金融危机，是虚拟经济泡沫与产业泡沫的双重体现，经济的发展必须回归实体经济，必须重新审视目前全球的技术经济状况和产业结构，寻求新的战略性新兴产业作为未来经济发展的动力[2]。

"技术—经济"范式是指在一定社会发展阶段的主导技术结构及其由此决定的经济社会发展的模式和水平。技术经济范式具有在整个经济中的渗透效应，即它不仅导致产品、服务、系统和产业依据自己的权利产生新的范围，也直接或间接地影响经济的每个领域[3]。全球主导性主导技术和主导产业更替的脱节

---

① Gourinchas, Rey. From World Banker to World Venture Capitalist: US External Adjustment and Exorbitant Privilege. NBER Working Paper NO. 11653. August, 2005.

② Carlota Perez. The Double Bubble at the Turn of the Century: Technological Roots and Structural Implications, Cambridge Journal of Economics, 2009, Vol. 33, No. 4, pp. 779 - 805.

③ Freeman, C. and C. Perez. Structural Crises of Adjustment, Business Cycles and Investment Behaviour, In G. Dosi et al. eds. Technical Change and Economic Theory. Francis Pinter, London 1988: 38 - 66.

与断裂，即"技术—经济"范式的更迭是本次金融危机的根源①。

Krugman（1979）在 Veron（1966）的"产品周期理论"的基础上，将技术创新引入规范的贸易理论模型，认为世界贸易模式由不间断的技术创新和技术转移所决定，发达国家必须持续进行技术创新，保持领先的创新能力，否则将会导致全球经济失衡②。

2010 年 3 月，温家宝总理在《2010 年政府工作报告》中指出"国际金融危机正在催生新的科技革命和产业革命，发展战略性新兴产业，抢占经济科技制高点，决定着国家的未来"，这一论断高度概括了新兴产业发展的时代价值。

高峰，唐家龙（2011）认为经济衰退孕育着新兴产业的"机会窗口"，可以为一个国家带来巨大的战略机遇，"机会窗口"的开启有两种方式并具有时限性③。技术轨迹需要历经"技术断层—技术酝酿—主导标准"几个阶段的演化，这一过程是进入新兴产业的最佳时期，即"机会窗口"开启期④。而当前正是处于"机会窗口"尚未关闭之前抢先占领新兴产业发展科技高地的最佳时机。赵夫增（2010）也提出，后危机时代是我国战略性新兴产业崛起的"机会之窗"，战略性新兴产业是国

① 卡萝塔·佩雷丝. 技术革命与金融资本：泡沫与黄金时代的动力学 [M]. 北京：中国人民大学出版社，2007：11 – 12.

② Krugman Paul. A Model of Innovation, Technology Transfer, and the World Distribution of Income, Journal of Political Economy. 1979, 87（2）：253 – 66.

③ 高峰，唐家龙. 新兴产业发展规律及启示 [J]. 科技进步与对策，2011（1）：56 – 58.

④ 段小华，刘峰. 关于政府科技投入支持新兴产业的若干问题探讨 [R]. 中国社会科学技术发展战略研究院调研报告，2009：2 – 4.

家战略需求与科技资源的对接主体①。刘洪昌、武博（2010）认为，加快培育和发展新兴产业，是应对经济二次探底、实现产业结构调整和优化升级的重大战略举措②。

1.3.2 资本、技术、制度与产业发展

在古典经济学家的理论中，资本（其实仅指物质资本）积累之于经济增长是至关重要的。亚当·斯密（1776）认为增加国民财富的途径主要有两种：一是提高劳动效率，主要取决于劳动分工，而劳动分工又受制于市场规模；二是资本积累③。因此，斯密断言，合适的市场规模及不断增加的资本积累将确保经济的持续增长。李嘉图（1821）也认为资本积累是经济增长的关键，而且在土地报酬递减规律下由于资本积累会停止将导致长期经济增长趋势的停止④。其他古典经济学家们对经济增长的研究基本没有超越斯密和李嘉图的研究范围与结论，古典经济学的经济增长理论均属于物质资本决定论，在规模报酬递减规律下，最终会陷入马尔萨斯所谓的"人口陷阱"。

马歇尔的《经济学原理》被资产阶级经济学界视为"划时代的著作"，标志着新古典经济学的形成，而以马歇尔为代表的新古典学派，完全信奉斯密"看不见的手"的经济自由主义思想，其全部理论分析建立在自由经营或经济自由的基础上，认

---

① 赵夫增. 后危机时代的战略性新兴产业发展与国家高新区的使命 [J]. 中国科学院院刊，2010 (5)：482－489.

② 刘洪昌，武博. 战略性新兴产业的选择原则及培育政策取向 [J]. 现代经济探讨，2010 (10)：56－59.

③ 亚当·斯密. 国富论 [M]. 孙善春、李春长译. 北京：中国华侨出版社，2010.

④ 大卫·李嘉图. 政治经济学及赋税原理 [M]. 郭大力、王亚南译. 南京：译林出版社，2011.

为储蓄和投资会由于利率的自由变动而调节，资本积累会自动实现，从而将宏观的经济增长视为微观经济中市场出清的必然结果，也就是说只要市场机制发生作用，经济增长会自动实现①。1929—1933年的世界经济大危机宣告了传统经济理论的破产，凯恩斯主义迎合了当时政府干预经济的需要，在西方得以迅速传播，对经济增长的研究开始从新古典微观经济学的附带性问题向独立的专门的理论方向转化。哈罗德和多马试图将凯恩斯的短期比较静态分析长期化和动态化，但因为没有考虑技术进步对经济增长的影响，其结论仍是强调资本积累在经济增长中的决定性作用。索洛（1956）模型则修正了哈罗德－多马模型的一些假设前提，分别提出了资本系数不变和资本系数可变（即劳动增强型技术进步）两种模型，得到的结论是技术进步是推动经济增长的直接原因②。但遗憾的是，索洛仍将技术进步假定为外生的而未被包含在模型之中，对长期的经济增长仍难以给予令人满意的结论。因此，新古典增长模型始终未能超出资本决定论的范畴。

阿罗（Arrow，1962）在其论文《干中学的经济含义》中突破了新古典经济增长理论的研究框架，将技术进步内生化并以此解释经济增长③，被认为是内生增长理论和技术进步模型的思想源头，开创了内生经济增长之先河。罗默（Romer，1986，1990）在"干中学"模型研究基础上建立了"知识溢出"模型，将技术进步和人力资本都视为内生变量与物质资本、非技

① 阿尔弗雷德. 马歇尔. 经济学原理 [M]. 周月刚、雷晓燕译. 北京：中国城市出版社，2010.

② ROBERT M. SOLOW. A Contribution to the Theory of Economic Growth [J]. The Quarterly Journal of Economics，1956，70（1）：65－94.

③ ARROW J. The Economic Implications of Learning by Doing [J]. The Review of Economic Studies，1962，29（3）：155－173.

术劳动一起作为推动经济增长的四大要素，认为各国经济增长速度不同的根本原因在于人力资本存量和科技水平的差异①。卢卡斯（Lucas，1988）在《论经济发展的机制》中区分了人力资本的内外两种效应，但更强调外部性效应，提出了一个强调人力资本外在性的"人力资本溢出"模型，说明了技术进步是人力资本不断积累的结果，人力资本是经济增长的"发动机"②。不管是知识积累与技术进步引起的增长，还是由人力资本积累引起的增长，由于人力资本积累及其所导致的人力资本异质性必将改变经济增长过程中的投入要素结构以及投入产出的基本方式，内生增长理论其实都属于技术决定论范畴③。

从以上分析可以看出，其实不管是古典经济学、新古典经济学，还是后面的内生增长理论（或称新增长理论），要么将制度忽略不计，要么将制度作为事先给定的条件而成为外生的变量，均没有也不可能在它们的理论体系中真正打开制度这个"黑箱"，其对某些经济现象的解释总是或多或少存在一定的缺陷。

真正打开制度"黑箱"的当属诺斯（North，1970，1990），他以所有权演进的环境所导致的激励措施和一系列制度安排解释为什么现代意义上的经济增长首先发生在荷兰和英国，经济增长起作用的不是技术性因素，而是制度性因素，并认为技术进步是因为产权制度提高了私人收益，技术进步、教育以及资

---

① ROMER P. Increasing Returns and Long - Run Growth ［J］. Journal of Political Economy, 1986, 94（5）：1002 - 1037. ROMER P. Endogenous Technical Change ［J］. Journal of Political Economy, 1990, 98（6）：71 - 102.

② LUCAS R. Why Doesn't Capital Flow from Rich to Poor Countries? ［J］. America Economic Review, 1988, 80（2）：92 - 96.

③ 杜金沛. 高新技术经济发展：技术、制度与资本的耦合 ［D］. 成都：西南财经大学, 2003.

本积累等并非经济增长的原因，而是经济增长本身①。奥斯特罗姆、菲尼和皮希特（1996）也曾指出制度是经济增长的第四个因素，不发达国家经济发展缓慢有着其深层次的制度原因②。

目前，国内外大多数文献都是从宏观角度研究制度及其变迁与经济增长之间的关系，对制度与产业发展之间关系的实证研究文献相对较少。杨小凯和黄有光（1999）利用超边际分析方法建立了一个新的经济学研究框架——新兴古典经济学来研究经济增长问题，在其构造的模型中，制度安排影响交易费用，交易费用又决定了分工水平，从而导致一个国家经济绩效的差异③。我国学者卢中原和胡鞍钢（1992）、金玉国（2001）、王珊珊（2007）等均从宏观角度研究过制度变迁与经济增长之间的关系，文启湘、胡洪力（2003）则研究了制度变迁对汽车产业增长的贡献度④。

我国许多学者如吴敬琏（1999）、陈柳钦（2007）、吴传清（2010）等均从理论的角度阐述了新兴产业发展过程中制度及制度创新的重要作用。史丹和李晓斌（2004）将高技术产业化的影响因素共分五大类，从调研结果分析，按重要性依次为制度因素、市场因素、经济因素、技术因素、政策因素。对于每个

---

① DAVIS L, NORTH D. Institutional Change and American Economic Growth: A First Step Towards a Theory of Institutional Innovation [J]. The Journal of Economic History, 1970, 30 (1): 131 – 149. NORTH D. Institutions, Institutional Change and Economic Performance [M]. London: University of Cambridge Press, 1990, 43 (5): 36 – 57.

② V. 奥斯特罗姆，D. 菲尼，H. 皮希特. 制度分析与发展的反思——问题与决策 [M]. 王诚，等，译. 北京：商务印书馆，1996：92 – 107.

③ 杨小凯，黄有光. 专业化与经济组织——种新兴古典微观经济学框架 [M]. 北京：经济科学出版社，1999：113 – 125.

④ 文启湘，胡洪力. 制度变迁对中国汽车工业增长贡献的实证分析 [J]. 经济经纬，2003 (6)：8 – 11.

因素又进一步进行细分，其中制度因素的重要性排序第一位是国家科技管理制度，以下依次是产权制度、激励制度、企业制度、专利制度、市场制度，市场因素重要性依次排序是市场需求、资本市场、技术市场、人才市场，政策因素重要性依次排序是鼓励创新与技术进步政策、鼓励高技术产业发展政策、科技投入政策、科技人才引进与任用政策①。这应该是为数不多对制度变迁与高技术产业发展之间关系进行实证检验的文献，但至今尚未有专门对制度变迁与新兴产业发展之间关系的实证研究。

要素供给与资源配置均会由于制度背景的不同而大相径庭，也就是说制度会影响要素、资源在一个产业集聚的数量与质量。本书无意去讨论经济增长与产业发展的技术、资本或制度决定论，但至少应该无人可以批判这样一个论点：制度因素是一国经济、产业发展至关重要的因素，这绝非矫枉过正的看法。

1.3.3 新兴产业形成与发展模式

对于新兴产业形成的触发因素，发展的路径选择及模式等，国内外学者进行了许多探索性的研究。

Funk（2003）认为不同的市场需求会导致新兴产业技术不同的侧重点，从而衍生出新兴产业不同的发展模式与路径。他以移动互联网为案例验证了这一观点。移动互联网在欧美的市场需求以商务应用为主，用户更注重安全性和邮件收发等功能；而在日韩，市场需求以娱乐为主，更为注重界面的娱乐功能，所以产业定位于大众消费。不同的发展方向导致了二者不同的

---

① 史丹，李晓斌. 高技术产业发展的影响因素及其数据检验 [J]. 中国工业经济，2004（12）：32－39.

发展模式①。

Carliss（1997）、Sturgeon（2002）、Pisano（2007）等认为模块生产网络将成为新兴产业发展的主导产业组织模式。作为处理复杂系统模块分解和集中的方法②，模块化通过对技术、产品及组织的分解集中，正成为新兴产业组织的发展模式。在这种新型组织模式下，空间的集中与分散是兼容的，并且具有相互增强的趋势③。模块生产模式对于创新的优势在于通过产品架构突破创新实现产业标准化控制④及围绕架构连续增量创新的可能性。

Ma Yunze（2011）以新能源产业为例考察了新兴产业的动力机制，他认为新能源产业是一个复杂的系统，其正常运行需要强大、稳定和持续的推动力。这些驱动力包括技术的进步、市场需求、产业链建设、政府政策和发展环境。其中技术的进步、市场需求和产业链建设构成内在驱动力系统，而政府的政策和发展环境构成外部动力系统。这两个驱动力系统和它们之间的和谐合作构成动力机制，完善的动力机制是鼓励新能源产业发展的重要条件⑤。

---

① Jeffel Funk. The Origins of New Industry: The Case of the Mobile Internet [J]. Management of Engineering and Technology, 2003.

② Baldwin Carliss Y, Kim B Clark. Managing in the Age of Modularity. Harvard Business Reviews, 1997（Sep/Oct）: 81 – 93.

③ Sturgeon T J. Modular Production Networks: A New American Model of Industrial Organization. Industrial and Corporate Change, 2002, vol. 11, Issue 3, pp. 451 – 496.

④ Gary P Pissano, David J Teece. How to Capture Value from Innovation: Shaping Intellectual Property and Industry Architecture. California Management Review 2007 (50): 278 – 296.

⑤ MA Yunze. A Study on the Dynamic Mechanism Encouraging the Development of New Energy Industry. 2010 International Conference on Energy, Environment and Development – ICEED2010, Volume 5, 2011, Pages 2020 – 2024.

张晋（2004）认为新兴产业的形成是产业大系统结构逐步复杂化和高级化的产物与必然结果。社会生产力是新兴产业发展的根本原因，社会需求是新兴产业受外力影响的直接原因，科学技术是引领新兴产业发展的加速器。新兴产业作为人类生产实践活动的产物，在相当程度上受到人为因素的影响，因而对新兴产业进行人为的促进也是可能的①。该研究肯定了人类在社会改造中的能动作用，具有强烈的哲学色彩，但难以为实践提供比较直接的指导。

史忠良，何维达（2004）认为新兴产业形成与发展虽然有其内在根据性，但在整个演进过程中，它还要受到诸多外部因素的影响和制约。一般而言，新兴产业的市场容量及其发展前景、新兴产业的创新条件与环境、新兴产业投入要素的供给状况和有关新兴产业的政府政策等是影响、制约新兴产业形成与发展的主要外部因素②。这一研究主要是从影响因素的角度进行论述，与迈克尔·波特的产业竞争力模型有异曲同工之妙，为许多后续的研究提供了较好的借鉴，但缺乏对新兴产业内在机理的研究。

任晓（2005）认为后进地区新兴产业的兴起不外乎两种机缘：一是经由产业国际化催生的内生式新兴产业，二是因为制造全球化扩散而产生的植入式新兴产业。从更长远的时段看，对一个地区来说，新兴产业的崛起对产业结构的改变可能是超越性的。从国际的经验来看，后发地区工业化的推进有两种基本范式：一是经由产业结构的自然演进，即内源先进产业衍化；

---

① 张晋. 新兴产业发展的理变分析 [J]. 太原科技，2004（2）：16－17.
② 史忠良，何维达. 产业兴衰与转化规律 [M]. 北京：经济管理出版社，2004：123－129.

二是经由高端产业外部镶嵌①。王海霞（2009）将新兴产业的发展模式总结为引资开发模式、产业链扩展与延伸模式、错位发展模式和自主开发模式四种类型②。刘志阳，程海狮（2010）将国内外新兴产业培育概括为市场化培育模式、政府积极干预发展模式、政府主导型向民间主导型转变的模式这三种基本模式，另外，新兴产业发展还有产业技术路线图引导模式、模块化创新和产业战略联盟模式、孵化器与加速器培育模式、集群模式这四种特殊模式，不同的创业扩散模式将形成新兴产业集群类型并具有不同的网络特征③。王利政（2011）从技术生命周期和技术水平国际比较优势的视角，分析了不同阶段发展新兴产业所适宜的模式④。这几项研究都是探讨新兴产业的发展模式，但前两项明显以后进地区为主要研究对象。

黄南（2008）总结了新兴产业发展的一般规律，认为新旧产业的更新换代是经济持续繁荣的关键，先进技术的创新和应用是新兴产业发展的制高点，强有力的产业扶持是新兴产业发展的必要保证，产业政策的正确引导是新兴产业崛起的重要手段，产业链的延伸是新兴产业提升的有效途径，合理的空间布局是新兴产业发展的良好载体⑤。

郭铁成（2010）认为新兴产业主要有四大来源：科研成果

---

① 任晓. "十一五"温州新兴产业兴起之路径 [J]. 浙江经济，2005 (11)：46 - 47.

② 王海霞. 甘肃发展新兴产业的模式选择与推动策略 [J]. 商业时代，2009 (9)：104 - 105.

③ 刘志阳，程海狮. 战略性新兴产业的集群培育与网络特征 [J]. 改革，2010 (5)：36 - 42.

④ 王利政. 我国战略性新兴产业发展模式分析. 中国科技论坛 [J]，2011 (1)：12 - 42.

⑤ 黄南. 世界新兴产业发展的一般规律分析 [J]. 科技与经济，2008 (5)：31 - 34.

产业化、从传统产业分化、从发达国家引进和社会事业产业化①。这一研究主要是从落后地区的视角看新兴产业的形成来源,将发达国家引进作为来源之一,有一定局限性。

这些研究对新兴产业形成与发展机理、模式做出了较多的理论探讨,但大多从区域的视角尤其是落后地区的视角来分析新兴产业的形成与发展模式,缺乏一般性,而且大多是以影响因素代替一般机理,缺乏对其发展内在机理的研究。当然,由于当前新兴产业发展的时间不长,对于其形成与发展机理的理论研究也不可能一蹴而就。

1.3.4 新兴产业选择标准

新兴产业的选择,事关一个国家或区域未来产业发展方向正确与否,其标准的确立至关重要。

Kremer(1993)认为,要根据产业的竞争状况来确定区域的产业选择,只有竞争力强的产业才会有旺盛的生命力,对经济社会的影响也就更大②。筱原三代平(1957)、Hirschman(1951)、Rostow(1960)等以主导产业为研究对象,对其选择基准进行了专门的研究,为新兴产业的选择标准及方法提供了较好的借鉴。

张岩(2006)、孙洪波(2007)在其硕士论文中均提出了新兴产业的选择标准及相应的指标体系,并分别运用层次分析法、因子分析法对区域新兴产业的选择进行了实证检验。但由于没有对新兴产业与主导产业进行严格的区分,其标准选择上还没有从主导产业的选择标准上脱离开来。

---

① 郭铁成. 新兴产业形成规律和政策选择 [J]. 中国科技产业, 2010 (11): 60 - 62.

② Kremer, M. Population growth and technological change: On million B. C. to 1990. Quarterly Journal of Economics, 1993, 108 (3): 681 - 716.

郭克莎（2003）将产业的增长潜力、就业功能、带动效应、生产率上升率、技术密集度、可持续发展性作为战略性新兴主导产业的选择标准，制造业则还需兼顾产业升级基本目标和就业增长重要目标①。赵玉林、张倩男（2007）将主导产业分为战略性主导产业、支柱性主导产业和一般性主导产业，其中战略性主导产业是指新兴的、具有战略意义的主导产业，处于产业生命周期中创业期与成长期的临界点，这与战略性新兴产业的概念比较接近，同时提出了主导产业选择的五个基准②，遗憾的是没有对不同类型的主导产业尤其是战略性主导产业提出相应的选择标准。

李江、和金生（2008）以发展潜力、发展水平/贡献两个维度为标准，将区域产业分为新兴产业、主导产业、支柱产业和一般产业，并提出了战略性产业选择的比较优势准则和产业关联准则③。

胡振华、黎春秋等（2011）提出常见单一的 AHP、IE 或 PCA 方法均难以满足战略性新兴产业选择过程的诸多要求，在综合考虑各种已有研究成果评价基准的基础上，尝试运用组合赋权法来选择区域战略性新兴产业④。

对于新兴产业选择标准的确立，大多仍主要借鉴主导产业的选择基准，而事实上，新兴产业与主导产业存在一定差异，

① 郭克莎. 工业化新时期新兴主导产业的选择 [J]. 中国工业经济, 2003 (2)：5-10.

② 赵玉林, 张倩男. 湖北省战略性主导产业的选择研究 [J]. 中南政法大学学报, 2007 (2)：30-35

③ 李江, 和金生. 区域产业结构优化与战略性产业选择的新方法 [J]. 当代财经, 2008 (8)：70-73.

④ 胡振华, 黎春秋, 熊勇清. 基于"AHP-IE-PCA"组合赋权法的战略性新兴产业选择模型研究 [J]. 科学学与科学技术管理, 2011 (7)：104-110.

选择标准也应有所不同，因此，对于新兴产业的选择基准与指标体系还需进一步的探索，这对于地方政府在中央政府确立国家层面的新兴产业之后有效、合理地选择区域新兴产业，避免地区产业结构同构、资源重复配置与浪费具有重大意义。

1.4　研究思路与研究方法

1.4.1　研究思路

本书在清楚界定新兴产业概念及其与相关概念区别的基础上，系统阐述有关产业发展的一般理论，然后探索新兴产业形成与发展的一般机理，并从理论与实证角度探讨影响新兴产业发展的主要因素，同时，运用制度经济学、博弈论的方法研究新兴产业制度创新的机制与模式，归纳新兴产业发展所需的制度系统，在这些理论研究的基础上，系统梳理我国新兴产业发展过程中存在的制度障碍，结合我国新兴产业发展实际，探讨重要领域制度创新的基本思路。本书的技术路线可用图 1-1 表示。

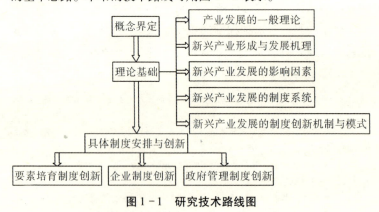

图 1-1　研究技术路线图

在此思路下，本书共分为九章，每一章的主要内容如下：

第一章为绪论。本章包括研究背景、研究的目的与意义、文献综述、研究思路与结构安排、研究方法以及创新与不足。

第二章为概念界定与理论综述。本章对新兴产业及其相关概念之间的联系与区别进行界定，厘清有关制度、制度创新的概念，并系统梳理有关产业发展的一般理论。

第三章为新兴产业形成与发展机理。包括新兴产业的形成动因、发展路径、影响因素的理论分析及实证检验。

第四章为新兴产业制度创新机制与模式。本章首先分析了制度在新兴产业发展过程中的作用定位，然后对新兴产业发展所需的制度系统进行阐述，并运用制度分析法研究新兴产业制度创新机制以及运用演化博弈思想动态分析制度创新模式。

第五章为新兴产业发展的要素培育制度创新。该章分析了我国在融资制度、人力资本制度、科技制度这三项制度中存在的问题，并就这三大要素培育制度的创新提出了相应思路。

第六章为新兴产业发展的企业制度创新。包括企业制度的内涵及其演化、现代企业组织制度的发展趋势、我国新兴企业产权制度（人力资本产权制度、知识产权制度）存在的问题及创新思路。

第七章为新兴产业发展的政府管理制度创新。论述了政府管理制度的历史演化过程，分析了政府在新兴产业发展中的作用定位，对我国有关新兴产业发展的政府管理制度进行了回顾及评价，最后，就政府管理制度中的法律制度、财税制度以及产业政策创新提出了相应的对策。

第八章以成都市战略性新兴产业发展为案例，检验战略性新兴产业发展所需的制度系统及其创新，并总结成都市发展战略性新兴产业的主要经验。

第九章为研究结论与展望部分，包括本研究所得到的结论以及需要进一步研究的内容等。

1.4.2 研究方法

本书综合运用制度分析方法、实证研究与规范研究相结合、比较研究等方法，并从多学科角度对新兴产业发展的制度创新进行研究。具体研究方法包括：

（1）制度分析方法（Institutional Analysis Method）。本书主要运用制度经济学的制度分析方法，探索新兴产业发展过程中制度创新的机制、模式与制度系统。制度分析法主要具有动态化、非纯粹性经济分析以及方法论的集体主义特征。在本书的研究中，综合运用了制度均衡与非均衡、制度创新的成本与收益、制度需求与制度供给、制度变迁主体、制度系统等属于制度分析方法的基本概念和范畴，在研究新兴产业制度创新机制时，考虑到了技术变化、制度创新主体与经济政策之间的互动关系，以一种进化与演进的观点来诠释制度变迁，更是将演化博弈的思想运用到制度创新模式的分析过程中。在研究制度创新时既考虑经济因素，也注重例如法律、政治、社会意识形态等非经济因素的影响，同时，将制度创新视之为集体行动的结果或集体行动对个人选择的控制与约束而非个人和单个企业行为的结果。

（2）实证研究方法（Empirical Research Method）与规范研究方法（Normative Research Method）相结合。实证研究是指按照事物的本来面目来进行描述、分析和解释的方法，说明研究对象"是什么"或者"究竟是什么样的"。那么经济学中实证研究方法就是仅揭示实际经济运行的过程及其规律或揭示经济变量之间的关系，说明社会经济现象"是什么"，而不对实际经济运行的状况与后果进行价值判断。经济学中的规范研究方法则要分析经济活动"应该是什么"、"应该怎么样"，也就是要对社会经济运行过程和结果在预设相应准则的基础上进行价值判断，要回答和说明社会经济现象"应该怎么样"的问题。本书综合运用了这两种研究方法，实现两种方法的功能互补。例如在基础研究中，运用计量模型检验分析新兴产业发展与人力资本、技术进步、制度变迁等变量之间的因果关系，运用演化博弈分析新兴产业制度创新的一般模式，这些都属于实证研究的方法。而在具体的制度创新分析中，对我国新兴产业发展过程中存在的制度障碍及其相应制度创新思路的研究，则属于规范研究方法。二者相互补充，实证研究是规范研究的基础，规范研究是实证研究的升华，实现理论与实践的结合。

（3）比较研究方法（Comparative Research Method）。当前新兴产业发展处于起步阶段，有关其发展规律、影响因素、政策扶持等问题的研究还非常不成熟，这一点在我国更是如此，因此需要借鉴国外发达国家和地区新兴产业发展的成功经验。本书不仅对国内外关于新兴产业的理论进行了比较研究，而且对国内外新兴产业发展的现状和具体制度安排经验进行了比较分析，以得出适宜于我国新兴产业发展实践的制度创新安排。

（4）案例研究方法（Case Study Method）。案例研究是一种经验性定性研究方法，研究现实社会经济现象中的各事例证据之间的相互关系，其意义在于回答"为什么"和"怎么样"的问题，有助于研究者把握事件的来龙去脉和本质，使人们能建立新的理论，或者对现存的理论进行检验、发展或修改。本书中多次运用案例研究法以验证某个理论或观点，更在最后专辟一章以成都市战略性新兴产业发展的案例作为本书前述理论的一个验证。

最后，在本书的研究中，也综合运用了新制度经济学、政治经济学、发展经济学、产业经济学等学科的研究方法，从多学科角度加以研究，以达到新的理论研究深度。

1.5　创新与不足

1.5.1　可能的创新

与已有文献相比，本书可能的创新之处主要体现在如下几个方面：

（1）运用行业面板数据验证制度变迁对新兴产业发展的贡献。尽管在产业经济学的经典教材中新兴产业的概念早已有之，但在本次危机之前，对新兴产业的研究相对较少，再加之目前尚未有专门的统计口径对新兴产业的发展相关数据进行核算，已有的研究仅从定性的角度分析新兴产业与产业结构、经济增长之间的关系，尚缺乏对新兴产业有关问题的定量研究。传统的经济理论认为产业的发展主要在于投入要素，本书的一个创新就在于将制度变迁作为一个内生因素纳入分析框架，并借用高技术产业的历史统计数据运用行业面板模型，对人力资本、技术进步尤其是制度变迁对新兴产业发展的贡献程度进行实证验证，以准确分析新兴产业发展的影响因素。

（2）探索新兴产业发展的制度系统，运用新的方法研究制度创新机制与模式。宏观的制度系统、制度创新机制与模式研究在新制度经济学中属于基础性研究，但对特定产业发展的制度系统及其创新的研究目前还处于探索阶段，一般是借用新制度经济学派的分类与研究方法。本书在具体分析新兴产业的制度系统时，不囿于其框架，对新兴产业的制度系统进行大胆的尝试性探索，从制度需求的视角将其分为要素培育制度、企业制度以及政府管理制度，当然，其可行性还有待商榷。同时，借助新制度经济学的研究方法，对新兴产业发展的制度创新机制进行研究，并尝试运用演化博弈的思想，探讨新兴产业发展的制度创新模式，得到一些有益的启示，这是本书的另一创新之处。

（3）提出了一些具体的制度创新设想与思路。制度创新有渐进式与激进式之分，而对我国而言，更多的是采取渐进式的制度变革方式，因此，本书大多数制度创新也遵循这一思路，但本书仍提出一些比较有创新性的制度变革建议。例如在融资制度创新中，为了解决商业银行进入新兴产业领域的"两难"选择，本书提出了三种比较有创新意义的思路：构建风险保障机制、创新信贷管理办法以及构建科技银行功能，并针对每一思路提供了切实有效的实施路径；另外，在融资制度方面，还提出了组建科技政策性银行的大胆建议，也设计了组建政策性银行的三个渠道；在企业知识产权制度创新中，为消除专利实施中的授权障碍，促进专利技术的推广应用，实现集成创新与知识产权的有效保护，建议在新兴产业中建立与推行"专利池"制度，并对构建模式的选择、专利池的规划、组建方式、管理及规制等方面的内容提出了初步设想。在政府管理制度创新中，基于我国培育和发展新兴产业与传统产业升级改造的双重任务，本书提出要通过有效的产业政策，实现传统产业与新兴产业耦合发展的思想，并从耦合的三个方面进行了具体的论述。

1.5.2 存在的不足

由于受作者视野与研究能力的限制，加之数据资料等方面的原因，本书尚存在如下不尽完善之处：

（1）由于新兴产业是在近两年才被国家提上战略高度，相关的研究文献较少，许多领域的基础研究尚处于初期阶段，这为本书的研究增加了一定难度。本书中对新兴产业形成与发展机理的归纳略显粗浅，而对于新兴产业发展所需的制度系统，由于缺乏较为成型的理论借鉴，作者尝试性的分析架构，仍存在改进之处。

（2）由于目前尚未有新兴产业发展相关数据专门的统计口径，许多数据均取之于高技术统计年鉴和发展年鉴之中，尽管高技术产业与新兴产业在很大程度上有重叠，但在统计口径上仍存在一定差别，本书只能借助高技术统计年鉴与发展年鉴中的数据与相关资料，因此，在数据质量方面，存在一定的瑕疵。

2 概念界定与理论综述

尽管新兴产业的概念在产业经济学教材中早已有之，但新兴产业作为本次危机之后出现的一个超高频次词汇，仍有必要对其进行明确的界定。本章主要对新兴产业、制度及制度创新等概念进行界定，并阐述有关产业发展的一般理论。

2.1 新兴产业的概念与特征

2.1.1 概念界定及类型

2.1.1.1 新兴产业的概念界定

对新兴产业概念的界定，主要在于对"新兴"的理解。出于不同的理解，专家学者们给出了不同的定义。同时，不同的研究视角亦将导致概念的不同，有些研究注重现在与未来，将视角定为当前的新兴产业，也即狭义的新兴产业，也有学者关注的是一般意义上的新兴产业，从历史的角度考察新兴产业，也即广义的新兴产业。

波特（Porter, 1980）认为新兴产业是新形成的或再形成的产业，它们是来自技术的创新、相对成本关系的转变、新的消费者需求的出现或其他经济或社会变化，而使新的产品或服务提升到一种潜在可行的商业机会的水平①。这一定义对"新兴"的理解较宽泛，而引发的原因则包括了技术、需求乃至经济社会的变化。波特显然是以一般意义上的新兴产业为研究对象。

周叔莲，裴叔平（1984）认为新兴产业是相对于传统产业而言的，新兴产业和传统产业的内容是不断变化的，目前的新兴产业指的是随着生物、信息、新能源、新材料等新兴技术的应用而出现的新的产业部门②。其对"新兴"的理解主要限定在新兴技术，新兴与传统相对应，其研究对象主要是以目前的新兴产业即狭义的新兴产业为主。

史忠良，何维达（2004）在《产业兴衰与转化规律》一书中将新兴产业定义为承担新的社会生产分工职能的，具有一定规模和影响力的，代表着市场对产业结构作为一个经济系统整体产出的新要求和产业结构转换的新方向，同时也代表着新科学技术产业化的新水平的，正处于产业自身生命周期过程的形成期阶段的产业③。其范畴主要指产业结构转换的新方向、技术的新水平。该论著对新兴产业形成与发展的一般规律、影响因素等进行了比较深入的分析和研究，是我国目前研究新兴产业经典性的著作。

黄南（2008）认为新兴产业有狭义和广义之分。广义的新兴产业泛指利用先进技术成果而建立起来的、有经济战略意义的产业，这样的产业具有先进的生产技术、创新性、高劳动生产率、处于成长期阶段、需求旺盛等特点。狭义的新兴产业则

---

① Porter M E. Competitive strategy, techniques for analyzing industries and competitors, Free Press, New York, 1980.

② 周叔莲，裴叔平. 试论新兴产业与传统产业的关系 [J]. 经济研究，1984，(2): 35-41.

③ 史忠良，何维达. 产业兴衰与转化规律 [M]. 北京: 经济管理出版社，2004: 123-129.

仅指依靠第三次科技革命成果发展起来的高新技术产业①。黄南的"新兴"的内涵也主要是指新兴技术，广义和狭义的区分是从历史视角进行的界定。

Investopedia 将新兴产业定义为一种具有不确定性的产业，认为新兴产业的产品需求、增长潜力、市场前景都不明朗，因而财务状况也就具有极大的不确定性，这些企业对于能否立足于本产业以及未来的市场占有率抱有高度的不确定性。这一概念认为新兴产业最大的特征就是不确定性。

郭铁成（2010）同意周叔莲、裴叔平的观点，认为新兴产业是与传统产业相比较而言的，是指一批具有新经济形态的产业群，是以新能源为动力，以新材料为原料，使用智能技术或生物技术的产业②。

郑江淮（2010）认为新兴产业中的"新兴"包含了三个方面的含义，即时间维度上的新兴、技术维度上的新兴和市场成熟度上的新兴。他还进一步区分了战略性产业、新兴产业和战略性新兴产业：战略性产业必须具有社会收益，即不简单体现为它本身的收益规模。新兴产业是相对于传统产业而言的。新兴产业不一定就是战略性新兴产业，只有具有战略性的新兴产业，才能够成为战略性新兴产业③。

综合以上学者对新兴产业概念的界定，本书认为，新兴产业是指相对传统产业而言，随着新兴技术应用而出现的、正处于初创期或成长期的、具有良好市场前景并代表产业未来发展

---

① 黄南. 世界新兴产业发展的一般规律分析 [J]. 科技与经济, 2008 (5): 31-34.

② 郭铁成. 新兴产业形成规律和政策选择 [J] 中国科技产业, 2010 (11): 60-62.

③ 郑江淮. 理解战略性新兴产业的发展——概念、可能的市场失灵与发展定位 [J]. 2010 (4): 5-10.

方向的产业部门。本书在理论研究时采用的是广义上的新兴产业概念，即不单纯指本轮的新兴产业，而是对一般意义上的新兴产业的形成与发展机理、制度系统及其创新进行相关研究。但具体到"后危机时代"这一背景时，采用的则是狭义的新兴产业，特指本轮技术革命下的新兴产业。

2.1.1.2　新兴产业的类型

政府和学者们根据不同的标准对新兴产业进行了不同的分类。

（1）三类产业分类法

①新技术产业化形成的产业。新技术一开始，属于一种知识形态，在发展过程中其成果逐步产业化，最后形成一种新的产业。比如说生物工程技术在 20 世纪五六十年代或者说在更早的时候，它只是一项技术，现在成为生物工程产业。在美国，生物工程产业被誉为一个非常有前景的新兴产业。同样，IT 产业，由于数字技术的发展，也被认为是一个新的朝阳行业。

②用高新技术改造传统产业形成的新产业。如蒸汽机技术改造手工纺机，形成纺织行业，使得整个纺织行业产生了飞速发展。纺织行业相对来讲，在当时就是新兴产业。现在新技术改造传统行业，比如改造钢铁行业，就成了新材料产业，生产复合材料以及抗酸、抗碱、耐磨、柔韧性好的新兴材料。同样，用新技术改造传统的商业，变成现在的物流产业。

③社会公益事业的行业进行产业化运作。在国外，传媒业是一个重要的行业，而我国把传媒当作事业来看待。如教育，由于事业化的运作使得本来非常有潜力的产业没法满足人民群众日益增长的物质文化生活的需要。这就需要我们对教育特别是非义务教育的高等教育当作产业来运作。

（2）日本分类法

近年来，日本制定的新兴产业战略，将致力于开拓新的发展领域，创建新的产业群。日本将新产业群分成三大领域①：

①尖端的新产业群。主要包括：一是燃料电池产业，如燃料汽车、定置用燃料电池等；二是信息家电产业，在该产业内形成一个生产、加工系列化的企业群；三是机器人产业，主要是工业用机器人和智能化机器人。

②适应消费需求的新产业群。主要包括：一是健康、福利和服务性产业；二是环境、能源等产业，主要开发世界领先的关键技术。

③重振地方经济的新产业群。主要是以各地方为基础创建各具特色的高技术产业开拓新的生产领域、改革地区间的服务、推进食品产业的高附加价值化；同时，在地区间建立高透明度的信誉网络，制定立足于传统、文化的综合性地域发展战略。

（3）列举法

如美国新一届（奥巴马）政府通过列举法来界定新兴产业类型，包括再生能源及节能项目、生物医学、环境保护、航空航天、海洋、大气等领域，其中涉及生物技术、计算机和通信技术、新材料技术、航空航天技术等高新技术。德国将生命科学、新能源、信息、先进制造、新材料等产业列入新兴产业。

目前，普遍得到认可的新兴产业领域主要有新材料产业、新能源、环保、生物医学、健康、航空航天、海洋等。

2.1.2 新兴产业的特征

2.1.2.1 更迭性

新兴产业是相对于传统产业而存在的。这里所谓的更迭性

---

① 唐宁. 日本的新兴产业战略 [J]. 日本研究，2006（1）：16.

是指新兴产业与传统产业之间在时间、空间上的转化。首先，从时间上看，对一个国家或地区而言，新兴产业经过一段时间的发展，可能会渐次成为主导产业、支柱产业，最后，又会被新的技术所替代而"沦落"为传统产业，这本身就是产业演化动态性、周期性的主要表现。人类社会已经经历了三次产业革命，每一次产业革命都带来新兴产业的蓬勃发展。如第一次产业革命促进了轻纺织工业等新兴产业的形成与发展，并带动了机械制造业、冶铁业及煤炭业等产业的发展，这些产业在后来很长一段时间演变为各国、各地区的主导产业或支柱产业。第二次产业革命则逐步建立起电力、机械制造、石油、钢铁等为主导的工业体系，这些产业均属于当时的新兴产业，但第三次产业革命也就是以信息产业为核心的高技术产业取代重工业成为主导产业之后，这些产业就成为相对意义上的传统产业。其次，从空间上看，这种更迭性还表现在，由于区域经济发展的不平衡性，某些产业在发达国家或地区可能已经步入成熟期而归于传统产业的行列，但通过技术转移将产业移植到其他落后国家或地区，对于这些落后国家或地区而言，这些产业尚属新兴产业，从而表现出新兴产业在空间上的更迭性。

2.1.2.2 高技术性

新兴产业既然代表了经济系统整体的新要求和产业结构转换的新方向，其承载的技术也应该属于当前最先进的技术。正如上所述，三次产业革命中出现的新兴产业，无不体现了当期最先进的技术：纺织产业所体现的是蒸汽机技术，机械制造体现的是以电力和内燃机技术为主的先进技术，第三次产业革命体现的则是电子、信息技术等，而或将到来的第四次产业革命将是以生物、新能源、新材料等技术为代表。如果没有高技术作为支撑，这个产业就难以有比较持久的生命力，难以有比较广阔的市场前景。

2.1.2.3 高增长性

作为新兴市场，在发展初期可能会由于消费者的认识时滞、接受时滞、转换成本等因素的影响而导致新兴产业产品市场规模较小。但由于新兴产业处于产业导入期或成长期，其需求增长必然较快，即市场成长性较高。一个产业能否成为新兴支柱产业，其未来的市场前景相当重要，否则，这样的产业也只能是昙花一现。

2.1.2.4 不确定性

由于采用的是新兴技术，载体是新产品，面临的也是新兴市场，因而新兴产业必然面临较大的不确定性，包括技术上的不确定、市场的不确定和战略的不确定性。

（1）技术的不确定。技术创新是新兴产业发展的核心，但技术创新尤其是重大的技术创新往往面临很大的不确定性，包括研发是否能够取得成功、设计是否优越、技术上能否超过已有产品的工艺、制造成本能否达到商业化的要求、缺乏明确的产业技术路线图等。在一个新兴产业内，什么样的产品构造或服务最佳、选用何种技术最有效等都需要时间来证明。如胰岛素、数字电子计算机、光导纤维等都经历了技术不确定问题所带来的发明—创新时滞。从科学知识到技术知识到科学发明成果，从科技成果到生产企业，从生产企业到最终消费者，这里的每个环节和飞跃都充满着风险和不确定性，因而是一个极其复杂的筛选淘汰过程①。

（2）市场需求的不确定。新兴产业处于产业生命周期的萌芽期，整个产业发展还处于朦胧状态，将要提供的新技术和新产品所对应的市场不能被清楚描述，需求量不能准确计算和刻

---

① 王春法. 论技术创新过程中的不确定性问题 [J]. 中国科技产业，1997 (2).

画。其产品和服务可能会超越当期经济社会需求的层次和水平，这就使得新兴产业在短期内可能面临显性需求不足或明显困难。这种不易把握的市场需求特征，一方面使得新兴产业（企业）在初创期不能明确地知道如何将显性需求和隐性需求融入到产品的设计以及未来产品如何变化以反映顾客需求。新兴技术产品或服务推向市场时，能否向顾客提供更多更好服务并让用户尽快地接受，或者使新兴技术向其他领域进一步扩展等存在较大的不确定[①]。另一方面，新兴产业企业在市场上未必有"先行者优势（First-mover Advantage）"[②]，先行者企业在面临的市场机会时是否可以有效地估计，当面临一个足够大的市场机会时，公司是否有足够的实力来把握等，这些使得进入新兴产业的企业面临较大的需求不确定。

（3）战略的不确定。没有"正确"的战略被公认，在产品/市场定位、市场营销和服务等方面，不同企业正摸索着不同的方法。没有任何一个企业知道所有竞争者是谁，可靠的产业销售量和市场份额的信息经常无法得到[③]。

2.1.3 与相关概念之间的联系与区别

目前研究繁杂，对新兴产业内涵与特征还缺乏深入了解，在一定程度上混淆了新兴产业、高技术产业、主导产业和支柱产业，有必要进一步澄清新兴产业与战略性新兴产业、主导产业、支柱产业、高技术产业之间关系。

2.1.3.1 战略性新兴产业与新兴产业

当下最流行的概念莫过于战略性新兴产业，但从严格意义

---

① 林书雄. 新兴技术的内涵及其不确定性分析 [J]. 价值工程，2006 (9).

② 微软公司克服了作为操作系统后来者的弱势，并最终取得了视窗操作系统的垄断地位，就是一个实例。

③ 迈克尔·波特. 国家竞争优势 [M]. 北京：华夏出版社，2002.

上说，国际上并没有战略性新兴产业这一概念的通行阐述①，这也非严格意义上的经济学术语。只是 2008 年国际金融危机之后，各国政府为摆脱危机，纷纷推出一系列"战略性新兴产业"（如节能环保、新能源、新材料、生物医药产业等）的发展规划，战略性新兴产业才得以超高频率出现。郑江淮（2010）认为战略性新兴产业是战略性产业和新兴产业的结合。因此，有必要先对战略性产业做进一步的理解。战略性产业的概念是赫尔曼（A. O. Hirschman）最先提出，他将处在投入和产出中关系最密切的经济体系称之为战略部门。根据产业经济学等学科理论，战略性产业是指对一国或地区经济长期发展，即对产业结构转换和经济快速增长起根本性、全局性作用的产业。它的发展关系国家（或地区）竞争力，关系国家（或地区）在世界政治竞争中的安全和战略行动能力，所以对于这类产业，不管条件是否具备，政府都不能放任自流。从范围来看，战略性新兴产业必须是对国家战略具有重要意义的新兴产业，其范畴显然要小于新兴产业。本书没有采用战略性新兴产业这一概念，是希望通过新兴产业这一更具普遍意义的产业形态的研究，得到更具普遍意义的结论。尽管其实在目前这一研究背景下，大部分新兴产业（狭义的新兴产业）对国家（或地区）是具有战略性的，也即目前大部分新兴产业也就是战略性新兴产业。

2.1.3.2　新兴产业与主导产业

所谓主导产业就是指在区域经济发展中起主导作用的产业，也就是那些产值占有一定比重、采用先进技术、增长率高、产业关联度强，对其他产业和整个区域经济发展有较强带动作用

---

① 姜江. 世界战略性新兴产业发展的动态与趋势 [J]. 中国科技产业，2010（7）：54 - 59.

的产业①。因此，主导产业即带头产业或领航产业，是能带动整个区域产业发展的产业和产业群体。从量的方面看，它是指在国民收入中占有较大比重或将来有可能占较大比重的产业部门；从质的方面看，它是指在整个国民经济中占有举足轻重的地位，能够对经济增长的速度与质量产生决定性影响，其较小的发展变化足以带动其他产业和整个国民经济变化，从而引起经济迅速高涨的产业部门②。特定时期的主导产业是由经济发展阶段所决定，一旦条件发生变化，原有的主导产业对经济的带动作用就会弱化、消失，被新的主导产业所替代③。在一定条件下，新兴产业会演变为一国（或地区）新的主导产业。

2.1.3.3　新兴产业与支柱产业

支柱产业是指那些在国民经济或区域经济中占有很大比重，构成国民收入主要来源，对国家（或地区）经济增长起着举足轻重的作用的产业。支柱产业的界定主要以产业总产值占国民收入的比重为标准，高市场份额是其一个重要特征，因为只有具备了较大的市场份额才能实现较高比例的国民生产总值，或者说才能在国民经济中起到"支柱"的作用。另外，支柱产业一般都是处于成熟期的产业，具有相对成熟的技术水平，这也是与新兴产业最大的一个区别。当然，新兴产业发展到一定程度，将渐次演变为主导产业、支柱产业。

2.1.3.4　新兴产业与高技术产业

郭铁成（2010）认为高技术产业是在传统经济形态下表现

---

① 袁中华，罗华. 西藏跨越式发展中主导产业选择的实证分析 [J]. 长沙理工大学学报：社会科学版，2009（2）：39－44.

② 江世银. 区域产业结构调整与主导产业选择研究 [M]. 上海：上海人民出版社，2004.

③ 姜大鹏，顾新. 我国战略性新兴产业的现状分析 [J]. 科技进步与对策，2010（17）：65－70.

为技术的高端化和研发投入的密集化。OECD 组织及我国都是用研发投入强度这一标准来确定高技术产业的。新兴产业不仅要考虑其技术密集度，更要考虑产业技术的前沿性、市场前景和发展所处的阶段。高技术产业和新兴产业都强调产业的技术属性，但当高技术产业发展到一定程度，如果技术上比较成熟，已经进入成熟期，尽管其高技术属性仍然存在，也不再属于新兴产业的范畴。当然，不可否认的是，高技术产业和新兴产业在产业范围上有很大程度的重叠性。对我国而言，目前高技术产业中的医药制造、航空航天、电子信息等产业等仍属于新兴产业的范畴。

这两者的区别还体现在：①概念的参照系不同，新兴产业是相对于传统产业而言的，而高技术产业则是相对于中低技术产业的。②经济性质不同，新兴产业是一种全新经济形态的产业群，必须要具有较高的成长性，而高技术产业没有完全超出传统经济形态①，在增长性方面会因处于不同时期而有不同表现。

2.2 产业发展的一般理论

产业发展是一个从低级向高级不断演进、具有内在逻辑、不以人们意志为转移的客观历史过程。产业发展是指产业的产生、成长过程，既包括单个产业的进化过程，又包括产业总体，即整个国民经济的进化过程②。产业发展包含着产业的一系列变

---

① 郭铁成. 新兴产业形成规律和政策选择 [J]. 中国科技产业，2010 (11)：60 - 62.

② 苏东水. 产业经济学 [M]. 北京：高等教育出版社，2000：474.

化趋势，这些变化不仅"创造出各种新的消费方式"，而且推动着"产业本身的创新与变革"，包括"产业结构方面的新内容、产业技术、产业组织方面的新动向"①。

有关产业形成与发展的理论贯穿在经济学发展史中。马克思有关经济周期的论述中就在一定程度上包含了产业发展、成长与衰退的规律。亚当斯密的分工理论除了论述"分工受制于市场广狭"也即斯密定理之外，其实也蕴含着这样一层意思：企业的成长与分工程度正相关，而随着分工的深入细密，新的企业会不断繁殖，以至于新产业的形成也与分工程度相关。马歇尔则用进化论对产业演进进行了精辟的论述：单个企业的成长与衰落是经常性的，而一个产业则可以经受长期的波动，甚至会出现长期平稳向前发展的态势。就像一棵树的叶子会长大、成熟、飘落许多次，而树却可以年复一年地不停向上生长一样。斯蒂格勒继承和发展了斯密定律，论证了随着市场容量和劳动分工的变化，厂商功能的变化和产业整个生命周期变化的特征。Gort 和 Klepper 在弗农产品生命周期理论的基础上，正式提出了产业生命周期的概念，形成了诸多分支的产业生命周期理论。熊彼特的创新理论、诺斯的制度创新理论和波特的竞争理论等都体现了对产业发展的理论探讨。

2.2.1 产业演化和产业生命周期理论

产业演进理论认为产业演进的动态性表现为单一产业的生命周期、产业时序作用周期、不同产业或产业综合体在地位上演进的阶段性和周期性、产业结构高度化的演进过程这四个方

---

① 厉无畏，王振. 中国产业发展前沿问题 [M]. 上海：上海人民出版社，2003.

面①。因此，学者们围绕这四个方面展开了比较深入的研究，取得了较多的成果，其中成果最为丰富的就是产业生命周期理论。

在继承斯密定律的基础上，斯蒂格勒提出了产业生命周期的假说。根据他的理论，在一个产业的新生期，市场狭小，因此，再生产过程的各个环节规模较小，不足以一一分化出来由独立的专业化企业承担，所以这个时期的企业大多是"全能"企业。随着产业的发展和市场的扩大，企业的内部分工便转化为社会分工，各专业化企业会承担起各个环节的任务。但到了产业的衰落期，随着市场和生产规模的缩小，各个生产环节又重返"娘家"，社会分工又转化为企业内部分工。

在弗农等人的产品生命周期理论的基础上，Gort 和 Klepper（1982）提出了产业生命周期的概念②，完成了以观察个别产品作为分析单位的产品生命周期观念向以产业组织方法分析内生的产业演化的转移③，创立了 G - K 产业生命周期理论，而且他们的论文引发了几十篇关于产业生命周期的论文，如 20 世纪 90 年代 Klepper 与 Graddy 的 K - G 模型、Agarwal 与 Rajshere 的产业生命周期理论，使该理论在各个分支的纷争和融合中逐步走向成熟。

在持续时间的长度上，产业生命周期要比产品生命周期长，产业生命周期曲线是产品生命周期曲线的包络线（如图 2 - 1）。产业生命周期分为形成期、成长期、成熟期和衰退期四个阶段，产业在各阶段的特征如表 2 - 1 所示。

———————————

① 杨公仆，夏大尉. 产业经济学教程 [M]. 上海. 上海财经大学出版社，2002.

② Steven Klepper. Entry, Exit, Growth and Innovation over the Product Life Cycle. the American Economic Review, June, 1996.

③ 张会恒. 论产业生命周期理论 [J]. 财贸研究，2004（6）：7 - 11.

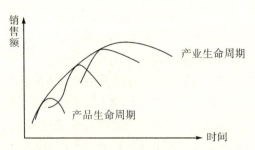

图 2 - 1　产品生命周期和产业生命周期

资料来源：张会恒（2004）

表 2 - 1　　　　　　　　　产业发展各阶段特征

阶段	企业数量	集中度	技术成熟度	需求增长	进入壁垒	利润率
形成期	少	高	低	快	低	低
成长期	多	低	较高	较快	低	较高
成熟期	较少	高	高	慢	高 （规模壁垒）	高
衰退期	少	高	技术转换	下降		低

　　Hirsch（1965）将产业的生命周期分为早期、成长期、成熟期三个阶段，C. Freeman 和 L. Soete（1997）认为在产业生命周期的不同阶段，产业发展要素的重要性并不一样。例如，在产业发展的初期，比较重要的产业发展要素是科技因素与外部经济；进入成长期，产业发展要素则以厂商管理因素和资本因素的重要性比较高。

表 2 - 2　　生命周期各阶段产业发展要素的重要性

要素	早期	成长期	成熟期
管理	☆ ☆	☆ ☆ ☆	☆
科学与工程关键技术	☆ ☆ ☆	☆ ☆	☆

表2-2(续)

要素	早期	成长期	成熟期
不熟练	☆	☆☆	☆☆☆
外部经济	☆☆☆	☆☆	☆
资本	☆	☆☆☆	☆☆☆

注：重要性表示：☆☆☆高；☆☆中度；☆低

资料来源：C. Freeman & L. Soete（1997）

新兴产业与其他产业一样，都需要经历不同的发展阶段，但是其发展阶段与一般产业不完全一样。同时，新兴产业作为高新技术产业化的结果或者满足新兴市场的结果，具有比较独特的发展特征。对于新兴产业而言，形成期需细分为种子期和创建期两个阶段。发展到成熟期，将演变为一个经济系统中的支柱产业，属于成熟产业范畴。而到衰退期，则有可能被其他新兴产业所替代，沦落为衰退产业。因此，新兴产业主要包括种子期、创建期、成长期这三个阶段。当然，在成熟期，尽管已经不再属于严格意义上的新兴产业，但作为投资资金的"出口"阶段，属于新兴产业的延续期。

2.2.2 创新理论

创新理论是由约瑟夫·熊彼特在1912年出版的《经济发展理论》中提出来的。在熊彼特（Schumpeter）看来，"创新"就是"建立一种新的生产函数"，也就是把一种从来没有过的关于生产要素和生产条件的"新组合"引入生产系统，提高社会潜在的产出能力。

按照熊彼特的创新理论，创新包括五个方面的内容：引进一种新产品或提供一种产品的新质量（产品创新）、采用一种新技术或新的生产方法（技术创新）、实行一种新的企业组织形式

（组织创新）、获得一种原材料新的供给来源、开辟一个新市场（市场创新）。熊彼特认为企业的创新汇集起来就是产业的创新，甚至会造成"产业突变"，然后引起整个经济的创新。

熊彼特在其《经济周期》一书中深入分析了经济发展、经济周期与技术创新革命之间的关系：创新浪潮是导致经济并非平稳"增长"，而呈现出周期性"发展"趋势的主要原因，即创造性的破坏（Creative Destruction）；同时，经济从衰退和萧条中重现复苏和繁荣，则有赖于新一轮创新浪潮纠正失误和过度投资行为、重组生产要素并走向新的均衡。

继熊彼特之后，经济学家对创新理论进行了进一步的发展和完善，创新理论也开始出现分野，主要包括三个方面：以技术变革和技术推广为对象的技术创新经济学、以制度变革和制度建设为对象的制度创新经济学、产业创新理论。

索洛（Slow，1956，1957）在其两篇经典论文《对经济增长理论的一个贡献》、《技术进步与总生产函数》中论证了只有技术进步才是经济持续增长的源泉[1]。随着技术进步在经济增长中作用的提高，对技术创新规律的研究也日益高涨。阿罗（Arrow，1962）认为竞争的市场结构比垄断更有利于极力影响产品成本的过程创新[2]，卡曼（Caman）和施瓦茨（Schwartz）也用理论分析方法发现最有利于技术创新活动开展的是垄断竞争市场结构。斯通曼（Stoneman，1976，1983）分析了技术创新扩散路径，曼斯菲尔德（Mansfield，1976）对技术创新中的技术推广、技术创新与技术模仿之间的关系及两者的变动速度等问

---

[1]　R. Solow. Technical change and the aggregate production function. Review of Economics and Statistica ［J］，1957（8）：312－320.

[2]　Arrow J. The Economic Implications of Learning by Doing ［J］. The Review of Economic Studies，1962，29（3）：155－173.

题进行了深入的研究①，而勒梅特（Lemaitre，1988）和厄特巴克（Utterback，1994）等人则使得对技术创新的研究开始走向综合化方向，技术创新经济学的理论体系也日趋明晰与完善。

弗里曼（Freeman，1974）第一次系统提出产业创新理论，他认为产业创新包括技术和技能创新、产品创新、流程创新管理创新（含组织创新）和营销创新②。另外，卢森伯格（1994）、道格森（Doggson，1994）等人的论著均包含了产业创新的思想，哈梅尔（Hamel，1994）在《竞争大未来》中也提出了产业创新的理论。

以诺斯为代表的制度创新学派，把创新与制度结合起来，研究制度因素与企业技术进步和经济绩效之间的关系，强调制度环境与制度安排对经济发展的重要性。

20世纪90年代以来，在经济全球化和知识化趋势愈加明显的背景下，创新理论在分野之后又开始出现融合化态势，综合化的一个重要表现就是国家创新系统理论的出现。国家创新系统理论又可以分为宏观学派、微观学派及综合学派。宏观学派以弗里曼、纳尔逊为代表。弗里曼（Freeman，1987，1997）在产业创新理论的基础上提出了国家创新理论，并指出国家创新的核心是产业创新，只有将技术创新与政府职能相结合，形成国家创新系统，才能实现一国经济的追赶与跨越。纳尔逊（Nelson，1993）在其论著《国家创新系统》中强调技术变革的必要性和制度结构的适应性，指出制度安排应当有弹性，发展战略应当具有适应性和灵活性。以伦德瓦尔（B. A. Lundvall）为代

---

① E. Mansfield. The Economics of Technological Chang ［M］. New York. w. w. Norton and Company，1976.

② 芮明杰，张琰. 产业创新战略—基于网络状产业链内知识创新平台的研究 ［M］. 上海：上海财经大学出版社，2009：18－20.

表的国家创新系统微观学派则基于企业行为探讨国家创新系统的微观层面，认为国家创新系统既包括大学、科研机构、企业等与研发密切相关的机构设置和制度安排，还包括所有影响学习、研究、创新的经济结构和经济制度。

2.2.3　主导产业理论

在经济发展的不同阶段或不同的产业结构系统中，各个产业的发展速度、在产业结构中的地位、对国民经济的贡献是不同的。一般将那些发展速度快、在产业结构系统中起引导与带动作用、对国民经济增长贡献大的产业称之为主导产业。

理论界最早提出主导产业概念的是美国经济学家郝希曼，其后，罗斯托对主导产业进行了比较明确、系统的研究。他认为，经济增长之所以能够具有或保持"前进的冲击力"，是由于若干"主要成长部门"迅速扩张的结果，这些部门"具有很高生产率的新生产函数性质"，它们的发展"引起了对其他制造品的一系列需求"，也"引起了一系列外部经济效应"，具有较高的扩散性，从而带动其他部门的发展①。

主导产业的扩散效应包括前向效应（对上游提供设备、原材料等关联部门的影响）、旁侧效应（对就业、基础设施建设等方面的影响）和后向效应（对下游产业的影响），主导产业的扩散效应如图 2 - 2 所示。

---

① Rostow W. W. The Stages of Economic Growth: A Non - Communist Manifesto. Cambridge; London: Cambridge University Press, 1960, .

图2-2　主导产业的关联、带动效应

　　主导产业是经济发展的驱动轮，同时，它也是形成合理、有效产业结构的契机，产业结构必须以它为核心才能快速向高度化推进。因此，正确选择主导产业就成为各国政府、学者们研究的一个重要课题。日本经济学家筱原三代平在20世纪50年代中期为日本的产业结构提出包括"收入弹性基准"和"生产率上升基准"，被称之为"筱原基准"①。郝希曼（A. Hirschman）以投入产出为基本原理，提出依据后向联系大小顺序排列来选择主导产业的准则，郝希曼基准也称之为关联度基准②。罗斯托在郝希曼基准的基础上，对选择主导产业的依据进行了进一步的探讨，提出了后向联系效应、旁侧效应、前向联系效应的几条标准。Keizer（2002）认为主导产业是一个区域经济发展的核心动力，应该具备较强的发展前景、较大的产业关联性和庞大的就业效应，这也就是主导产业选择的主要依据③。其他还有许多学者对主导产业的选择基准做了大量研究，提出了"动态比较优势基准"、"过密环境基准和丰富劳动内容基准"、"短缺替代弹性基准"、"增长后劲基准"和"'瓶颈

---

　　①　筱原三代平. 产业结构论 [M]. 北京：中国人民大学出版社，1990.

　　②　郝希曼. 经济发展战略 [M]. 北京：经济科学出版社，1991.

　　③　Keizer, J. A., Halman, J. L., Song, M. From experience：Applying the risk diagnosing methodology. Journal of Product Innovation Management，2002，19 (3)：18-256.

效应基准"等。

2.2.4 产业竞争力钻石模型

美国哈佛大学教授、战略管理家波特（Poter，1990）建立了一个"钻石模型"（也称之为"菱形模型"）。该模型认为，一个产业的竞争力主要取决于四个因素：需求条件，生产要素，相关产业与支持产业的表现，企业的战略、结构与同业竞争。另外，还存在两大外部影响因素：政府与机会①，其中政府的政策是一个非常重要的外在影响因子，政府应该为企业创造一个适宜的、鼓励创新的政策环境。

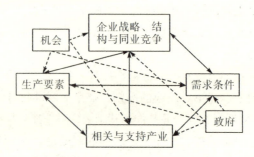

图 2 - 3　产业竞争力钻石模型

资料来源：Porter（1990）

这六大要素相互联系、相互影响，共同决定着一个产业的竞争力水平。这一模型能够较好地解释一个产业发展的影响因素或者说影响一个产业竞争力的主要因素。

波特在《竞争战略》一书中还专辟章节论述新兴产业的竞争战略。他指出，新兴产业中的战略制定过程必须处理好产业

---

① Porter Michael E. Competitive advantage of nations [M]. Free Press, New york，1990.

在这一发展阶段的风险和不确定性，如竞争活动法则的不确定，产业结构未确定并可能变化，对竞争者几乎不了解等，新兴产业必须在以下这些方面关注战略的选择：①塑造产业结构。通过不断的选择，新兴企业可以试图在生产方针、市场营销方法和价格策略等方面建立游戏规则，以使自身在较长时期获得最有利的地位。②产业发展的外部性。在新兴阶段，企业自身的成功在某种程度上依赖于产业中的其他企业，因此，新兴企业应致力于促进标准化的形成，并在顾客、供应商、政府与金融机构面前结成统一阵线。③转变的移动壁垒。新兴产业中早期的移动壁垒容易被迅速侵蚀，当产业在规模上发展和技术上成熟时，这些壁垒经常被非常不同的壁垒所代替。企业必须准备为维护自身的地位而发现新的方法，而不仅仅依靠如专有技术或独特的产品种类①。

2.2.5　我国学者关于产业发展的理论阐述

郑林（1992）认为要素关联力、产业自我调整力和外部推动力三种形式的合力起着重要的作用。要素关联力存在于要素的关联中；产业自我调整力是产业波动及其内在规律所引起的；产业外部推动力是外界因素同产业发展的相互作用中具体产业的动力形式。这三种分力相互协调，共同构成产业发展的动力系统②。郑林的产业发展动力论主要还是"要素推动论"，没有考虑到产业成长中产权制度、投融资制度、科技创新制度等制度安排对产业发展的作用。

周新生（2000）认为产业从无到有、从小到大、从盛到衰的根

---

① 迈克尔·波特. 竞争战略——分析产业和竞争者的技巧 [M]. 北京：华夏出版社，1999.

② 郑林. 产业经济学 [M]. 郑州：河南人民出版社，1992：3.

本原因或内在原动力是"利益",如厂商的经济利益、政府的经济利益等。利益驱动是产业兴衰的原动力,而市场需求并不是产业兴衰的最终动力,而仅为条件之一①。周新生的利益驱动论隐含了这这样一个观点:只有兼顾各方的利益,才能推动产业的发展。从制度变迁的角度看,利益的均衡过程也正是制度创新之时。

胡洪力(2003)认为产业成长是一个制度变迁的过程,产业成长在本质上是社会分工在部门间及部门内的扩展与深化,而由于在分工演进中由分工所引起的交易费用的不断上升,需要制度不断创新以提高交易效率,从而进一步促进分工的发展。分工受制度变迁方向与速度的限制,因此,产业成长过程中的制度创新至关重要②。

刘小雪(2005)认为一个产业是由众多的企业所构成,而企业从来都不是生活在真空的社会环境中,它不可避免地要受到所在国家、地区的制度环境和基本生产要素供给状况的影响③。

2.3 制度与制度创新

2.3.1 制度的界说与功能

2.3.1.1 制度的界说

制度(Institution)是一个含义极其丰富的词,人们往往把习俗(Custom)、惯例(Convention)、传统(Tradition)、社会规范(Norm)等都包括在其中。《韦伯斯特字典》以及《美国文

---

① 周新生. 产业兴衰论 [M]. 兰州:西北大学出版社,2000:3.
② 胡洪力. 中国汽车产业成长研究 [D]. 西安:西安交通大学,2003.
③ 刘小雪. 发展中国家的新兴产业优势 [M]. 北京:世界知识出版社,2005.

化遗产大字典》里给出的解释是"制度就是行为规范"，而我国的《辞海》里对"制度"的第一解释是"要求成员共同遵守的、按统一程序办事的规程"。

历史上中外学者也从不同角度给出过制度不同的定义。制度经济学派创始人凡勃伦首先将制度纳入科学研究，在其《有闲阶级论》中给出了制度的一般性定义，"制度实质上就是个人或社会对有关的某些关系或某些作用方面的一般思想习惯"①。而在康芒斯看来，制度是"集体行动控制个体行为"，而集体行动控制个体行为的工具和手段则是各种"规则"②。凡勃伦突出制序在思维或心理纬度的共象，而康芒斯更注重行为共性，但无论是心理层面的揭示还是行为层面的解释，两者的共性是都没有明确界分制度和秩序。

新制度经济学家诺斯在《制度、制度变迁与经济绩效》中的界说认为"制度是一个社会的游戏规则，更规范地说，他们是人设计的，决定人们相互关系的系列约束"。在诺斯看来，"制度"就是一种"规范人的行为的规则"③。这一点与康芒斯对制度含义的界定基本相同，只是诺斯更进一步地将制度看成是一种由为正式规则（政治规则、经济规则、合同）和非正式规则（如社会规范、惯例、道德准则）构成的社会博弈规则。

舒尔茨将制度定义为"一种行为规则，这些规则涉及社会、政治及经济行为"，并列举了如下一些制度：①用于降低交易费用的制度，如货币、期货市场等；②用于影响生产要素的所有者之间配置的制度，如契约、公司、保险等；③用于提供职能组织与个人收入流之间的联系的制度，如遗产法、劳动者权利

① 凡勃伦. 有闲阶级论 [M]. 北京：商务印书馆，1981.
② 康芒斯. 制度经济学 [M]. 北京：商务印书馆，1962.
③ 道格拉斯·C. 诺斯. 制度、制度变迁与经济绩效 [M]. 上海：上海三联书店，1994.

等；④用于确立公共品和服务的生产与分配的制度，如高速公路、学校等①。

柯武刚、史曼飞认为，"制度是人类相互交往的规则。它抑制着可能出现的机会主义和乖僻的个人行为，使人们的行为更可预见并由此促进着劳动分工和财富创造。"②

我国学者张宇燕（1992）、卢现祥（1996）、李建德（2000）等也对制度的定义及内涵做了不少的考察，在此不再一一列举。尽管学者们没有对"制度"的定义达成一个比较一致的看法，但综观以上定义，对制度理解还是存在一些共同的内涵特征：①制度是约束人们行为的一系列规则，它抑制着人际交往中可能出现的任意行为和机会主义行为。②制度与人的动机、行为等有着内在的联系，历史上的任何制度都是当时人的利益及其选择的结果。③制度是一种"公共品"，制度在发挥作用的群体中通常是共同知识并为共同体所共有。

在综合前人研究成果的基础上，本书将制度界定为：制度是社会中用以规范各种主体行为的系列规则、程序、法律、习惯、道德的总称，它对共同的群体具有普遍的约束性。制度在不同的视角下会有不同的分类方式：

（1）按照制度作用方式的不同，制度可以分为正式制度和非正式制度。正式制度（或称正式规则）就是由某些人或组织自觉和有意识地制定的各项法律、法规、规则。例如，我国第十届全国人民代表大会常务委员会第十四次会议通过并颁布的《中华人民共和国可再生能源法》就属于正式制度的范畴。非正式制度（或称非正式规则）是在经济社会发展与历史演进过程

---

① T. W. 舒尔茨. 制度与人的经济价值的不断提高 [M] //R. 科斯，等. 财产权利与制度变迁 [M]. 上海：上海三联书店. 2002：253.

② 柯武刚，史曼飞. 制度经济学 [M]. 北京：商务印书馆，2000：35.

中自发形成的各种惯例、传统和行为习惯的总和，包括社会的文化传统、价值观念、伦理道德、意思形态等，例如美国"允许失败"（Its - ok - to - fail）的硅谷文化就属于典型的非正式规则。

（2）按照制度的层次性，制度可以分为基本制度和派生制度，基本制度往往是一些抽象原则，不加阐释直接实施，操作性不强。派生制度往往是对基本制度内涵的具体规定和具体实施措施，具有较强的可操作性。如宪法就是一个国家的基本制度，由它衍生而来的各种法律法规便是它的派生制度①。这与L. E. 戴维斯与诺斯的"制度环境"、"制度安排"这两个概念的含义非常相近②，本书亦将多次用到制度环境、制度安排这些基本范畴。

另外，还需要说明的是，尽管目前对组织与制度之间的关系还存在争议，例如以科斯、舒尔茨和拉坦等为代表的学者将组织与制度视为等价，而以诺斯为代表的学者则将两者严格区分开来。但本书认为组织与制度的区别只是视角不同而已，两者并无本质区别，本书将组织作为涵盖在制度之内的一种类型，例如在论述融资制度时，将风险投资机构、私募基金等组织视为一种具体制度安排。

2.3.1.2 制度的功能

（1）降低交易费用。许多制度制定的目的就是为了降低交易费用，如企业制度是因为市场交易费用超过一定临界值而产生的，有效制度的存在可以降低不确定性、降低讨价还价成本

---

① 张旭昆. 制度系统的关联性特征 [J]. 浙江社会科学，2004（3）：79-84.

② 戴维斯与诺斯将制度环境定义为"一系列用来建立生产、交换与分配基础的基本的政治、社会和法律基础规则"，将制度安排定义为"支配经济单位之间可能合作与竞争方式的一种安排"。

和约束主体的机会主义行为倾向等，从而实现交易费用的降低。

（2）提供信息。制度规定人们能做什么、不能做什么，该怎样做、不该怎样做，也就等于告诉了人们关于行动的信息。借助制度提供的信息，人们既可以确定自己的行动，也可以预见他人的行动，减少由于信息不对称带来的"摩擦"。

（3）利于合作。制度使得复杂的人际交往中人的行为变得有章可循，增加了个体行为的可预见性和相对稳定性；有效的制度通过减少信息搜索成本与交易的不确定性，从而为主体间的合作创造了条件。

（4）提供激励。通过提倡什么、鼓励什么或抑制什么的信息传导，并借助奖励和惩罚的强制力量来监督执行，使得制度具有导向的激励功能。诺斯就是以专利制度为例说明了制度这一激励功能对社会技术进步的重要性的。任何制度都有激励功能，但不同的制度所产生的激励效应不一样，而且这种激励程度的大小差异足以决定社会发展的快慢。

2.3.2　制度创新

凡勃伦认为原有的制度是与过去环境相适应而产生，当外部环境发生变化，制度亦应适应新的环境而进行变革①。康芒斯也认为制度必须具有效率性和公正性，但由于外部环境的变化，会导致现存制度无效率和不公正的产生，个体与组织在追求自身利益最大化的动机下，就有可能影响和改进现有的制度规则，并逐渐产生新的制度②。制度经济学派的这些论述可以看出一些制度创新的思想，但没有明确提出制度创新这一概念。

在熊彼特的创新理论将创新理解为产品创新、技术创新、

---

① 凡勃伦. 有闲阶级论 [M]. 北京：商务印书馆，1981.
② 康芒斯. 制度经济学 [M]. 北京：商务印书馆，1962.

组织创新和市场创新等之后，戴维斯和诺斯在对制度变革的原因与过程进行研究的基础上，提出了制度创新这一概念，继承和发展了熊彼特的创新学说。

诺斯认为，制度创新（Institutional Innovation）是使创新者获得追加利益的现存制度安排的一种变革。制度之所以会被创新，是因为创新的预期净收益大于预期的成本，而这些收益在现存的制度安排下是无法实现的。只有通过人为的、主动的变革现存制度中的阻碍因素，才可能获得预期的收益。

卢现祥（1996）对制度创新的内容进行了界定，他认为制度创新是指制度主体通过建立新的制度以获取追加利润的活动，包括产权制度创新、组织制度创新、管理制度创新和约束制度创新四个方面的内容①。

本书中所谓的制度创新，是指行为主体为了获得在现存制度下所不能获得的潜在利润而进行的制度变革活动。与制度创新非常密切的一个概念是制度变迁，制度创新的过程是制度失衡与制度均衡交替变化过程，即制度的动态变化与发展过程。制度均衡状态的打破是制度变迁的起始，制度变迁是一个连续的制度创新过程。

制度创新与制度变迁的概念涉及制度需求与制度供给、制度均衡与失衡以及制度创新的成本与收益等诸多概念、范畴，有必要对这些概念进行简单的解释。所谓制度需求，是指在一定时期内，社会所需制度数量和质量的总和。而制度供给是指一定时期内社会所提供的制度数量和质量的总和。制度需求包括外生制度需求和内生制度需求，外生制度需求主要指制度以外的政治经济环境变化引致的制度需求，内生制度需求则指制度非均衡，所谓制度非均衡是指出于某种原因，现行制度安排

---

① 卢现祥. 西方新制度经济学 ［M］. 北京：中国发展出版社，1996.

不再是制度安排集合中最有效的一个，导致了人们对现存制度的一种不满意，欲加以改变又尚未改变的状态。制度均衡则可以简单地理解为制度供给恰好满足制度需求的状态①。

制度创新取决于创新主体的意愿，它涉及制度变迁的成本收益分析，一般情况下，制度创新主体的行为选择取决于制度变迁的成本收益分析，当制度变迁的预期收益高于预期成本时，制度创新主体才具有提供制度安排的意愿。

制度创新方式亦可按不同的方式进行分类。按照制度创新的规模来考察，可以分为整体性制度创新与局部性制度创新；从制度创新的速度来分，包括渐进式制度创新与激进式制度创新；从制度创新的强度来看，可以区分为强制性制度创新与需求诱导性制度创新。而且制度创新与制度演进方式还可以有多种相机组合，例如强制性制度变迁既可以与激进方式结合，也可以与渐进方式结合；需求诱导性制度变迁既可以与激进方式结合，也可以与渐进方式结合②。

① R. 科斯，等. 财产权利与制度变迁 [M]. 上海：上海三联书店，1994.
② 邓大才. 论制度变迁的组合模式——制度创新方式与制度演进方式相机组合研究 [J]. 北京行政学院学报，2002（4）：42-47.

3 新兴产业的形成与发展机理

一个产业从诞生开始到发展历程的演变及其生命周期的结束，有其内在逻辑性和规律性，只有充分掌握新兴产业形成与发展的一般机理，才能有的放矢地制定各种扶持政策和进行相关制度安排，构筑新兴产业发展的良好环境。

本章在总结已有研究的基础上，首先对新兴产业形成与发展的一般机理继续进行探索，然后对新兴产业发展的影响因素进行理论分析，最后根据我国新兴产业发展的历史数据运用计量模型对影响因素的进行更为严谨的实证验证，检验人力资本、技术进步尤其是制度变迁对新兴产业发展的贡献程度，从中得到有益的启示。

3.1 新兴产业的形成动因

新兴产业作为一类具有独特特征的产业形态，其形成与发展有着自身的内在逻辑性和演变规律。如上一章所述，概念界定的差异其实就已经在一定程度反应出对新兴产业形成动因差异的理解，新兴产业或源自于新的技术，或源自于新的市场。因此，新兴产业的形成主要有以下几种模式：

3.1.1 "技术推动（Technology-push）"模式

从历史的角度考察新兴产业的形成首先是技术创新的结果。这一模式强调科学研究和由它所产生的技术发明是推动技术创新继而产业创新的主要动力。新兴产业的形成是由新的科学技术成果创造出来的，而并非由人们的自觉意识或明确的目标市场事先提出。科学技术在因其惯性而持续发展的同时，也在商业化中寻找出路，从而引导着人们的某种社会需要或市场需求。一项新技术发明，经过企业家的产业化创新，转化为可以满足市场需要的产品，随着这项技术的转移、转让与推广，将向产业链上、下游延伸，并引起其他企业的效仿，当效仿的企业不断增多，逐渐形成企业群，从而形成一个新兴产业①。例如蒸汽机的发明导致了蒸汽机车出现并运用于交通运输，从而推动铁路运输的商业化；计算机技术的发明，不仅产生了庞大的计算机产业，而且改变了我们这个时代经济社会的方方面面。早期的创新理论（包括熊彼特创新理论）大多主张技术推动模式。

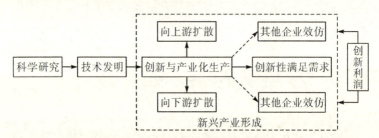

图 3-1　技术推动型新兴产业形成过程模型
资料来源：刘志迎（2007）

纯技术推动断言技术创新并不依赖由市场需求所反映的经

---

① 刘志迎. 现代产业经济学教程 [M]. 北京：科学出版社，2007.

济因素显然是片面的，市场需求等经济因素必然在一定程度影响着技术发展的方向。

3.1.2 "需求拉动 (Needs-pull)" 模式

这一模式是美国经济学家施莫克勒 (J. Schmookler) 提出的，他认为，专利活动，也就是发明活动，与其他经济活动一样，基本上是追求利润的经济活动，他受到市场需求的引导、制约①。

亚当·斯密 (Adam Smith) 的"市场范围限制劳动分工"定理，施蒂格勒 (1951) 将其界定为"是厂商和产业功能理论的核心"，可以解释许多其他经济理论问题②。市场范围限制劳动分工，影响到产业的迂回过程。而市场范围的作用力更体现在对产业产生和发展的先导性影响。事实上，市场需求是社会生产的前提和目的，任何产业的形成和发展都必须以市场需求为立足点和归宿。新兴产业之所以能够形成或发展，完全是为了提供能满足消费者某种需要的效用系统。离开了市场需求，新兴产业便失去了存在的基础。

对于市场需求的满足，可以有多种途径（如图 3-2 所示）。但在路径 1 与路径 2 中，新的市场需求被原有技术下的生产所满足，不属于本书所界定的新兴产业范畴。只有在路径 3 和路径 4 的情形下，实现了对新资本品的投资，并通过纵向扩散与横向效仿，形成一定规模的新兴产业厂商与体系，才能说一个全新的产业诞生了。

---

① J. Schmookler. Invention and economic growth, Cambridge. Havard University Press, 1966.

② 乔·J. 施蒂格勒. 施蒂格勒论文精粹 [M]. 北京：商务印书馆，1999: 16.

需求拉动新兴产业的形成，从其最初产生的动因来看是需求，但是要满足这种需求，仍然需要技术创新的支撑。迈尔斯（Myers）和马奎斯（Marquis）在 1969 年根据 567 项不同的案例做的抽样调查支持了这样一个观点。在这 567 项创新中，只有 1/5 的技术创新是以技术本身发展为来源的，3/4 的技术创新是以市场需求或生产需求为出发点的。

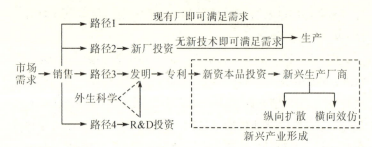

图 3-2　需求拉动型新兴产业形成过程模型

资料来源：本研究整理自施莫克勒（1966）

显然，纯需求拉动模式也存在片面性，这一理论无法解释某些基于科学发现和技术发明的新兴产业的产生（发动机、计算机和激光器等），当它们还没有具体的产品形态存在时，也根本就不存在对它们的市场需求；对于科学技术超前于生产时对需求的引导和创造出新的需求的现象，是无法解释的。

3.1.3　"技术推动-市场拉动"综合模式

综合作用模式认为，科学、技术和市场的关联是复杂的、互动的、多方向的，主要的创新驱动力因时间不同、产生不同而有很大的不同。莫里厄、罗森堡在《市场对创新的影响》中提到"科学技术作为根本的、发展着的知识基础，与市场需求的结构，二者在创新中以一种互动的方式起着重要的作用"。

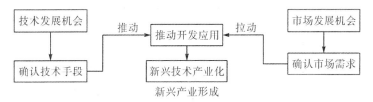

图 3 - 3　技术推动 - 市场拉动型新兴产业形成过程模型

资料来源：本研究整理自莫里厄、罗森堡（1982）

事实上，无论是技术推动模式还是需求拉动模式，都是线性单因素决定模式，难以对不同类型的创新进行普遍性的解释。而通过前面两个模式的图示可以看到，在技术推动模式中，最后结果仍需创新所产生的产品满足需求，而在市场拉动模式中，市场需求亦需 R&D、发明等技术进步因素来实现。所以，新兴产业形成更多的是技术机会与市场机会交汇的结果。一般认为，在某类技术发展的早期阶段，技术推动的作用更大，而当技术进入成熟阶段，需求拉动的作用明显上升。

3.2　新兴产业的发展路径

如前面文献综述中所展现的一样，新兴产业的发展路径在不同视角下有着不同的模式，但其中仍以在"市场 - 政府两分法"下所确立的发展路径最为典型，其他发展路径可以视为这一总体模式下的具体模式再现。这一模式的主要思想是：新兴产业需要经历从形成到成长再到市场地位确立、巩固和持续的过程，在这个过程中，究竟是通过市场自发调节、引导，还是政府培育，亦或是两者的结合，有三种不同的发展路径，在不同的国家，针对不同的产业类型，亦或在不同的时代、经济背景下，对新兴产业采取的发展路径可能均有区别。

3.2.1　市场自发培育式

新兴产业形成之后，依靠其自身的素质和创新优势，与其他产业进行生存竞争，博得市场自发式的拉动与培育，获取产业发展所必需的生产要素来源和稳定的市场，从而实现产业的成长、发展和市场地位的确立。这样的产业一般不属于政府视野范围内关系国计民生的战略性产业，但往往拥有强劲的市场需求。也正是因为如此，造就了该类产业较强的生存能力、应变能力和自主创新能力。这种通过市场自身力量发展新兴产业的方式在市场经济相对比较完善的欧美国家出现较多。

但是，市场自然选择和自发式培育的过程往往比较漫长，而且市场本身所具有的盲目性、波动性，亦将影响新兴产业的稳定发展，这是该种模式不可避免的缺陷。

3.2.2　政府培育式

这类产业属于政府视野范围内关注的可能对国民经济增长、产业结构升级和国际竞争力提升等有着重大影响的新兴产业。这类新兴产业在政府的倾斜政策扶持下与其他产业展开市场竞争，获得必要的生产要素与市场份额，维持产业的生存与发展。这种方式在日本和韩国等比较多见，由于政府产业政策目标明确、投入集中，可以缩短新兴产业从萌芽到市场地位确立的时间，较快建立相对独立的新兴产业体系。但由于所培育的新兴产业未经历市场残酷的竞争与考验，其市场生存能力不高，离开了政府的扶持，往往缺乏自我发展、自主创新的能力。这一模式还有一个致命的缺陷，就是政府本身的预见性值得怀疑，政府参与过度，如果发展方向的选择上出现错误，将导致整个战略的失败。日本政府对第五代计算机发展培育的案例充分说明了这一问题。

3.2.3　市场自发与政府扶持相结合模式

这种模式是指在新兴产业的发展过程中，一方面发挥市场机制在资源配置中的基础性作用，各种资源在新兴产业与其他产业之间合理流动，产业自由竞争；另一方面政府对新兴产业的发展方向给予一定引导，制定相应的公共政策，尤其是对一些保护幼稚产业的产业政策予以支持和培育。新兴产业在市场与政府政策共同构筑的环境中形成与发展，是一种市场推动与政府拉动相结合的模式。

这种路径可以克服单纯市场形成模式和单纯政府培育模式的不足，可以把二者的长处结合起来，形成市场推动和政府拉动的合力，更有利于新兴产业的发展。

3.3　新兴产业发展的影响因素：理论分析与实证

我国自 20 世纪 80 年代以来，就大力发展新兴产业，实施了"火炬计划"、"863 计划"等一系列旨在发展高科技、实现产业化的科技计划，以高新技术产业为代表的新兴产业取得了长足的发展，产业规模不断扩大，医药制造业、航空航天业、电子及通信设备、计算机及办公设备、医疗设备及仪表等行业总产值（当年价）在 2000—2009 年这 10 年内分别保持着年均 20%、15%、19%、28.7%、23.6% 的增长速度，在经济社会发展中的作用日益突出。

那么，究竟是哪些因素在新兴产业发展过程中起主要的作用？这些因素各自对新兴产业发展的贡献程度如何？这是本书

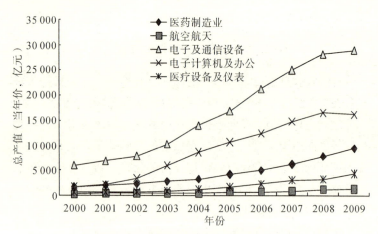

图 3 - 4　我国高技术产业发展趋势图

数据来源：根据中国历年高技术产业统计年鉴整理

需要探讨的问题。

本节首先从理论和已有的文献角度探讨影响新兴产业发展的一般因素，然后结合上述分析，寻找以定量形式表示的主要影响变量，并运用经过处理后的分行业面板数据进行回归分析，实证检验主要影响变量的影响方向和贡献程度。

3.3.1　新兴产业发展主要影响因素的理论分析

新兴产业的发展与一般产业有着一些相同的影响因素，但作为一类特殊的产业，还有一些特殊影响因素，或者某些因素的影响程度会与一般产业有所差异。

第一个可能的因素是人力资本。在农业经济中，产业的发展主要依靠土地资源和劳动力；在工业经济中，资本和劳动力成为主要的生产要素；到了知识经济时代，知识已经取代了农业经济中的土地、工业经济中的资本而成为第一位的生产要素，而从事知识生产、传播应用的劳动者则成为主体，他们能够更加有效地驱动现存的实物资本，实现其较高的价值转移。Schultz（1960）揭示了人力资本投资（主要途径是接受教育）与经济增长之间的正向关系，破解了"现代经济持续发展之谜"①。Sarquis & Arbache（2002）的研究还证实了人力资本对一国产业生产率的增长具有正的外部性特征。

对于新兴产业而言，由于其高技术性的特征，必然要求较高的 R&D 投入强度以增强其研发能力，而研发必须通过人的创造性劳动来完成。另外，与新兴产业的发展伴随的是产业网络化、集群化和虚拟化等一系列新的组织形式，管理边界变得模糊，管理的复杂性更加凸显，创新型管理人才的需求也日益重要。这也就必然相应地要求新兴产业具有一般产业所无可比拟的人力资本优势。这种人力资本的重要性主要体现在比其他部门具有较高比例的从事研发的科学家和工程师、符合现代产业发展的管理人才等方面。人力资本的投入数量、结构和质量，对新兴产业的发展具有决定性影响。

第二个可能的因素是物质资本存量。从宏观角度分析，资本投入对产业发展的作用争议颇多。有些认为资本对新兴产业的投入存在所谓的"生产率悖论"②，但反对意见却认为这主要是传统的国内生产总值（GDP）统计方法对某些服务行业（如贸易、保险、金融、房地产以及商业服务部门）的真实产出增长存在"统计误测"或者主要是由于信息技术投资的时滞效应

---

① 根据传统理论，经济增长取决于资本和劳动力投入，而要素投入由于存在"边际收益递减"规律，将导致经济衰退甚至经济危机。但第二次世界大战后，资本主义经济似乎摆脱了收益递减规律的左右，出现了经济持续增长现象。

② 索洛（Sulow，1987）根据当时美国和许多 OECD 中的发达国家统计资料的情况，提出了生产率悖论，其意思是从 20 世纪 70 年代中期以来，对计算机等新兴产业产业持续增加的投资却伴随着新兴产业生产率的下降。著名投资银行 Morgan Stanley 的首席经济学家 Steven Roach（1987）也提出了生产率悖论的问题。

所导致①。

从微观角度看，"巧妇难为无米之炊"，没有资本的投入，就难以有技术研发投入、产品的批量制造、机器设备的更新改造等。新兴产业的资本投入不单纯是生产性资本的投入，更重要的是对技术研发、产品创新和市场化拓展的投入。例如种子期属于技术研发阶段的中后期，此时资本的需求量相对较少，资金投入大约50%～60%为研究与开发人员的工资开支；到创建期，需要投入大量的机器设备、原材料、能源及建筑物等，进入到资本密集型阶段，这个阶段的投资量是种子期投资的10倍左右，要实现从样品到商品的关键性跳跃；在成长期，产品已经进入市场并有了一定基础，技术较为稳定，但需要更多资金以扩大生产规模和大规模开发市场，资本投入量是种子时期的100倍左右。

第三个可能的因素是研究与开发投入。研究和开发是直接推动科技进步的基础，研究和开发的投入在科技创新中起着关键作用。在大多数后起国家，由于在许多技术领域落后于发达国家，其科技进步首先表现为引进先进国家已有的技术，通过消化吸收，使之转化为本国的技术积累，逐渐增强本国的自主研发能力，但这一过程很容易陷入"引进—模仿—引进—模仿"的被动循环之中，难以实现模仿之后创新效应的出现②。只有加强研发投入，才可能实现技术的超越与经济赶超。Griliches（1986）用 C - D 生产函数从公司、产业和经济发展水平等不同层次检验了 1957—1977 年间大约 1 000 家美国大型制造公司的

① 刘志迎. 基于效率理论的高技术产业增长研究 [D]. 南京农业大学，2006.

② 黄先海. 蛙跳型经济增长——后发国家发展路径及中国的选择 [M]. 北京：经济科学出版社，2005.

研究与开发支出对经济增长的作用，Griffith（2000）以 12 个 OECD 国家为研究对象，证实"越远离生产前沿的国家，研究与开发支出增加较多，将导致这些国家生产效率增加的速度越快"。

一个国家或地区能否发展高端产业，能否占据产业链高端，在很大程度上取决于其科技进步与创新程度。目前西方各发达国家和新兴经济体在危机之后花巨资投入到研发上以促进科技创新以期发展新兴产业占据产业链高端的做法均由于研发投入与新兴产业发展紧密联系。因此，研发投入是影响新兴产业发展的又一重要因素。

第四个是制度因素。随着社会分工的扩大与深化，交易频率的增加，竞争与合作关系的调整，产业发展受到制度方面的影响也越来越多。影响产业发展的制度包括：有利于产业间要素流动的制度，如自由劳动力市场、资本市场、完善的产权制度等；保护消费者的消费者制度，如税费制度、金融制度以及公共品制度等；支持产业成长与发展的制度，如分工所产生的专业化经济、良好的市场秩序、进出口制度等；政府要合理影响生产要素、需求条件、企业竞争结构，那么，相应的产业管制、税费制度、进出口制度等就显得非常重要。因此，产业的兴起与发展是由所有这些要素条件及背后的制度安排体系所决定的。

从产业变迁的过程来看，它表现为产业之间的地位替代与产业结构的变化。新兴产业的不断衍生与扩张，表明一方面不断有新企业诞生或进入某一产业，另一方面是现有产业内的企业不断扩大自身规模，表现为社会中的资源要素向该产业的转移与集中。这就需要有产权明晰、可交易的产权制度，自由进入的市场准入制度，完善的产业融资制度，适宜的企业兼并制度以及资源自由流动的市场制度等。随着进入这一产业企业数的增加，产业内的竞争必将愈发激烈，各种竞争手段、方法也越来越多。实现有效、规范的竞争，需要反对不正当竞争和反垄断为核心的竞争制度①。另外，政府的产业政策、与产业相关的汇率、关税、配额等进出口制度等都是影响新兴产业发展的重要制度变量。

3.3.2 变量选取与模型设定

根据以上分析，参照相关文献并考虑到统计数据的可获得性，本节主要考虑人力资本、物质资本存量、技术进步、制度等因素对新兴产业发展的影响。以下是对相关变量的说明及计量回归模型的设定②。

3.3.2.1 变量的选取与数据处理

（1）行业的选择

新兴产业是在本次金融危机之后才被提上国家和地区发展中较高的战略高度。在此之前，由于"身份证"缺失，新兴产业没有专门的统计口径与相应的数据，在《高技术产业发展年鉴》中也只能获得有关新材料、新能源、新一代信息技术产业的一些零星的数据。如前所述，高技术产业与新兴产业在很大程度上存在产业范围的重叠，而且对我国而言，目前高技术产业中的医药制造、航空航天、电子信息等产业等远未进入成熟期，仍属于新兴产业的范畴③，因此，本书选取包括医药制造、航空航天器制造、电子及通信设备制造、电子计算机及办公设备制造与医疗设备及仪器仪表制造这五个子行业在内的高技术

---

① 文启湘. 产业经济理论前沿 [M]. 北京：社会科学文献出版社，2005.

② 袁中华，冯金丽. 制度变迁对新兴产业发展的贡献研究—基于行业面板数据的实证分析 [J]. 商业经济与管理，2011（9）：49-56.

③ 姜大鹏，顾新. 我国战略性新兴产业的现状分析 [J]. 科技进步与对策，2010（17）：65-70.

产业作为新兴产业的代表，对这些行业发展的影响因素亦能作为新兴产业发展的影响因素。数据均来源于我国历年的《高技术产业统计年鉴》。

（2）产业总产值

一个产业的发展犹如经济发展一样，有着多元化的含义，例如产业规模的不断扩大、产业链的不断完善、市场份额的增加等。但在实践中却难以用一个指标对产业发展进行定量化研究，所以这里的发展主要体现增长这一内涵。一般研究选择产业总产值或增加值，本书选择五个子行业历年的产业总产值，并以国内生产总值价格平减指数进行平减。

（3）人力资本

人力资本的数量严格来说要根据新兴产业劳动力教育结构、受教育年限等数据来核算，但由于统计年鉴资料中缺乏各新兴产业劳动力受教育及其结构方面的统计数据，因此用受教育年限和教育结构替代新兴产业人力资本变量的做法由于数据的不可得性而受限。《高技术产业统计年鉴》中对各行业科技活动中的科学家和工程师进行了统计，因此，本书拟用科学家和工程师人数来作为人力资本的近似替代变量。

（4）物质资本存量

资本存量的估计可以根据有关资本形成以及每年固定资产投资的数据推算而得。本书采用戈登·史密斯（Gold Smith）1951 年开创的永续盘存法（PIM）来测算资本存量，定义本期的资本存量为上一期的资本存量扣除一定的折旧，再加上当年的投资[1]。这样，资本存量的估算可以写作：

$$K_{it} = K_{it-1}(1 - \delta) + I_{it} \qquad\qquad (1)$$

---

[1] GOLDSMITH Raymond W. A perpetual inventory of national wealth [R]. NBER Studies in Income and Wealth. New York: National Bureau of Economic, 1951.

K_{it} 表示第 i 个行业第 t 年的资本存量，K_{it-1} 表示 i 个行业第 $t-1$ 年的资本存量，δ 为第 i 个行业的折旧率、I_{it} 表示第 i 个行业第 t 年的投资额。

当年投资额 I_{it} 在 2004 年以前是分别列示基本建设新增固定资产和更新改造新增固定资产，而在这之后直接将两项合并称之为新增固定资产，因此，本书投资额 I_{it} 就采用当年的新增固定资产并以全国的固定资产投资价格指数来平减。

鉴于新兴产业的特点，本书参考李明智与王娅莉（2005）的研究，将经济折旧率 δ 设定为 10%[①]。

借鉴杨格（2000）对基年物质资本存量 K 的估计方法，$K_{i0} = I_{i0}/\delta$[②]，即用各新兴产业 1995 年的新增固定资产投资除以 10% 作为初始资本存量作为基年的资本存量。

（5）研究与开发投入。本书使用五个子行业的研究与发展经费内部支出费用，作为 R&D 变量的计算基础，使用对应的国内生产总值平减指数进行平减，得到以 1995 年为不变价格的实际 R&D 支出。

（6）制度因素

本书借鉴金玉国（2001）对宏观制度变迁的研究方法，通过引入 6 个制度变量分别对我国新兴产业制度变迁的产业非国有化、产业市场化程度、产业利益分配格局和对外开放程度四个方面进行描述。

①产业非国有化率。该指标主要反映产权制度多元化程度。对于正处于转型时期的我国而言，新兴产业产权制度多元化主

---

① 李明智，王娅莉. 我国高技术产业全要素生产率及其影响因素的定量分析 [J]. 科技管理研究，2005（6）：34 - 38.

② YOUNG A. Gold into base metals: productivity growth in People's Republic of China during the reform period [J]. NBRE Working paper, 2000.

要表现为非国有制经济的不断增加，公式如下：

非国有化率（X_1）＝第i产业非国有企业总产值／第i产业总产值×100%

②产业市场化程度。该指标主要体现新兴产业内资源配置经济决策市场化的广度和深度[①]，公式如下：

投资市场化指数（X_2）＝第i产业非国有企业投资额／第i产业投资总额×100%

劳动力市场化指数（X_3）＝第i产业非国有企业职工人数／第i产业年末职工人数×100%

③产业利益分配格局。在产业总产值中，包括了中间厂商的所得、新兴产业厂商利润和国家税收，因此可以用国家税收占产业总产值的比重来反映经济利益分配中国家分配份额的大小，公式如下：

税收占总产值比重（X_4）＝第i产业税收／当年第i产业总产值×100%

④对外开放程度。一般用出口依赖度（出口额／产业总产值）来反映产业的外向型程度，但事实上出口不是对外开放的唯一内容。本书采用新兴产业出口率和利用外资率两个指标来衡量新兴产业的对外开放程度，公式如下：

出口指数（X_5）＝第i产业出口总值／当年第i产业总产值×100%

外资利用率（X_6）＝第i产业外资企业全年完成投资额／当年第i产业全年完成投资总额×100%

为了综合反映制度因素的水平，采用主成分分析法测定各

---

① 金玉国. 宏观制度变迁对转型时期中国经济增长的贡献 [J]. 财经科学, 2001 (2): 24 - 28.

行业制度变迁指数。主成分分析是设法将原来众多具有一定相关性（比如 P 个）的指标重新组合成一组新的互相无关的综合指标来代替原来的指标。通常数学上的处理就是将原来 P 个指标作线性组合，作为新的综合指标。最经典的做法就是用 F_1（选取的第一个线性组合，即第一个综合指标）的方差来表达，即 Var（F_1）越大，表示 F_1 包含的信息越多。因此在所有的线性组合中选取的 F_1 应该是方差最大的，故称 F_1 为第一主成分。如果第一主成分不足以代表原来 P 个指标的信息，再考虑选取 F_2 即选第二个线性组合。为了有效地反映原来信息，F_1 已有的信息就不需要再出现在 F_2 中，用数学语言表达就是要求 Cov（F_1，F_2）$=0$，则称 F_2 为第二主成分。依此类推，可以构造出第三，第四，……，第 m 个主成分。

主成分分析数学模型：

$$\begin{cases} F_1 = a_{11}X_1 + a_{21}X_2 + \cdots + a_{P1}X_P \\ F_2 = a_{12}X_1 + a_{22}X_2 + \cdots + a_{P2}X_P \\ \qquad \cdots\cdots \\ F_m = a_{1m}X_1 + a_{2m}X_2 + \cdots + a_{Pm}X_P \end{cases} \tag{2}$$

其中 a_{1i}，a_{2i}，…，a_{Pi}（$i=1$，2，…，m）为 X 的协方差矩阵 Σ 的特征值 λ_i 对应的特征向量；当原始变量量纲不同时，X_1，X_2，…，X_P 是原始变量经过标准化处理的值，当原始变量量纲相同时，X_1，X_2，…，X_P 可以是原始变量。

由此可计算综合主成分：

$$F = （\lambda_1 F_1 + \lambda_2 F_2 + \cdots + \lambda_m F_m）/（\lambda_1 + \lambda_2 + \cdots + \lambda_m）$$

$$\tag{3}$$

其中 λ_i 为第 i 个主成分 F_i 对应的特征根。

本书中，对反映制度因素的 6 个变量：非国有化率 X_1、投资市场化指数 X_2、劳动力市场化指数 X_3、税收占总产值比重

X_4、出口指数 X_5、外资利用率 X_6，应用 $SPSS$ 18.0 软件的因子分析法进行主成分分析。运算的结果表明，第一个主成分的贡献率为 69%，第二个主成分的贡献率为 23%，这两个主成分的贡献率已经高达 92%，超过了 85%，所以，只需选择两个主成分即可充分反映制度因素的信息。因此，我们可选择主成分个数 $m = 2$。由模型（2）得到：

$$\begin{cases} F_1 = 0.43X_1 + 0.41X_2 + 0.45X_3 + 0.44X_4 + 0.43X_5 - 0.25X_6 \\ F_2 = 0.34X_1 + 0.37X_2 + 0.28X_3 - 0.34X_4 - 0.23X_5 + 0.71X_6 \end{cases}$$

由于这 6 个变量都是百分比，不存在量纲影响，因此这里的 X_1，X_2，…，X_P 是原始变量值。由此可以计算出各主成分，又将因子分析的结果 $\lambda_1 = 4.155$，$\lambda_2 = 1.338$ 代入方程（3），可得综合主成分即各产业制度变迁指数，如表 3 - 1 所示。

表 3 - 1　　　　　　各产业制度变迁指数　　　　单位:%

行业 年份	医药 制造业	航空 航天	电子及 通信设备	电子计算机 及办公设备	医疗设备 及仪表
1995	116.82	15.52	189.44	199.71	112.94
1996	123.60	14.77	192.34	200.36	119.53
1997	147.24	16.73	196.34	210.66	135.07
1998	153.97	54.21	210.35	236.06	136.93
1999	125.23	15.28	176.12	217.63	137.09
2000	134.35	9.72	187.39	212.98	149.80
2001	141.21	20.60	198.35	175.63	160.29
2002	157.01	18.93	208.75	251.21	158.86
2003	167.61	12.43	220.97	260.36	196.64
2004	167.17	14.51	231.98	254.96	185.88

表3-1(续)

行业 年份	医药 制造业	航空 航天	电子及 通信设备	电子计算机 及办公设备	医疗设备 及仪表
2005	182.36	15.06	236.54	265.01	204.32
2006	187.25	33.13	239.71	261.28	202.62
2007	192.79	44.24	242.76	265.07	202.86
2008	200.95	55.44	241.03	255.46	214.04
2009	207.83	46.75	233.13	243.06	211.88
平均值	160.36	25.82	213.68	233.96	168.58

资料来源：根据历年高技术统计年鉴计算并运用主成分分析法得到。

由表3-1可以看出，各行业间的制度变迁指数差别较大，电子计算机及办公行业的制度变迁指数平均数最大，达到233.96%，其次为电子及通信设备行业，平均为213.68%，这两个行业从产生之初就具有较高的市场化程度，因而制度变迁指数较高；医药制造业、医疗设备及仪表行业居中，这两个行业经历了从管制到逐步放开的一个过程；航空航天行业的制度变迁指数最小，仅为25.82%，这主要由于航空航天产业长期处于高度封闭状态，受传统计划经济观念的影响最大，市场开放度一直比较低，行业垄断现象较为严重，所以其制度变迁指数最低。因此，这里的制度变迁平均指数的高低基本符合产业发展路径，能够较为准确地反映制度因素的作用。

3.3.2.2 模型检验与设定

在吸收前人研究成果的基础上，本书采用的生产函数是一个包括人力资本、实物资本、技术进步和制度变量的柯布—道格拉斯生产函数。建立的基本方程如下：

$$Y_{it} = CK_{it}{}^{\alpha} H_{it}{}^{\beta} RD_{it}{}^{\gamma} I_{it}{}^{\varphi} \tag{5}$$

C 为常数，α、β、γ、φ 为自变量系数；i 表示行业，$i = 1$，2，3，4，5；t 表示时间，$t = 1995$，1996，……，2009；Y_{it} 表示各行业总产值，K_{it} 为物质资本存量，H_{it} 为人力资本，RD_{it} 为研究与开发投入，I_{it} 为制度变迁指数。

对（4）式两边取对数，经过变换，得到本书的基本研究模型：

$$\ln Y_{it} = \ln C + \alpha \ln K_{it} + \beta \ln H_{it} + \gamma \ln RD_{it} + \varphi \ln I_{it} \qquad (5)$$

为了能提供更多信息、更多自由度，控制个体差异，从而有效地测度各因素对各新兴产业发展的影响，本书采用 Panel Data 模型进行分析。Panel Data 模型采用的数据是由不同个体的时间序列数据组成的：从纵向看，是个体的时间序列；从横向看，不同的时间点上各个个体的数据形成一个截面。因此，人们利用它既可以研究单个个体在一段时间内的变化情况，又可以分析不同个体在同一时点上的差异。运用 Panel Data 模型开展的研究主要分为三种情况：第一种是忽略个体之间的差异，将它们作为一个整体来研究，在这种情况下建立的模型称为混合模型；第二种是只考虑个体之间规模上的差异，不考虑它们之间结构上的差异，根据这种考虑建立的模型称为变截距模型，包括固定影响变截距模型和随机影响变截距模型两种；第三种是既考虑个体之间的规模差异，又考虑它们之间的结构差异，在这种情况下建立的模型称为变系数模型。由于样本数据所取的时间序列观测值较多，而横截面观测值较少，只有 5 个行业的数据，就该模型的具体设定形式而言，待估参数有可能随行业不同而变化，因此本书中我国新兴产业 Panel Data 模型的一般形式为：

$$\ln Y_{it} = c_i + \alpha_i \ln K_{it} + \beta_i \ln H_{it} + \gamma_i \ln RD_{it} + \varphi_i \ln I_{it} + \varepsilon_{it} \quad (6)$$

当 c_i 为随机变量，满足 $c_i \sim iid\ (c,\ \sigma_c^2)$，$\varepsilon_{it} \sim iid\ (0,\ \sigma_\varepsilon^2)$ 时，该模型为随机效应模型。

当 $c_l = c_k$，$\alpha_l = \alpha_k$，$\beta_l = \beta_k$，$\gamma_l = \gamma_k$，$\varphi_l = \varphi_k$（$l \neq k$，l、$k = 1$，2，…，5）时，该模型为混合模型。此时，各行业模型的常数项与自变量系数相同，说明行业之间没有差异。

当 $c_l \neq c_k$，$\alpha_l = \alpha_k$，$\beta_l = \beta_k$，$\gamma_l = \gamma_k$，$\varphi_l = \varphi_k$（$l \neq k$，l、$k = 1$，2，…，5）时，该模型为固定影响变截距模型。此时，各行业模型的常数项不同，而自变量系数相同。这反映了行业之间存在规模上的差异，而没有结构上的差异。

当 $c_l \neq c_k$，$\alpha_l \neq \alpha_k$，$\beta_l \neq \beta_k$，$\gamma_l \neq \gamma_k$，$\varphi_l \neq \varphi_k$（$l \neq k$，l、$k = 1$，2，…，5）时，该模型为变系数模型。此时，各行业模型的常数项与自变量系数都不同，反映了行业之间不但存在规模上的差异，而且还存在结构上的差异。

（1）Hausman 检验。为了判断是固定效应还是随机效应模型，Hausman 构造了 H 统计量。当原假设成立时，H 服从自由度为 k 的 χ^2 分布，在给定的显著性水平下，如果统计量 H 的值大于临界值，则拒绝随机效应模型的原假设，选择固定效应模型；反之则选择随机效应模型。

用 Eviews 6.0 建立随机效应模型并进行 Hausman 检验得到以下结果：

Correlated Random Effects – Hausman Test

Pool：POOL01

Test cross – section random effects

Test Summary	Chi – Sq. Statistic	Chi – Sq. d. f.	Prob.
Coss – section random	291. 469617	4	0. 0000

由上可以看出接收原假设的概率为 0.000，因此应该选择固定效应模型。

（2）F 检验。为避免模型设定上的偏差，改进参数估计的有效性，在建立 Panel Data 模型之前须对模型形式进行检验。广泛采用的是协方差检验，具体步骤如下：

对混合模型，原假设为：

H_{01}：$c_l = c_k$，$\alpha_l = \alpha_k$，$\beta_l = \beta_k$，$\gamma_l = \gamma_k$，$\varphi_l = \varphi_k$（$l \neq k$，l、$k = 1$，2，$\cdots$，5）

统计量为：$F_1 = \dfrac{(S_1 - S_3) \big/ [(N-1)(K+1)]}{S_3 \big/ [NT - N(K+1)]}$

$$\frown F[(N-1)(K+1), NT - N(K+1)]$$

对固定影响变截距模型，原假设为：

H_{01}：$\alpha_l = \alpha_k$，$\beta_l = \beta_k$，$\gamma_l = \gamma_k$，$\varphi_l = \varphi_k$（$l \neq k$，l、$k = 1$，2，$\cdots$，5）

统计量为：$F_2 = \dfrac{(S_2 - S_3) \big/ [(N-1)K]}{S_3 \big/ [NT - N(K+1)]}$

$$\frown F[(N-1)K, NT - N(K+1)]$$

其中，S_1、S_2、S_3 分别为混合模型、固定影响变截距模型、变系数模型进行估计的残差平方和，$N = 5$ 为截面样本点的个数，$T = 15$ 为时序期数，K 为解释变量的个数（不包括截距项）。计算得到的 F 统计量为 $F_1 = 30.58$，$F_2 = 4.38$，查分布表，得知在给定 5% 显著性水平下：

$F_1 = 30.58 > F_\alpha(12, 40) = 2.0 > F_{1\alpha}(20, 50)$；

$F_2 = 4.38 > F_\alpha(12, 40) = 2.0 > F_{2\alpha}(16, 50)$

因此，样本数据符合变系数模型，模型设定为 Panel Data 模型的一般形式，即（6）式。

3.3.3　模型估计与分析

由于各新兴行业存在联系，它们之间在技术方面具有兼容性，因此各行业之间会相互产生影响，可能有横截面异方差和同期相关，因此本书使用似不相关回归（SUR）进行检验，对模型进行相应的广义最小二乘法（GLS）估计。在使用 SUR 进行检验时，Panel Data 模型估计权重选择有两种：截面成员残差协方差矩阵和时期残差协方差矩阵。而前者要求时期个数必须大于截面成员个数，后者则相反。在本书样本中，行业截面成员有 5 个，小于时期数 15，因此，在实证中使用 GLS 回归，Panel Data 模型估计权重使用截面成员残差协方差矩阵。使用 Eviews 6.0 进行回归分析，结果如表 3-2 所示：

表 3-2   回归结果表

		截距项（行业固定效应）	$\ln H_{it}$	$\ln K_{it}$	$\ln RD_{it}$	$\ln I_{it}$
$\ln Y_{it}$	医药制造业	0.62**	0.13**	0.35**	0.07**	0.03
	航空航天	-1.84*	0.33*	0.65*	0.05	0.07*
	电子及通信设备	2.76**	0.40	0.81**	0.14*	0.40
	电子计算机及办公	-0.45	0.31	0.48**	0.03	1.46**
	医疗设备及仪表	2.36**	-0.09	0.73**	-0.08	0.24
R^2		0.996	D-W		1.64	
$\bar{R}^2$		0.994	F		550.25	

注：*、** 分别代表 5%、1% 的显著性水平下显著

从表 3-2 回归结果可以看出：

（1）在 5% 的显著性水平下，人力资本对医药制造和航空航天行业发展有明显的促进作用，而对电子及通信设备、电子计算机及办公行业、医疗设备及仪表行业的作用不显著。其中可能的原因是我国对于发展新兴产业的创新型人才储备不足，或者是激励机制对创新人才的激励作用不大，导致人力资本对

新兴产业发展的促进作用尚不明显。

（2）物质资本存量在5%的显著性水平下对各行业均表现出显著的促进作用，同时除电子计算机及办公行业外，对其他各行业的产出弹性均大于其他因素的产出弹性，表明当前新兴产业的发展主要依赖于物质资本的投入，资本密集型特征非常明显。这说明我国新兴产业在过去15年的增长仍是数量型的增长，新兴产业的发展主要依赖高投入来支撑。

（3）技术进步在5%的显著性水平下对电子及通信设备行业有显著的促进作用，对医药制造行业的促进作用在1%的显著性水平下也是显著的，而且成为这个行业中继物质资本存量之后的第二大拉动因素。但技术进步对航空航天、电子计算机及办公、医疗设备及仪表这三个行业的促进作用不明显，这主要是因为我国许多新兴产业行业尚未掌握核心技术，同时又存在研发投入较低、技术产业化率不高、对知识和技术等无形财产权利的保护还不够等问题。

（4）制度变迁在5%的显著性水平下是电子计算机及办公行业的最大拉动因素，其产出弹性超过了物质资本存量，而对电子及通信设备、医疗设备及仪表行业的产出弹性均处于第二位，这说明制度因素在这些新兴产业发展中的作用已经开始显现。但制度变迁对医药制造业、航空航天业的促进作用不显著且贡献度很小，这两个行业的市场化程度、对外开放程度一直相对较低而导致制度变迁对这两个产业的拉动作用不明显。

3.3.4 研究结论

从整体来看，我国新兴产业增长的主要拉动力量是实物资本的投入，尚未走出传统产业"粗放型、数量型"增长方式的一贯模式，向"集约型、质量型"增长方式转变势在必行。

人力资本、技术进步对新兴产业发展的促进作用不显著，其主要原因是尚未建立较为完善的人力资本制度和科技制度，限制了人力资本和技术进步在新兴产业发展中作用的发挥。

制度因素已经成为新兴产业发展中仅次于实物资本之后的第二大拉动因素，但应该看到的是，尽管非国有化、市场化、外向化进程仍在不断继续，政府扶持力度也在加大，仍存在较大的制度创新空间，应坚持各项制度、机制的改革与创新，并注重制度之间的耦合性，使之成为新兴产业发展的首要拉动因素。

4 新兴产业发展的制度系统及其创新机制与模式

上一章实证的结果已经说明了制度在产业发展中的重要性，但其重要性如何体现，新兴产业发展需要的制度系统结构是什么，新兴产业制度创新的机制和模式又是什么，仍需要进行深入研究，才能有效促进新兴产业发展的制度创新。

4.1 制度在新兴产业发展中的作用定位

4.1.1 制度是新兴产业发展的内生性要素

正如前所述，新兴产业的不断衍生与扩张，需要有保障资源自由流动的市场制度（如产业融资制度、劳动力市场制度等），需要有相应的企业制度作为微观基础，需要反对不正当竞争和反垄断制度以及政府的产业政策和相关管理制度等。因此，任何一个产业的发展都是劳动、资本、技术、制度等多种要素综合作用的结果，产业的发展过程永远不能脱离制度这一要素，而不是将其外生化，任何将制度视为既定的理论都不能完美地解释产业的发展和经济的长期增长①。

4.1.2 制度是新兴产业发展的首要因素

就新兴产业而言，由于其高技术特征，技术创新与人力资本无疑是不可或缺的要素，这些要素聚集数量的多寡、质量的高低，会决定着新兴产业发展的快慢与演变方向。因此技术决定论认为，只有技术进步才能带来新兴产业的发展。我们丝毫不怀疑、不否认技术进步在新兴产业发展中的重要作用，更不否定人力资本的巨大能量。但制度高于技术，制度高于资本，是居于首位的要素，其理由有三点：

第一，不管是技术进步与创新，还是人力资本的数量与质量，均是在一定制度框架、制度背景下得到的。奥斯特罗姆等（1996）认为，"技术创新的进程依赖于一套复杂的制度安排"②。技术创新在很大程度上依赖于制度安排和制度创新，它在本质上更多的是一种制度现象，技术创新在不同的制度背景下所带来的绩效也会有较大的差异。技术创新是否发生、何时发生、朝什么方向发生等都不是随意的，而取决于一定的制度安排。弗里曼（Freeman，1988）肯定了制度变迁对日本技术创新飞速发展所起的巨大作用，"当日本在某些重要技术领域处于前列时，并不仅仅是或甚至主要是与研究发展的规模有关，而要与诸如社会或制度的变革有关"③。

---

① 袁中华，冯金丽. 制度变迁对新兴产业发展的贡献研究—基于行业面板数据的实证分析 [J]. 商业经济与管理，2011（9）：49-56.

② V. 奥斯特罗姆，D. 菲尼，H. 皮希特. 制度分析与发展的反思-问题与决策 [M]. 王诚等译. 北京：商务印书馆，1996：92-107.

③ Freeman，C. and C. Perez. Structure Crises of Adjustment，Business Cycles and Investment Behavior，In G. Dosi et al. eds. Technicle Change and Economic Theory. France Pinter，London 1988：38-66.

事实上，技术创新取决于新知识的积累，而新知识的产生又是制度发展过程的结果。在新兴产业中，人力资本的投入已经远超物质资本的投入成为主导，这就要求对人力资本实现最有效的激励，包括产权激励、物质激励和精神激励等，营造出一种鼓励创新、创造和学习的气氛，只有在一个激励人的制度环境中，人的主观能动性、创造性才能得以充分的发挥。没有激励技术进步的制度，恐怕技术进步本身也难以发生，没有有效的新兴技术产业化机制，没有官产学研一体化机制，新兴技术也只能束之高阁。我国拥有四大发明，尤其是宋代大量技术涌现，却未能导致一次产业革命，柯武刚与史漫飞（2000）对此研究的结论是，"制度发展的不足使技术进步成果的积累和潜在的巨大市场不起作用"①。此外，不完善的市场结构、不恰当的公共政策等，都会导致技术创新与生产率增长的方向发生偏差②。

目前新兴技术创新日益表现出两个鲜明的特点：一是投资的风险越来越大，二是投资管理知识的依赖程度越来越高。这样两个特点使得技术创新的成功更加依赖于有效的制度环境，包括完善的风险投资体系、国家创新政策、知识产权体系、企业间合作创新情况等。具体地说，制度创新对于技术创新的贡献主要表现在以下三个方面：一是减少技术创新风险，二是培育技术创新条件（技术创新主体的积极性、权利保护和社会保证等方面的问题），三是完善技术创新的机制环境，体现在宏观经济政策、劳动力市场和收入分配等不同层次、不同领域和不

---

① 柯武刚，史漫飞．制度经济学——社会秩序与公共政策［M］．上海：商务印书馆，2000：56．

② 吴永虹．论制度创新与企业技术创新激励［J］．经济体制改革，2003（4）：40 -41.

同方面的制度创新具有广泛的社会影响，形成一系列有利于技术创新的社会机制①。

第二，从系统论的角度，经济系统是一个不断发展的系统，而资本、技术和制度则分别属于这一系统中的子系统。从资本、技术、制度的影响范围或载体来看，其对经济系统的影响分别是从微观、中观和宏观层次上进行的，依次属于这个系统的底层、中层和高层子系统。按照系统论的层次性观点，高层次系统制约和支配着低层次系统的状态和行为②。制度变迁，特别是涉及一些根本制度的变革，所需的本征时间较长，属于慢变量或称序参量，而根据系统论中的"役使原理"③，它本身的变革将支配其他快变量如资本、技术等的变化，对于整个国民经济增长和社会发展方向无疑起着决定作用。因此，以此视角来看新兴产业的发展，资本和技术属于微观、中观的子系统，而制度则属于高层子系统，资本和技术是快变量，而制度属于慢变量，资本和技术在短期内可能起作用，但长期来看，真正起支配作用的则主要是制度。

第三，在这些要素中，资本、技术、人力资源都在一定程度上存在着相互替代性，只有制度才具有"资产专用性"，制度的短缺不能由其他要素替代。制度才是新兴产业发展中第一位的、首要的因素④。在资金、人才、技术、制度这四大要素中，

---

① 赵玉林. 创新经济学 [M]. 北京：中国经济出版社，2006.
② 苏胜强. 经济增长中的资本、技术和制度的系统特征分析 [J]. 广东广播电视大学学报，2001（3）：50-55.
③ 役使原理认为系统的状态可由多个变量描述时，慢变量的变化决定了系统的相变，而快变量如何变化却与相变无关，快变量本身的变化要受到少数慢变量的支配。
④ 陈柳钦. 高新技术产业发展的制度环境分析 [J]，科技与经济，2007（4）：3-6.

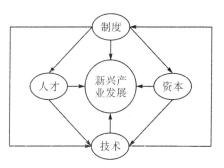

图 4 - 1   制度在新兴产业发展中的定位

制度是解放生产力的，它不仅能促进其他要素向新兴产业集聚，而且还具有整合功能，可以实现资金、人才和技术三大要素的互动与集成。

图 4 - 1 说明了制度在新兴产业发展中的作用定位：首先，制度、人才、资本和技术构成新兴产业发展的四大内生性要素；其次，制度对其他三大要素均有着极其重要的促进作用；最后，制度也促进了人才、资本与技术之间的耦合，同时，技术是人才、资本、制度的函数，而技术对制度也有一定的反作用力。

4.2   新兴产业发展的制度系统

新兴产业发展所需的制度绝非单一的某个制度，而是需要各种制度相互配合、互相协调，形成一个制度系统。制度系统具有整体性、结构性、开放性的特征，即制度系统是由许多制度了系统、子子系统为实现某种目的或功能，以一定的组织形式或结合方式组合起来，彼此相互作用、相互联系，并与外界环境交换信息和能量的一个有机整体。

4.2.1　新兴产业发展的制度系统构成

首先，按照诺斯的观点，可以将新兴产业发展的制度系统分为正式制度和非正式制度。然后，在正式制度中，受波特产业竞争力钻石模型的启示，即生产要素、企业战略与政府对产业竞争力提升的重要作用，并考虑第三章实证检验的结果，本书按照"市场—企业—政府"三分法的框架，将正式制度分为要素培育（市场）制度、企业制度和政府管理制度。

其中，要素培育制度包括了融资制度、人力资本制度和科技制度。企业制度由企业组织制度、企业产权制度、法人治理制度、管理制度等构成。政府管理制度包括财税制度、法律制度和产业政策等。非正式制度则涵盖了价值观、意识形态、风俗习惯、文化传统等内容。对于各种制度更为详细的介绍，将在以下各章中具体论述。需要提前说明的是，尽管非正式制度对新兴产业的发展亦有非常重要的意义，但本书仅研究正式制度的创新，对于非正式制度创新，待后续研究再行开展。

需要特别说明的是：因为这里的制度系统是从制度需求角度进行的分类，新兴产业的发展需要对各种要素进行培育，需要以企业制度为基础，需要政府管理制度的支持。从制度供给的角度看，新兴产业发展的这些子制度的构建，需要其他子制度的配合，而各个子制度也并非独立地起到某个方面的作用，也即要素培育制度、企业制度与政府管理制度并非完全平行的三项子制度，这恰恰体现的就是制度系统的耦合性。例如要素培育制度中的科技制度，技术进步不仅需要科技制度，还需要资本市场（如风险投资）、人力资源和财税制度的支持；同样，融资制度、人才培育制度的建立需要政府的相关法律制度和财政税收政策的支持；通过政府的财政和税收的扶持，为新兴产业发展导向，可以增加新兴产业企业的收入和利润，或者降低

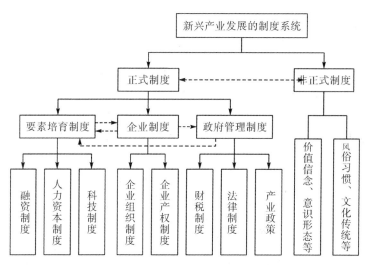

图 4 - 2　新兴产业发展的制度系统

注：虚线箭头表示各子制度之间的耦合

市场交易成本，其最终目的是对人力资本的培育与激励，为企业开展研发以促进技术进步提供相应的扶持。因此，本书在具体行文时会略微有交叉。例如在论述人力资本制度创新时，将人力资本产权激励的具体措施放在了企业制度中的人力资本产权制度创新之中；知识产权从归属上是归于企业产权制度，但对于知识产权法律制度保护的论述，则放在了法律制度创新部分。

显然，新兴产业发展所需的制度系统，不仅包括产业的内部制度，如企业制度，也包括产业外与宏观环境有关的所有制度。

4. 2. 2　各子制度安排在制度系统中的地位

要素培育制度是新兴产业发展的核心制度。第三章实证研究的结果表明，资本在新兴产业发展中的作用不容忽视，为避免融资障碍和资本增速滞后导致的新兴产业发展低谷，融资制度仍非常重要；建立和完善能够发挥人力资本创造性、积极性的制度环境与制度安排至关重要；新兴产业具有高技术特征，技术进步在新兴产业发展中的作用也非常关键，建立以企业为主体、以市场为导向、产学研相结合的技术创新体系是科技制度创新的主要方向。因此，要围绕各种高级要素的培育，实现高级要素向新兴产业集聚，要素培育制度是新兴产业发展的核心制度。

企业制度是新兴产业发展的微观基础。企业组织制度的变革，一方面是迎合组织制度的最新发展，提高组织效率，但同时，也是为了协调各部门的行动，形成企业内部技术创新的协作；企业产权制度改革既是为了明晰产权，建立完善治理结构的需要，也是为了扩大融资渠道的需要和组织激励的需要。仅有其他方面的制度创新，难以实现制度之间的对接，只有同时进行企业制度的改革，才能为新兴产业的发展奠定良好的微观基础。

政府管理制度是新兴产业发展的重要支撑。市场能够自发调节资源向产业的集聚，能够促进企业为适应经济发展而进行各种企业制度的创新，但市场有缺陷，企业行为亦有盲目性，这就需要政府的宏观调控与管理，政府管理制度是新兴产业发展的制度系统中的重要组成部分。

所以，新兴产业发展制度系统各子制度之间的关系是：以要素培育制度创新为核心（体现市场的基础性作用），以企业制度创新为微观基础（体现企业为主体），政府管理制度为支持要素培育制度和企业制度创新而起到辅助性作用。终极目标是促进各种高级要素向新兴产业的集聚和引导企业制度的有效创新，从而实现新兴产业的可持续发展。

4.3　新兴产业发展的制度创新机制

新兴产业制度系统的形成不是一蹴而就的，是基于收益与成本比较原则下产业发展对制度需求与制度供给的非均衡状况所引发的制度创新，并在不断的"试错"过程中实现制度系统与产业发展相耦合的结果①。

4.3.1　新兴产业制度创新机制

本书首先假定，在原有的制度系统下，制度供求是均衡的，即原有的制度系统能够满足原有产业系统发展的需要②。当新兴产业出现并形成，由于其独特的特征产生了对制度的特殊需求，比如高风险性需要以风险投资为主的投融资制度，知识、技术的外部性需要以知识产权为主的产权制度，创新性需要比传统产业更加高素质的人才和一个鼓励创新的氛围等，也就是说新兴产业与传统产业相比对制度需求的类型与适应的制度安排会存在较大差异，所以，新兴产业形成之初总是会对制度产生一些新的需求（需要注意的是这种需求变化不一定是要求增加制度供给，也可能是需要减少制度供给）。但这种制度需求并不会导致制度的即时自动供给，其主要原因有制度的相对稳定性、制度变迁的时滞性等。所以，作为新兴产业，从它诞生开始，总是或多或少要经历一段"制度真空"、"政策寂寞"阶段，也

---

① 袁中华，高文亮. 新兴产业制度创新机制与模式研究 [J]. 科技进步与对策，2012 (9)：94-98.

② 这一前提在现实中往往并不能满足，制度均衡只是一种理想状态，即使"偶尔"出现也不会持久存在，而制度的非均衡反而是一种"常态"。但以均衡为起点符合理论分析的需要，新古典经济学和新制度经济学等均是如此。

就是制度的非均衡阶段，这种非均衡是否会打破，最终取决于新兴产业发展所带来的潜在收益与制度创新成本之间的比较。

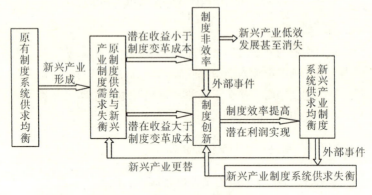

图4-3　新兴产业制度创新机制

　　新兴产业的发展从某个意义上来说给产业、政府、个人新增了潜在的利益。这种潜在利益对企业而言，是由于技术进步、成本和相对价格的变化投资于新兴产业而获得的收益；对政府而言，则是发展新兴产业所带来的产业结构的调整与升级、经济新增长点的出现、就业水平的提高等；对个人（如新兴技术研发人员）来说，或将带来施展才华的机会和更好的发展平台。但这种潜在利益不是在原有制度框架下自然获得的，要获得这种潜在收益需要新兴产业持续快速的发展，只有通过相应的制度变革才能获得。而制度变革亦需成本，制度创新的成本包括规划设计费用、组织实施费用、清除旧制度的费用、清除变革阻力的费用、制度变革带来的损失及变革的机会成本等。

　　如果潜在收益大于创新成本，就将导致制度的变革，制度系统的帕累托改进得以实现，利益相关者获得潜在利润，新兴产业制度系统的供给与需求达到暂时的均衡状态，新兴产业在新的制度环境与制度安排下获得良性发展。

但如果潜在收益小于制度创新成本，就可能由于制度的路径依赖性而沿着原有路径继续沿着非绩效方向发展，甚至"锁定"在某种无效率状态，制度与新兴产业的发展需求不相耦合，新兴产业在得不到有效制度支持的情况下低效发展，甚至消失。当有某个外部事件出现增加了潜在的收益或者降低了制度创新的成本，而一旦潜在收益超过了制度创新成本，受利润驱使的组织便会从事制度创新活动。引发制度创新的外部事件概括起来有三个方面：一是政治、经济上的某些变化。这些变化可能影响到制度环境，使得利益集团获得潜在利润或实现收入再分配成为可能。一旦制度环境发生改变，相应的制度安排可能也就面临调整。二是技术的重大突破。技术变革降低了交易费用，或改变了资源的相对价格从而引发新的获利机会的出现，或使制度安排集合中的制度组织实施成本发生变化，最终导致制度创新。三是市场规模的变化。市场规模的扩大降低了固定成本对制度创新的阻碍作用，也使得一些与规模经济相适应的制度安排得以创新，并有效降低制度的运作成本，促进分工的进展和深化。制度创新实际上是对制度失衡的一种反应，简单而言，制度创新就是指能使创新者获得追加利益的现存制度的变革。

在新兴产业制度系统实现制度供求均衡之后，也会因为新的外部事件引起制度的非均衡从而诱发制度创新与制度变迁，与产业发展需求在经历漫长的"试错"之后实现耦合，绝非一蹴而就的。另外，如果出现新兴产业的更迭，则可能导致新一轮的制度博弈过程。

4.3.2　实例印证

当前的新兴产业包括新材料、新能源、电子信息、生物医药等产业，这些产业与相关技术其实在 20 世纪中后期就已经出现。由于其带来的潜在利益，各国也出台了一系列的制度、政策以引导与刺激其发展，但与其对制度的需求相比，制度供给在很长一段时间仍显不足，许多制度仍处于制度失衡的状态，对制度创新的探索一直在不断进行。在没有外部事件的情况下，一些制度可能在长期保持着失衡状态而低效或无效，与新兴产业的发展不相耦合，如我国的创业板市场、风险投资制度在很长时间没有建立而难以适应高技术产业的发展，而一些与市场经济发展不符的机制体制却长期存在等。

期间也发生了许多外部事件，如环境恶化，石油危机，经济全球化，纳米技术、基因技术等方面重大技术突破等，1997年的东南亚金融危机和2008年的世界金融危机更是一种典型的外部事件。

以2008年的世界金融危机为例，在这次危机之后，许多国家经济增长乏力，大量企业倒闭，失业率显著上升，传统产业发展速度变缓，企业缺乏新的投资渠道与方向，产业结构急需调整和升级。

在这一背景下，一方面，政府对发展新兴产业的预期收益发生了改变，新兴产业对传统产业的改造作用、对经济增长的作用显著上升，对企业而言也是如此，新的投资方向为企业带来新的利润增长点。另一方面，制度创新成本降低了，这是由于政府内部形成了比较一致的看法，清除旧制度的费用、清除变革阻力的费用、制度变革带来的损失及变革的机会成本等均有可能降低。

因此，在危机之后，各国政府纷纷制定新兴产业发展规划和许多促进其发展的制度、政策，引发了适应于新兴产业发展的制度创新高潮。例如美国奥巴马政府先是签署了《2009年美国复兴与再投资法》，在其1 200亿美元的科研投入中，新能源、生物医学、航空航天等领域的投资就占了半壁江山，尔后又颁布了《美国创新战略：促进可持续增长和提供优良工作机会》

和《重整美国制造业框架》，明确了发展清洁能源、先进汽车技术、健康技术等产业的战略方向，为美国新兴产业的发展提供了良好的制度环境和制度安排。英国也在 2009 年出台了为促进低碳产业、生物产业、数字经济、生命科学等产业发展的纲领性文件《构筑英国的未来》。日本、韩国也相继出台了《面向光辉日本的新成长战略》、《新增长动力规划及发展战略》等战略规划①，对新兴产业发展所需的融资制度、财税制度及相关的法律法规等进行大刀阔斧的改革与创新。我国自 2009 年 9 月温家宝连续主持召开三次战略性新兴产业发展座谈会以来，从国家发展改革委员会到各地方政府都在紧锣密鼓地制定战略性新兴产业发展规划，一次新的产业革命正蓄势待发。

显然，危机后国家出台的这些规划、战略下所导致的制度变革不是一个终点，这仅仅是下一轮改革的起点。可以预见，各国为促进新兴产业的发展，还将继续探索和推进相关制度创新，为新兴产业发展提供良好的制度环境与制度安排，实现产业发展与制度创新的良性循环。

4.3.3 启示及建议

新兴产业发展的制度创新机制至少带来两点启示：

一是由于与传统产业相比对制度的特殊需求，新兴产业的出现必将导致制度的非均衡（如果原来制度是均衡的），而且这种制度的非均衡会在一定时期内存在，也即新兴产业从诞生开始，总是或多或少要经历一段"制度真空"时期。因此，政府和企业应加强对新兴产业发展规律、影响因素、适应的制度、技术和产业发展趋势等方面的基础性研究，尽量减少认知时滞，

---

① 姜江. 世界战略性新兴产业发展的动态与趋势 [J]. 中国科技产业, 2010（07）：54－59.

缩短制度非均衡存在的时间，尽早形成有利于新兴产业发展的制度环境和制度安排。

二是由于制度创新仅在潜在收益大于创新成本时才发生，新兴产业出现后引发的制度失衡并不必然导致制度的"适应性"创新，"制度真空"时段的长短取决于是否有某个外部的力量来改变潜在收益与制度创新成本之间的比较。所以每一次危机之后，都会给新兴产业的快速发展带来新的机遇，对政府而言，要充分利用好危机之后给新兴产业带来的发展机遇，适时创新制度，转危为机。

4.4 新兴产业制度创新的主体与模式：基于演化博弈

上一节仅仅说明当制度失衡之后，如果制度创新收益大于制度创新成本，便会导致制度创新的出现，但并未说明创新主体是谁。制度变迁方式是指制度创新主体为实现一定的目标，所采取的制度变迁的形式、速度、突破口、路径等。本节所要说明的是在假定创新收益大于创新成本的前提条件下，创新主体经过博弈来决定由谁来充当制度创新的主体（是双方均进行制度创新，还是仅由其中一方），旨在提供新兴产业制度创新的一般性分析框架。

新兴产业的制度系统既涉及基本制度（也即制度环境），如市场经济体制、宏观管理体制等，也涉及许多具体的制度安排，如融资制度、科技制度、企业组织制度、财税制度等。基本制度与具体制度的变迁、创新的方式会存在差别，而不同的具体制度安排创新模式也可能不一样。

4.4.1 新兴产业制度创新的主体类型

制度创新主体可以是个体、联合团体和政府。谁作为某一制度创新的主体，主要取决于两个因素：一是每个主体各自制度创新的收益和成本的比较状况。在个体制度创新中，没有组织成本和强制服从成本，但收益的增长可能是很有限的；在团体和政府的制度创新中，都要支付创新的组织成本。一般来说，政府制度创新的组织成本可能低于团体制度创新的组织成本，因为政府制度创新不要求一致同意。团体的自愿制度创新则要求一致同意，一致同意又十分困难，造成组织成本较高。因此，在其他条件相同的情况下，是选择团体还是政府作为制度创新的主体，取决于一致同意的成本与强制服从的成本大小的比较。二是取决于制度创新过程中受影响团体的相对权力结构状态。一般而言，受影响团体的相对权力越大，就越有可能左右制度创新主体的选择，使制度创新主体供给的创新制度对本团体有利。经过制度创新后，现有的非均衡制度逐步向创新的制度转变，并在这种转变中获取潜在利润，提高制度效率。

本书的联合团体既包括从事新兴产业的企业，也包括科研机构、高校、其他市场中介组织、金融机构等微观主体。

4.4.2 基于演化博弈的新兴产业制度创新模式分析

4.4.2.1 演化博弈的主要思想

传统博弈将所有参与人视为完全理性的做法与现实相去甚远：有时候博弈方的理性意识和分析推理能力很强，但会犯偶然的错误（颤抖手均衡）；有些对静态环境的判断分析能力强，但缺乏预见性，因此能认识和改正错误。

演化博弈则与传统博弈不同，它只要求博弈参与人是有限理性的。有限理性意味着博弈方往往不会一开始就找到最优策略，会在博弈过程中学习博弈，必须通过"试错"寻找较好的策略；有限理性意味着尽管博弈方缺乏事先的预见和预测能力，但有一定的统计分析能力和对不同策略效果的判断能力；有限理性意味着一般至少有部分博弈方不会采用完全理性博弈的均衡策略，意味着均衡是不断调整和改进而不是一次性选择的结果，即使达到了均衡也可能再次偏离[①]。

"复制动态"（Replicator Dynamics）是用来模拟群体类型比例变化过程的。其核心思想是如果一种策略的适应度或支付（Pay Off）比群的平均适应度高，这种策略就会被种群中越来越多的参与者所采用[②]。其变化速度与群体中采取这种策略的比例、采取这种策略所获得的支付超过平均支付的幅度成正比，用动态微分方程可表示为：$\dfrac{\mathrm{d}\,x}{\mathrm{d}\,t} = x\,(u_N - \bar{u})$，其中，$x$ 表示群体中采用特定策略 N 的比例，u_N 是采用特定策略 N 所能得到的支付，$\bar{u}$ 是群体得到的平均支付。

在有限理性博弈中具有真正稳定性和较强预测能力的均衡，必须是能通过博弈方模仿、学习调整过程达到，具有能经受错误偏离的干扰，在受到少量干扰后仍能"恢复"的稳健的均衡，即为"演化稳定策略"（Evolutionary Stable Strategy，ESS），这也是演化博弈一个非常重要的概念。演化稳定策略（ESS）的含义是：如占群体绝大多数的个体选择演化稳定策略，那么小的突变者群体就不可能侵入这个群体。或者说，在自然选择压力下，突变者要么改变策略而选择演化稳定策略，要么退出系统而消

① 谢识予. 经济博弈论 [M]. 上海：复旦大学出版社, 2002.

② Friedman D. Evolutionary games in economics [J]. Econometrican, 1991, (59)：637－639.

失在演化过程中①。

演化博弈理论从有限理性的个体出发，以群体为研究对象，以演化稳定策略和复制动态为两大核心，认为现实中的个体并不一定是行为最优化，个体的决策是通过个体之间相互模仿、学习和突变等动态过程来实现。

4.4.2.2 新兴产业制度创新的演化博弈分析

本书仅以产业中的企业作为联合团体（微观主体）的代表来说明博弈的演化过程，其他微观主体的情形与此类似。现实中企业与政府的制度创新博弈具有两大特点：一是有限理性，博弈参与人政府、企业是有限理性即可，不再要求政府、企业的完全理性。二是反复学习和调整策略的能力。

在政府与企业制度创新的博弈过程中，有许多的企业参与博弈（企业的制度创新是指除了政府制度创新之外的其他方面制度创新），而政府则可以参与所有的制度创新。这里的博弈既可以是双方均基于同样的制度安排进行的创新（比如说企业是进行市场制度创新，政府也是进行市场制度创新），也可以是非对称的（比方说企业是进行技术制度创新，而政府是进行政府制度创新），旨在提供制度创新博弈演化分析的一般框架。

模型假设：

①企业和政府都有制度创新、不创新两种策略，制度创新既有创新收益，也需要创新成本。

②如果企业、政府都进行制度创新，实现了比较好的制度耦合，企业进行制度创新的创新收益为 p_1，政府进行制度创新的创新收益为 p_2。如果企业进行制度创新，但政府没有提供较好的制度环境和制度安排，企业获得的创新收益将打折，假定

---

① Hodgson G. Economics and evolution: bringing life back to economics [M]. Cambridge: Polity Press, 1993.

为 θp_1（$0 < \theta < 1$），政府虽未进行制度创新，但企业的创新仍给政府带来一定的收益，假定为 ηp_2（$0 < \eta < 1$）。同样，如果政府积极进行制度创新，但企业没有进行制度创新，政府的创新收益也受到一定影响，假定为 φp_2（$0 < \varphi < 1$），企业虽未进行制度创新，但由于政府制度环境的改善，外部经济性亦将带来一定收益，假定为 γp_1（$0 < \gamma < 1$）。如果两者均不进行制度创新，创新收益为0。

③如果企业、政府不同时进行制度创新，其各自的创新成本分别为 c_1、c_2，但如果同时进行制度创新，则基于协同效应，降低了各自创新的成本（这一点在现实中也是经常存在，限于篇幅，不再赘述），假定分别为 αc_1、βc_2（$0 < \alpha$，$\beta < 1$）。如果均不进行制度创新，则创新成本为0。

⑤由于本书研究的是在创新收益大于创新成本框架下的制度变迁，所以假定政府与企业的创新利润均大于零，即：$p_1 - \alpha c_1 > 0$，$p_2 - \beta c_2 > 0$，$\theta p_1 - c_1 > 0$，$\varphi p_2 - c_2 > 0$。

根据上面假设，可得博弈双方相关支付矩阵，如表4-1所示。

表4-1　　　政府与企业博弈双方的支付矩阵

		政府	
		创新	不创新
企业	创新	$p_1 - \alpha c_1$, $p_2 - \beta c_2$	$\theta p_1 - c_1$, ηp_2
	不创新	γp_1, $\varphi p_2 - c_2$	0, 0

假设在企业群体中，进行制度创新的比例为 x，不创新的比例为 $1-x$；而政府进行制度创新的概率为 y，不进行制度创新的概率为 $1-y$。

在上述假设下，企业和政府的得益一方面取决于自己的类型，另一方面则取决于随机配对遇到的政府的策略类型。

企业进行制度创新期望利润为：

$$u_1 = (p_1 - \alpha c_1) y + (\theta p_1 - c_1)(1-y) \tag{1}$$

企业不进行制度创新的期望利润为：

$$u_2 = \gamma p_1 y + (1-y) * 0 = \gamma p_1 y \tag{2}$$

企业群体成员的平均利润为：

$$
\begin{aligned}
\bar{u} &= x u_1 + (1-x) u_2 \\
&= x[(p_1 - \alpha c_1) y + (\theta p_1 - c_1)(1-y)] \\
&\quad + (1-x) \gamma p_1 y
\end{aligned} \tag{3}
$$

按照生物进化复制动态的思想，采用的策略收益较低的博弈方会改变自己的策略，转向（模仿）有较高收益的策略，因此群体中采用不同策略成员的比例就会发生变化，变化速度与其比重、得益超过平均得益的幅度成正比。因此企业群体采取创新策略的复制动态方程为：

$$
\begin{aligned}
\frac{\mathrm{d}x}{\mathrm{d}t} &= x(u_1 - \bar{u}) \\
&= x[u_1 - x u_1 - (1-x) u_2] \\
&= x(1-x)(u_1 - u_2) \\
&= x(1-x)[(p_1 - \alpha c_1) y \\
&\quad + (\theta p_1 - c_1)(1-y) - \gamma p_1 y] \\
&= x(1-x)\{[(p_1 - \alpha c_1) - (\theta p_1 - c_1) - \gamma p_1] y \\
&\quad + (\theta p_1 - c_1)\}
\end{aligned} \tag{4}
$$

为简化起见，令 $A = (p_1 - \alpha c_1) - (\theta p_1 - c_1) - \gamma p_1$

当 $A \geqslant 0$ 时，从（4）式可以看出，只有 $x^* = 1$ 是唯一的演化稳定策略。

当 $A < 0$ 时，若 $y = \dfrac{\theta p_1 - c_1}{(\theta p_1 - c_1) + \gamma p_1 - (p_1 - \alpha c_1)} =$

$\dfrac{\theta p_1 - c_1}{-A}$，则 $\dfrac{\mathrm{d}x}{\mathrm{d}t}$ 始终为 0，也就是所有 x 值都是稳定状态，企业选择创新与不创新两类策略是无差异的（如图 4-4（a）所示）；若 $y \neq \dfrac{\theta p_1 - c_1}{-A}$ 时，$x^* = 0$ 和 $x^* = 1$ 是 x 的两个稳定状态。

如果 $y < \dfrac{\theta p_1 - c_1}{-A}$，则 $x^* = 1$ 是演化稳定策略（如图 4-4（b）所示）；如果 $y > \dfrac{\theta p_1 - c_1}{-A}$，则 $x^* = 0$ 是演化稳定策略（如图 4-4（c）所示）。

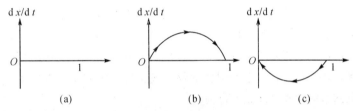

(a)　　　　　(b)　　　　　(c)

图 4-4　企业群体的复制动态相位图

同理，政府进行制度创新期望利润为：

$$R_1 = (p_2 - \beta c_2) x + (\varphi p_2 - c_2)(1 - x) \tag{5}$$

政府不进行制度创新的期望利润为：

$$R_2 = \eta p_2 x + (1 - x) * 0 = \eta p_2 x \tag{6}$$

政府的平均利润为：$\bar{R} = y R_1 + (1 - y) R_2$ $\tag{7}$

同理，得到政府采取创新策略的复制动态方程为：

$$\frac{\mathrm{d}y}{\mathrm{d}t} = y (R_1 - \bar{R}) = y(1-y)(R_1 - R_2)$$

$$= y(1-y)\{[(p_2 - \beta c_2) - (\varphi p_2 - c_2) - \eta p_2] y + (\varphi p_2 - c_2)\} \tag{8}$$

亦为简化起见，令 $B = (p_2 - \beta c_2) - (\varphi p_2 - c_2) - \eta p_2$

当 $B \geqslant 0$ 时，从（8）式可以看出，只有 $y^* = 1$ 是唯一的演化稳定策略。

当 $B < 0$ 时，若 $x = \dfrac{\varphi p_2 - c_2}{(\varphi p_2 - c_2) + \eta p_2 - (p_2 - \beta c_2)} = \dfrac{\varphi p_2 - c_2}{-B}$，则 $\dfrac{dy}{dt}$ 始终为 0，也就是所有 y 值都是稳定状态，政府选择创新与不创新两类策略是无差异的（如图 4-5（a）所示）；若 $x \neq \dfrac{\varphi p_2 - c_2}{-A}$ 时，$y^* = 0$ 和 $y^* = 1$ 是 y 的两个稳定状态。

如果 $x < \dfrac{\varphi p_2 - c_2}{-A}$，则 $y^* = 1$ 是演化稳定策略（如图 4-5（b）所示）；如果 $x > \dfrac{\theta p_1 - c_1}{-A}$，则 $y^* = 0$ 是演化稳定策略（如图 4-5（c）所示）。

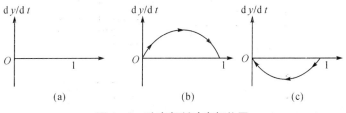

图 4-5　政府复制动态相位图

进一步，把上述两个群体类型比例变化复制动态的关系用一个坐标平面图表示，可以分为以下四种类型（如图 4-6 所示）：

在图 4-6（a）中，$A = (p_1 - \alpha c_1) - (\theta p_1 - c_1) - \gamma p_1 \geqslant 0$ 意味着对于企业来说，企业与政府合作情况下（双方均创新）企业的创新利润大于相互不合作情况下（只有一方从事创新）企业的创新利润之和；同时，$B = (p_2 - \beta c_2) - (\varphi$

$p_2 - c_2$）$-\eta\,p_2 \geqslant 0$ 的含义是对政府而言，政府与企业在合作情况下政府的创新利润大于不合作情况下的政府创新利润之和。当这两个条件同时得到满足时，演化稳定策略为：$x^* = 1$，$y^* = 1$，即政府和企业都采取制度创新策略。

在图 4-6（b）中，$A \geqslant 0$，$B < 0$，意味着对于企业来说，企业与政府合作情况下企业的创新利润大于相互不合作情况下企业的创新利润之和，但政府在合作情况下的创新利润小于不合作情况下的政府创新利润之和。此时，演化稳定策略为 $x^* = 1$，$y^* = 0$，政府在不断试错之后将不进行制度创新，而由企业进行制度创新。

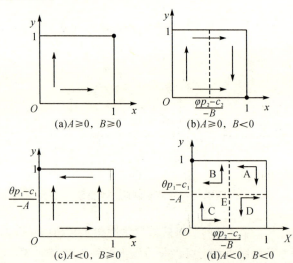

图 4-6　企业与政府博弈的群体复制动态分析

在图 4-6（c）中，$A < 0$，$B \geqslant 0$，意味着对于政府来说，政府与企业合作情况下政府的创新利润大于相互不合作情况下的创新利润之和，但企业在合作情况下的创新利润小于不合作

情况下的创新利润之和，演化稳定策略为 $x^*=0$，$y^*=1$，由政府单方面进行制度创新。

图 4-6 （d） 中，$A<0$，$B<0$ 意味着对政府和企业都是合作的创新利润小于不合作的创新利润之和，有两个均衡结果，最终的演化稳定策略取决于初始状态。在这个复制动态演化博弈中，当初始情况落在 B 区域，会收敛到演化稳定策略 $x^*=0$，$y^*=1$，即由政府来提供制度创新，企业群体则都不进行制度创新。如果初始情况落在 D 区域，则会收敛到演化稳定策略 $x^*=1$，$y^*=0$，如果初始情况落在 A 或 C 区域，则先向鞍点 E 收敛，然后再向 B 或 D 区域收敛。

需要指出的是，上述演化稳定策略并不是一开始就实现的，企业和政府要进行观察，通过对前面不同博弈策略支付的计算与统计，不断调整自己的策略，经历不断的"试错"和个体之间相互模仿、学习和突变等，均衡是不断调整和改进而不是一次性选择的结果。

4.4.2.3 新兴产业制度创新模式

按照上面的四种情况，新兴产业的制度创新模式也就因创新主体的不同而分为政府主导创新、企业（微观主体）主导创新和政府供给主导与微观主体需求诱导相结合三种模式。例如企业组织制度创新，企业创新收益可能较大，创新成本相对较低，而政府在这方面的创新动机一般不大或不宜参与，所以企业制度创新的主体基本上是企业主导型；而至于政府制度创新，企业最多可以通过"呼吁机制"而实现对政府政策、法律、规范的影响，而且成本较高，但对政府而言，可以充分发挥其具有的强制性和暴力资源比较优势而实现制度创新，创新成本相对则较低，所以，政府制度一般只能是政府主导供给。技术创新制度、资本市场制度、人才培育制度等方面的创新则可能更多的属于政府供给主导与微观主体需求诱导相结合的模式，需要微观主体和政府相互协作，产生更大的创新利润。有利于促进新兴产业发展的社会行为规范等非正式制度具有较强公共产品性质，企业等微观主体创新并向社会扩散收益低而成本高，国家创新并推向全社会，相对成本低而收益高，所以更多的是政府主导型创新。

4.4.3 研究结论

主体的创新收益大于创新成本，还只是该主体进行制度创新的必要条件，而非充分条件。因为制度供给是有外部性的，对创新主体而言，只有当与其他主体合作条件下的创新利润大于不合作条件下的创新利润时，该主体才会从事制度创新活动。而一旦所有主体在合作条件下的创新利润小于不合作条件下的创新利润之和时，演化稳定策略取决于初始状态。例如企业进行技术制度创新，而政府为技术创新提供相应的制度安排，尽管企业创新收益大于创新成本，但由于技术创新的外部性而容易导致"搭便车"行为的发生，许多企业选择不进行技术创新活动。为此，政府应该通过完善知识产权制度、增强财税制度的激励功能等，改变企业的预期收益，或者减少企业技术创新的风险（成本），增加企业的创新利润，增进企业进行技术创新的积极性，实现双方协作创新的良好局面。

5 新兴产业发展的要素培育制度创新

任何一个产业的发展都离不开资本、人力资本和技术这三大要素，对于新兴产业而言亦不例外，只是其对这些要素需求的特征（特性、数量、质量上）会与传统产业有所区别。这些要素的供给与集聚都是在一定制度背景和制度安排下进行的，因此，要素培育制度是新兴产业发展的核心制度，该制度与新兴产业发展的耦合与适应程度会直接影响新兴产业的发展速度与质量。第四章已经说明要素培育制度包括融资制度、人力资本制度和科技制度，本章将结合我国在这三方面制度存在的障碍及其相应的创新进行具体论述。

5.1 融资制度创新

第三章实证检验的结果说明我国新兴产业仍处于投资增长型阶段，因此有人认为，资金不足是制约新兴产业发展的主要瓶颈。但事实果真如此吗？以我国为例，上万亿的储蓄找不到资金出口、增值渠道，频繁活动的"热钱"相继对股市、楼市、原油市场形成冲击，最后连蔬菜市场、食盐市场都要去炒作一番。由此来看，我国并不缺乏资金，我们缺少的是健全的金融管理体系、完善的资本市场，缺乏有效的投融资制度对资金投向的合理引导和储蓄向投资的有效转化。如果针对这些问题作出有效的制度安排，资金问题至少不会像现在这样尖锐。

5.1.1 新兴产业的融资需求特征

新兴产业与其他产业一样，都需要经历不同的发展阶段，但其发展阶段与一般产业不完全一样。新兴产业作为高新技术产业化或者满足新兴市场的结果，具有比较独特的发展特征。新兴产业的发展阶段及特性决定了其对金融支持特殊的需求特征①。

5.1.1.1 新兴产业不同发展阶段的融资需求

普遍意义上产业发展，一般要经历形成期、成长期、成熟期、衰退期这几个阶段。对于新兴产业而言，形成期需细分为种子期和创建期两个阶段；发展到成熟期，将演变为一个经济系统中的支柱产业，属于成熟产业范畴；而到衰退期，则有可能被其他新兴产业所替代，"沦落"为衰退产业。因此，新兴产业主要包括种子期、创建期、成长期这三个阶段。当然，在成熟期，尽管已经不再属于严格意义上的新兴产业，此时产业作为投资资金的"出口"阶段，属于新兴产业的延续期，仍为本书考察的对象。

新兴产业在发展的不同阶段，产业的风险程度和收益呈现出动态性变化，其投融资价值有着极大差别，对投融资的需求方式和需求数量也不同，从而导致各个阶段对金融工具需求的

---

① 袁中华，刘小差. 后危机时代我国新兴产业发展的金融支持研究 [J]. 新金融，2010 (5)：52-55.

多样性①。

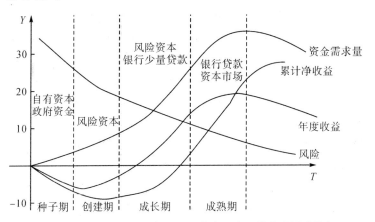

图5-1 新兴产业不同发展阶段资本需求、收益及风险特征

资料来源：OECD/GD（96）168

在种子期，企业尚未建立，产品尚未形成，属于技术研发阶段的中后期，此时资金的需求量相对较少，资金投入50%~60%为研究与开发人员的工资开支，主要依靠自有资金或政府资助，但也有少量为了解所关注行业最新发展动向的"天使投资者"的介入；到创建期，需要投入大量的机器设备、原材料、能源及建筑物等，进入到资金密集型阶段，这个阶段的投资量是种子期投资的10倍左右，要实现从样品到商品的关键性跳跃，投资风险最大、资金缺口也最大，但由于没有经营记录，获得以稳健为原则的商业银行的贷款支持难度较大，资金获取渠道较为有限，风险投资在这一阶段就显得极为重要，此外，政府的创业基金对于这一阶段的企业也有明显支持作用。

---

① 陈柳钦. 高新技术产业发展的金融支持研究 ［J］. 当代经济管理，2008，（5）：59-65

在成长期，产品已经进入市场并有了一定基础，技术较为稳定，但需要更多资金以扩大生产规模和大规模开发市场，资金需求量是种子时期的 100 倍左右，此时需要从金融机构获得贷款支持而且也具备了可能性，风险投资资金也因行业与企业发展前景的逐渐明晰而大规模参与以获得超额回报。

最后，到成熟阶段，作为新兴产业的延续期，投资风险大大下降，融资能力增强，融资方式开始多元化，商业银行等稳健经营的金融机构也会比较积极地介入到新兴产业中去，融资的主要目的是为前面的投资寻找"出口"。

在整个发展过程中，除了大型企业可以通过内源性融资进行研发外，新兴产业成长根据各个阶段的目标、主体和特点不同，需要选择商业银行、投资银行、共同基金、风险投资基金、资本市场等不同的渠道融资和方式。

5.1.1.2 新兴产业融资的必要性与可能性

新兴产业具有"三高"的特征：第一是高风险性。由于技术、市场需求本身具有不确定性，而新兴产业较长的周期导致这种不确定性增加，以及因为其管理复杂性所带来的经营管理风险等，新兴技术产业化的风险极高，对其投资的失败率高达80％，这也就成为许多投资者望而却步的一个主要原因。第二是高投入性。创建初期一般缺乏成熟的产业配套，原材料和零部件短缺而价格高昂，商业模式不成熟，市场开发的难度较大，初始成本较高；企业经营的盈亏点对产量规模有相当的要求，成长期需扩大生产规模和大规模开发市场，对资金的需求量相当大；从技术研发到批量生产需要较长过程，普通投资难以满足长期需要。第三是高回报性。对新兴产业的投资一旦成功，其获得的收益将是非常丰厚的，而且投资介入越早，收益越高。当然，这种高回报也就决定了尽管风险很高，但其融资仍具有可行性。

综上所述，新兴产业独特的发展阶段和特征决定其融资的特殊性，主要表现为融资价值的多元性、金融工具的多样性和融资结构的耦合性。

5.1.2 我国新兴产业发展的融资制度障碍

在"十五"、"十一五"期间，我国就制定了一系列支持包括高技术产业在内的新兴产业企业投融资的政策措施，为新兴产业发展的创业投资及建立多层次资本市场体系等提供了较好的制度基础。尤其是在本次危机之后，更是加强了对新兴产业发展的金融支持。国家发改委、财政部下发了《关于实施新兴产业创投计划、开展产业技术研究与开发资金参股设立创业投资基金试点工作的通知》；中国人民银行、中国银监会、中国证监会和中国保监会（简称"一行三会"）联合发布了《关于进一步做好金融服务支持重点产业调整振兴和抑制部分行业产能过剩的指导意见》，加大对信息、新材料、生物医药等战略性新兴产业的金融支持力度；证监会发布了《关于进一步做好创业板推荐工作的指引》，强调保荐机构应重点推荐新材料、新能源等战略性新兴产业的企业在创业板上市①。这些政策的出台，对资本向新兴产业集聚起到了极大的促进作用，但相对于新兴产业快速发展的需求而言，仍存在如下一些方面的制度障碍。

5.1.2.1 商业银行对新兴产业发展的支持作用甚微

一方面，由于新兴产业中大部分属于中小企业，这些中小企业在创业之初，更多拥有的是技术等无形资产，往往难以提供符合商业银行所需要的抵押品。另一方面，新兴产业具有高风险性，与商业银行的稳健经营风格不符，商业银行的传统业

---

① 张嵎喆，史建生. 培育战略性新兴产业的政策评述 [J]. 经济研究参考，2010，(52)：15 – 19.

务还难以成为支持新兴产业的主要融资渠道。以江苏省为例，截至 2010 年 5 月末，江苏省主要银行业金融机构对其确立的六大新兴产业的贷款余额为 1053 亿元，仅占全部贷款余额的 2.98%，这与江苏省 2010 年六大新兴产业的销售收入在工业中占比达 23%、产业增加值占 GDP 的比重在 10% 以上的经济现实极为不匹配①。

5.1.2.2　创业投资来源与退出渠道受限，投资方向有偏差

我国自 1985 年引进创业投资以来，主要存在政府扶持力度不够、投资主体单一、资本来源渠道狭窄、制度供给不足、退出通道不畅等问题。

（1）投资主体单一，资本来源渠道狭窄。我国创业投资中一直以政府投入为主，官办形式极为普遍，缺乏对社会资本的有效引导，资本构成单一。2008 年颁布的《关于加强银行卡安全管理预防和打击银行卡犯罪的通知》（"142 号文"）规定，外商投资企业资本金结汇所得人民币资金，除另有规定外，不得用于境内股权投资，又从入口直接限制其投资行为，以往在中国创业投资市场一直占主力军位置的外资创投的境内投资活动越来越受限，一定程度上制约了我国创业投资市场的快速发展，创业投资还未能成为新兴产业发展主导性融资方式。

（2）退出渠道不畅。由于我国作为创业投资退出主渠道的资本市场发展尚处于初期阶段，许多中小型科技企业难以在资本市场上市融资，造成创业投资退出机制堵塞。近年来，2006 年的《关于外国投资者并购境内企业的规定》（"10 号文"）和 2007 年《国家外汇管理局综合司关于印发〈国家外汇管理局关于境内居民通过境外特殊目的公司融资及返程投资外汇管理有

<hr />

① 刘志彪.科技银行功能构建：商业银行支持战略性新兴产业发展的关键问题研究 [J].南京社会科学，2011（4）：1-7.

关问题的通知操作规范的通知〉》（"106 号文"）又封堵了境内
企业以红筹方式在海外上市，使得外资创业投资退出之路一再
变窄，退出渠道愈加不畅①。

　　创业投资方向存在问题。在创业投资的投资领域，传统产
业还占据较大份额，从全年投资案例数分布看，2009 年创投投
资投资于传统行业的案例数为 123 个，占比 25.8%，仅次于广
义 IT 行业的 180 个投资案例 37.7% 的占比，这说明创业投资趋
向于关注传统行业。见图 5－2。

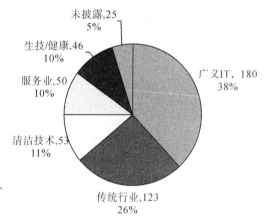

图 5－2　2009 年我国创业投资行业分布

数据来源：清科研究中心 2010.01，www.zero2ipo.com.cn

　　从投资金额的角度看，传统产业因发展相对稳定、政策环
境良好等特点而以 917.58 亿美元的投资金额和 34% 的占比赶超
广义 IT 行业而跃居首位，而对清洁技术、生物技术/健康行业的
投资金额占比分别仅为 13%、7%，对传统行业投资比例远超两

_____

　　①　张晓强.中国高技术产业发展年鉴 [Z].北京：北京理工大学出版社，
2010.

个行业之和。见图 5-3。

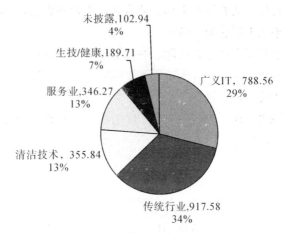

图 5-3　2009 年我国创业投资行业分布/US

数据来源：清科研究中心 2010.01　www.zero2ipo.com.cn

　　创业投资过多投向传统产业，偏离了创业投资的主方向，使得本该受到更多青睐和眷顾的新兴产业资本益发不足，这是未来创业投资管理中需要重点关注的一个方面。

　　5.1.2.3　创业板发展速度较慢，市盈率过高

　　我国于 2009 年推出创业板，截至 2010 年 9 月，共为 117 家企业的上市融资提供了便利，但毕竟由于刚刚起步，许多交易规则、管理制度还有待完善。创业板服务对象不明确、不突出，导致一些本该在中小板上市的企业也进入到创业板，使得创业板在某种意义上成为第二中小板，市场定位不准确，使得真正需要在创业板融资的新兴企业失去上市融资的机会。创业板的发行节奏依旧比较缓慢，远不能满足我国众多创新型公司的融资需求，同时也不能满足二级市场投资者的投资需求，供需缺口较大，从而导致发行市盈率畸高，高市盈率透支了企业未来长时间的业绩，不利于企业的良性发展，而且市盈率过高也易

导致市场投机、炒作行为的发生，不利于创业板市场的健康发展。另外，有关创业板停牌、复牌、终止上市等制度仍不完善，尚未建立有效的转板制度。

5.1.2.4 政策性银行服务缺位

我国当前的三大政策性银行均有明确的扶持对象，例如国家开发银行主要支持基础设施、基础产业的项目建设，中国进出口银行主要为机电产品和成套设备等资本性货物进出口提供政策性金融支持，中国农业发展银行承担国家规定的农业政策性金融业务，为农业和农村经济发展服务。由于定位的限制，目前的政策性银行还难以为中小型新兴科技企业提供有效的支持，这与新兴产业在国家中的战略定位所应获得的政策支持不相符合。

5.1.3 多层次金融体系支持新兴产业发展的路径选择

新兴产业对金融工具需求的多样性和融资结构的耦合性决定了其发展过程中需要多种金融工具，而且各金融工具之间应相互配合，互为支撑①。

5.1.3.1 拓宽渠道，充分发挥创业投资的"发动机"作用

创业投资又名风险投资（Vencture Capital），既是科技与经济结合的"润滑剂"，又是推动知识经济发展的"原动力"，在新兴产业发展过程中扮演着重要角色。

（1）加大政府扶持力度。借鉴国外经验，对创业投资在信贷、税收等方面给予大力扶持，设立创业投资损失补偿基金，使创业投资者形成比较准确的收益预期；针对我国尚处于创业投资业初期的现状，在对创业投资采取引导与激励的同时，政

---

① 袁中华，刘小差. 后危机时代我国新兴产业发展的金融支持研究［J］. 新金融，2010（5）：52－55.

府仍有必要通过辅以直接投资、拨款、补助的方式促进风险投资的发展，如建立创业投资引导基金，发挥杠杆作用，引导社会资金的流入，只是相应的风险投资在投资阶段上要相对前移，投资领域应有所侧重。

（2）实现创业资本的社会化、多元化。深化投融资体制改革，建立多渠道、多层次的投融资体制，扩大创业资本来源、规模和数量。在可以控制金融风险的前提下逐步允许养老金、保险金、信托投资等机构适时介入创业资本市场；引入国内市场业绩良好的大型企业集团、国外机构投资者进入创业资本市场，充分利用这些机构雄厚的资金实力和丰富的管理经验，带动创业投资的发展；广泛吸引对创业投资有正确认识、有资金实力、有承担风险能力的家庭或个人参与风险投资，扩大创业投资的社会基础。

（3）完善法律制度环境。在《创业投资管理暂行办法》的基础上，加紧制定更为完善的与创业投资相适应的政策、法规，规范投资主体行为，完善创业投资运作规范，建立系统的、完善的创业投资法律体系，逐步塑造以法律监管为主、行政监管为辅的格局；加强创业资本运作中知识产权的保护，完善诸如专利法、技术合同法、反不正当竞争法等法律法规，制定创业投资促进法，加强对投资人权益和对创新者知识产权的保护。

5.1.3.2 克服障碍，创新商业银行对新兴产业的支持形式

银行信贷资金进入新兴产业的公认障碍是这一产业与生俱来的高风险。我国金融体系中占据主导地位的仍是商业银行。对新兴产业来说，如完全失去商业银行的信贷支持，必然缺乏足够的资金支持而难以快速发展。而对商业银行来说，进入障碍也导致了分享新兴产业高额回报机会的错失。因此，商业银行对新兴产业适时、适度介入是一种双赢的选择。整体思路有三种：之一是通过构建风险保障机制，降低商业银行对新兴企

业的贷款风险，使之符合商业银行稳健性需要；之二是针对新兴产业的发展特点和不同发展阶段，采取灵活的金融政策，改变商业银行支持新兴产业发展的传统形式；之三是专门构建商业银行的科技银行功能。

（1）构建风险保障机制。一是贷款担保。由各级政府设立专门的贷款担保基金，采用政府第三方担保形式为新兴企业提供贷款，弥补新兴企业普遍财产担保不足的缺陷，改善其贷款环境。担保基金的来源可以是新兴产业所征收的税收、财政无偿拨款、科技三项经费等，行政主管部门根据新兴企业信贷担保计划，对符合条件的申请者，按贷款性质、数量和期限长短，提供一定比例的担保，并签订担保合同。二是贴息贷款。政府对新兴企业的贷款给予一定的利息补贴，具体做法有对企业自由贷款给予高出市场平均利率部分的补贴或对企业最难获得的长期贷款给予补贴等形式。三是贷款证券化。借鉴我国住房贷款证券化的做法，将商业银行对新兴产业发放的贷款转化为债券，然后利用资本市场或银行本身较好的服务网络优势出售给市场投资者，以融通资金，并使贷款风险由众多投资者承担，从而分散风险。

（2）采取灵活的金融政策，创新信贷管理办法。一是对新兴企业的科技创新成果、自主知识产权、产品商标、商誉等无形资产进行专业评估并作为贷款的抵押担保依据，解决其有形资产不足的问题；二是与新兴产业高风险相对应，适当提高商业银行对新兴企业贷款的呆账准备金率[①]；三是适应新兴产业各个阶段的不同特点，改变传统的信贷管理方法，改善评估、评审和管理办法，创新对新兴企业和项目的贷款形式，积极探索

---

① 周英章，金戈. 论商业银行对高新技术产业的金融支持 [J]. 中国流通经济，2001，(5)：60-64.

灵活多样的金融支持形式。

（3）着力构建商业银行的科技银行功能为了迎合国家发展新兴产业的战略需要，使商业银行在新兴产业发展过程中有所作为，应着力加强商业银行的结构性改革，在功能上构建新的科技银行功能和与之配套的服务体系。商业银行科技银行功能建设的任务，主要落实在以下几个方面：①渠道建设。建立科技专营机构、科技管理机构和科技企业金融服务中心等，加强在各经济技术开发区、高科技园区中的传统渠道建设以及新渠道的建设。②战略联盟建设。与创投基金、私募基金、担保公司、小额贷款公司等非银行金融机构搭建战略联盟关系，共同为新兴产业服务。③产品建设。形成有针对性的、差别化的服务模式与产品体系，在新兴产业政策的基础上细分市场，研发创造高收益并能防范高风险的新产品，以利于更好地为新兴产业服务。④工具建设。实行单独的信贷准入标准、授信核定办法和信贷运作流程与考核机制等。⑤信贷业务扩张。新增科技贷款金额、客户数与新兴产业的发展速度保持一致，并确保对新兴产业的信贷增幅要大于传统产业的增幅①。

5.1.3.3　规范与监管，大力发展私募股权基金

私募股权（Private Equity，PE）基金是指通过私募形式融资，形成基金资产，交由基金托管人托管，基金管理人以"专家理财"方式，对非上市企业进行的权益性投资。私募股权基金的发展有利于促进产业结构调整，提高产业自主创新能力。私募股权基金与风险投资一起，作用于新兴产业的不同阶段。

（1）以法律的形式明确私募股权基金的运作规范。尽管我国私募股权基金由于近年来立法上的重大突破，其设立形式的

---

①　刘志彪. 科技银行功能构建：商业银行支持战略性新兴产业发展的关键问题研究 [J]. 南京社会科学，2011（4）：1-7.

法律障碍已不再存在，但仍缺乏一个统一的、协调一致的法律法规。有必要制定一部有前瞻性的发展股权基金类的法律，明确私募股权基金的认定标准、投资主体、投资范围、退出机制及监管条例等，进一步确立私募股权的合法身份，确保其快速、有序发展。

（2）构建私募股权基金完整的产业链。扩大私募股权投资基金的来源，尤其要积极引入国内机构投资者和民间资本；加强私募股权基金中间服务机构建设，培育具有高度专业化和资本运作经验的会计师事务所、律师事务所等中间服务机构，鼓励其进入私募股权投资领域①；加强专业人才队伍的建设，培养有丰富投资经验的私募顾问和基金募集顾问等。

（3）市场化基础上的适度监管。私募股权基金市场是一个充分市场化的市场，对这个行业的监管和引导要做到监管适度；除了前述的法律监管外，还应该进一步明确监管部门，私募股权基金涉及领域比较广，在监管过程中可能涉及跨部门的现象，应通过统一的协调机构加强多部门联合监管；加强行业自律监管，通过设立全国性私募投资基金行业协会进行行业自律式的管理，维护行业整体形象，推动行业规范快速发展，并对其进行强有力的约束。

5.1.3.4　借鉴与创新，探索组建科技政策银行

鉴于新兴产业在国家战略中的重要地位，借鉴日本设立国家科技银行专门针对中小科技企业贷款的经验，可以考虑组建科技政策银行。组建的渠道主要有：专门组建新的政策性银行，比如成立国家科技开发银行，专门为新兴中小科技企业贷款提供服务；改变原有政策性银行的功能定位，增加其服务对象；

---

① 张洁梅. 私募股权基金与我国的产业发展问题研究［J］. 改革与战略，2009，（9）：65－68.

或者将现有商业银行中带有支持科技发展功能的业务部分（专营机构）剥离出来专门成立科技政策银行等。等到新兴产业发展到一定阶段，科技政策银行可以逐渐淡出再行商业化，或继续支持新一代新兴产业，这一点亦可参考国家开发银行的转制经验。

5.1.3.5 完善多层次资本市场，为各种基金的退出提供"安全通道"

进一步大力发展和加速改革主板市场，不断推进制度创新和机制变革，为创业板的建设提供条件和经验；坚持不懈地发展中小企业板，为有发展潜力的新兴中小企业融资继续提供融资便利；不断完善创业板，促进自主创新企业及其他成长型企业的发展；积极稳妥地推进场外市场建设，为非上市公司的股份转让提供良好平台。完善不同层次市场之间的转板机制，逐步实现各层次市场间的有机衔接。大力发展债券市场，扩大中小企业集合债券和集合票据发行规模，积极探索开发低信用等级高收益债券和私募可转债等金融产品，稳步推进企业债券、公司债券、短期融资债券和中期票据发展，拓展企业债务融资渠道。

5.2 人力资本制度创新

在竞争日益激烈的时代，世界资源开发的重心已由物力资源向人力资源开发转移。但正如"先有伯乐然后有千里马"，只有先建立有效的人才引进机制和人才激励机制，然后才能源源不断地吸引人才、培养人才、留住人才，发挥知识和人才的作用，继而推动新兴产业的发展。

5.2.1 人力资本及人力资本制度

新兴产业与传统产业的最大区别在于它是建立在知识的基础之上的，对知识和技术的依赖性更大，知识密集程度更高，从而对掌握知识与技术的主体——人的要求更高，人力资本在诸要素中扮演了非常重要的角色。根据舒尔茨的观点，人力资本（Human Capital）是指劳动者的知识、技能、健康状况的总和。贝克尔则将人力资本定义为人们在教育、职业培训、健康等方面的投资所形成的资本。

与物质资本相比，人力资本具有"异能性"，即由人的知识、技能、体力等决定的人力资本能力的差异性。根据人力资本的异能性，可以将其分为一般型、专业型、创新型人力资本。其中一般型人力资本对应的社会分工角色是普通劳动者，专业型人力资本可以具体分为技术型人力资本（技术专业人员）和管理型人力资本（管理专业人员），创新型人力资本也可以具体分为战略创新型人力资本（企业家）、制度创新型人力资本（管理创新人员）和技术创新型人力资本（技术创新人员）[①]。创新型人力资本具有社会稀缺的创新能力，即发现市场非均衡、使市场复衡的能力（熊彼特，1934）。他们的创新活动往往会突破既定技术或制度的"瓶颈"约束，引起企业生产可能性边界的外移或生产函数的上移。

人力资本培育既不是纯粹的私人产品，也不是纯粹的公共产品，是一种具有较大外部效益的混合产品。受教育者在接受技术、知识的培训之后由于其能力的提升，可以获得较高的收入，从这方面看它是私人产品，具有排他性和竞争性；但从另

---

① 姚树荣. 创新型人力资本、制度与企业绩效 [J]. 当代财经，2001，(2)：3-7.

一方面看，有相当大一部分教育利益通过受教育者外溢给了社会，提高了整个社会的劳动生产率，提高了整个社会的劳动者素质，有利于社会的交流与经济发展，因而它具有公共产品的性质，即非竞争性。教育产品这种外部效益使得市场对这种产品的配置往往不足，存在效率（福利）净损失，如图 5 - 4 所示①。

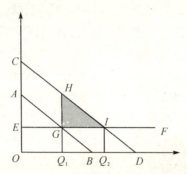

图 5 - 4　市场提供外部效益产品的效率损失

在人力资本形成问题上，存在着严重的市场失灵，表现为：微观市场主体投资往往只是从满足个人利益和需求的角度出发进行投资，如企业只注重特殊性培训的支出，而对普遍提高职工素质的一般性培训则缺乏应有的积极性；由于市场信息的不完全性，个人对人力资本投资缺乏全面科学的决策基础，因而所作出的投资往往与实际的社会需求不一致，造成投资的浪费。有些人力资本投资属于公共品或半公共品，个人或企业不愿或无力进行这项投资，如公共卫生、医疗保健等，需要政府支持。

对于新兴产业企业而言，它需要多技术、多门学科、多种

---

① 高素英. 人力资本与经济可持续发展 [M]. 北京：中国经济出版社，2010；276－285.

专业所组成的综合型人力资本，新兴产业的人力资本群体包括：风险企业家与经营管理者、技术专业人员和技术创新人员等。

所谓人力资本制度就是指在人力资本形成、培育、激励等过程中一系列规则的总和，具体包括人力资本培育制度、人力资本引进制度、人力资本激励制度、人力资本流动制度等。

人才与人力资本两个概念虽然不能完全等同，但是二者之间具有密切的关系：人力资本是指人所具有的特定能力，而人才是具有特定能力的人（高素英，2009）。一般人才即基础人力资本，是基础性人才，具有一定的专门知识、技术和能力，能够为社会创造一定价值。高层次人才等同于专业人力资本，是一个相对概念，是人才资源的组成部分，是掌握了某种知识、技能和专长的人，是高水平生产力的体现者，也可以说高层次人才是人力资本积累到一定程度的表现形式。在本书中，可以将人才的培育过程看成是人力资本积累的过程，不做特别的区分。

5.2.2　我国人力资本制度存在的缺陷

吴敬琏（1999）认为在高新技术产业的发展中，检验一项制度安排是否适当的最终标准，在于它是否有利于发挥人力资本或者专业人员的积极性和创造力。为促进高技术产业、新兴产业发展，我国制定的比较重要的政策、制度主要有科技部颁布的《关于在重大项目实施中加强创新人才培养的暂行办法》、教育部制定的《关于进一步加强引进海外优秀留学人才工作的若干意见》及《关于企业实行自主创新激励分配制度的若干意见》等，为人才的培育、引进等起到了积极的促进作用。科技部李学勇表示，2009年我国科技人力资源总量达4200万人，位居世界第一，研究开发人员总量 190 万人，居世界第二位①。但同时应该看到，与我国庞大的人口基数和新兴产业迫切的发展需求相比，还存在着科技人才数量偏少、人才资源分布不尽合理、流失严重等问题。我国科技人才的总量虽然较高，但人均指标与发达国家和中等发达国家的差距还是很大的，我国每万人劳动力中从事研究与开发活动的人员仅为 40 人，而日本、英国、德国、韩国分别为 137、110、125、121 人，几乎都是我国的 3 倍以上；从科技人力资源的内部结构来看，作为科技人力资源中高端部分的科学家和工程师数量远远低于发达国家，具有明显的稀缺性；此外，科学公正的科技人才评价机制尚未形成，符合科技人才成长规律特点的选拔、使用、管理机制尚未真正建立；激励机制不够灵活，薪酬制度的激励作用不明显；科学有效的培养、培训手段跟不上，工作环境、生活环境不到位等问题仍然长期存在②。

5.2.2.1　人才教育制度与社会需求脱节

（1）从培育目标看。高校教育以发表论文数量为标准，而不是以创新为标准，博士、硕士甚至本科毕业都要求在期刊发表一定数量的科研论文。近年来，我国的科研论文发表数量突飞猛进，按《工程索引》（EI）数据库统计，2007 年我国科技人员发表的期刊论文为 7.82 万篇，占世界论文总数的 19.6%，首次超过美国，居世界第一，但令人尴尬的是，与此同时，这些论文的平均引用率却排在世界 100 名以外。事实上，不论高校还是科研单位，都存在以数量作为评价的标准，只看论文发

---

① 张嵋喆，史建生. 培育战略性新兴产业的政策评述 [J]. 经济研究参考，2010，(52)：15 - 19.

② 熊文红. 我国科技人才培养与成长机制的创新 [J]. 科学决策，2006，(1)：45 - 47.

表期刊的级别，只看论文发表的数量，而不管论文本身的实际价值与创新性，人为制造了许多"科研垃圾"。

（2）从专业设置看。教育部门没有真正有效地了解社会人才需求，专业设置不合理，不能根据市场人才需求变化进行及时调整，人才的供给与需求没有形成有效的衔接。我国高校虽然在 1999 年调整了专业设置，但仍以传统专业结构为主，其基本结构往往在七八年内保持不变，在国家产业结构升级的加速期，这种人才供求结构不适应的矛盾越发突出，新兴产业将存在不同程度的人才短缺现象。中国国家人才网 2010 年发布的人才需求数据显示：中国新能源汽车的技术、研发类人才缺口达50 万；在新材料领域，以上海为例，未来五年新材料专业技术人才至少需要 8 万人；节能产业在全国范围内约需要 50 万人，而当前我国专门从事节能工作的从业人员仅 7 万余人；在信息产业领域，我国信息技术人才的总体需求为每年 60 万人，而目前全国高等院校计算机、电子、通信等专业每年培养大学生约15 万人，远远不能满足社会需求①。

（3）从应试教育制度看。以高考制度为主要代表的应试教育，在升学率这一指挥棒下，培养出来许多"考试机器"，忽视了综合素质的培养。尽管近些年来"素质教育"的呼声越来越高，但改革的步伐仍然较慢。另一个应试教育的例子就是奥赛。自国际奥林匹克各科竞赛在我国开展以来，尽管我国获得了不少的奖牌，但一直饱受争议，很多城市"奥赛班"遍地开花，但有人认为奥赛不过是"少数人的游戏"，也不一定能培养出大物理学家、数学家，这其实在一定程度上不利于素质教育推行，片面发展，个性受到压抑，缺乏继续发展的能力。根据跟踪调

---

① 熊斌，葛玉辉. 推动战略性新兴产业发展的科技人力资源开发研究 [J]. 中国人力资源开发，2010，(8)：5 - 8.

查，在奥赛中的佼佼者，未必就有多少创新研究成果；而在高校中，同样存在重理论体系的学习，轻创新性与开拓性方面的教育，重知识的传授，轻质疑精神和创新能力的培养的现象，毕业生就业时仍需通过各种各样的考试来进行筛选，这不得不说是制度"路径依赖"的悲哀。

5.2.2.2 企业人才培训制度难以满足发展的需要

由于前述的人力资本培育的准公共物品性质，企业等微观主体在进行培训时，会存在外部效益，所以为了避免"为他人做嫁衣"结果的出现，企业对员工的培训往往不足，只是从满足自身利益和需求的角度出发进行投资。如企业只注重特殊性培训的支出，培训大多停留在使员工的知识、技能符合当前工作的需要上，而对普遍提高职工素质的一般性培训则缺乏应有的积极性，难以通过员工潜能的发掘和知识的更新为企业创造更大的价值。

我国很多科技企业是从国有企业、机构转型而来，原来的国有企业设立了人事部，后来为迎合企业改革需要而改为人力资源管理部门，但管理内容却没有发生实质的改变，仍然仅从事人事档案管理等日常管理工作，没有将人力资源管理上升到战略的高度，人力资源管理部门功能缺失，尚未成为具有岗位分析、招聘、培训、绩效考核、薪酬安排等一系列功能的战略管理部门，制度随意性较大，没有建立完善的包括选人、育人、用人、留人机制的人力资源管理制度。在此背景下，许多新兴企业缺乏科学、系统的培训体系，培训手段单一，培训方法简单，培训方式落后，企业现有资源难以满足对新兴人才培训的需求。而同时，企业与高校、科研机构联合培养的模式尚未建立，中介服务机构也很不完善，联合培养、培训外包等方式也难以利用，影响了新兴产业企业人才培育的规模、速度与质量。

5.2.2.3 激励制度不健全，无法充分激发各类人才的积极性和创造性

（1）职业生涯发展激励欠缺。当前许多新兴企业的职业发展梯级设计采取双梯阶法，即一个是管理者的生涯道路，一个是专业技术人员的发展道路，这本该是两个平等的层级。但现实中往往是最高层专业技术梯级比管理梯级要低，无法与真正的管理梯阶相对应，从而导致技术研发人员的职业发展通道狭窄，其生涯发展激励作用难以充分发挥。

（2）激励手段单一。根据高毅蓉，林玳玳（2006）的调查，在我国高新技术企业管理人才和技术人才的年收入主要构成项目中，只有3%的人有股票期权，5%的人有股份，许多高新技术企业对于人才资本产权的激励形式有限，主要以短期激励形式的工资和奖金为主，股权、股份、退休金等长期激励的报酬形式所占比重相当低甚至没有，人才资本对企业剩余分享的参与程度很低，人才资本的投入得不到相应的回报①，与绩效挂钩的可变部分比例偏低，薪酬的中长期性激励不足，不利于新兴企业的长远发展。

（3）政府对人才培育、引进的激励政策不足。尽管目前已有许多地区为引进新兴产业发展的高技术人才实施了一系列优惠政策，但整体而言，这些优惠政策的力度还不够大，创新方式不多，机制还不够灵活，对于人才的培育、引进的激励措施还不够全面。

5.2.2.4 缺乏有效的人才流动制度

新兴产业人才社会流动包括四个方面：新兴产业内部不同新兴企业之间的人才流动、新兴产业与其他产业之间的人才流

---

① 高毅蓉，林玳玳. 高新技术产业人才资本产权激励障碍因素的实证分析[J]. 科技管理研究，2006，（2）：110 - 112.

动、区域间流动、国际流动。

一是人才市场的主体不能充分发挥能动作用，国有企业在很大程度上仍受计划体制支配，难以利用人才市场吸收高技术人才，同时，大量在职高技术人才由于受到户口、住房、培训费用的限制，很难进入自己心仪的企业。

二是市场中介组织发展滞后，难以为新兴产业提供人才自由流动的优质服务。人才中介、人才咨询、人才评估等服务功能不健全，比较适合于促进科技人才流动的猎头公司等民间中介组织发展不规范[①]。

三是相关配套制度不完善，阻碍了人才尤其是新兴产业发展所需的各类创新人才的自由、有效流动。如多层次、广覆盖的社会保障体系还处于改革、完善之中，当前仍然存在着企业与机关事业单位缴费标准不统一，失业保险、养老保险、医疗保险覆盖面不一致，行业间及地区间改革力度有差异等诸多问题；户籍制度仍然是限制科技人才在全国范围内合理流动的重要因素，户口与人事档案、保险、社会福利等的一体化关系仍然比较紧密，户籍的"捆绑"功能太多而导致人员流动直接成本较高；政府对科技人才市场的调控机制不健全，调控手段和方式相对落后等。值得一提的是，近年来，不断上涨的房价对人才的挤出效应也开始显现，高房价已成阻碍人才流动的新壁垒，而且这个门槛已被抬得过高，对人才自由流动的限制作用被过度放大，城市保障性住房制度等亟待完善。

---

① 黄燕芬，顾严，杨宜勇. "十一五"我国高技术产业人才的透视、预测及发展机制 [J]. 江海学刊，2005（4）：73-78.

5.2.3 我国人力资本制度的创新思路

5.2.3.1 深化教育改革，提倡素质教育，培养创新人才

将新兴产业人才资源的开发纳入整个国民经济发展规划，制定适应新兴产业发展的人才战略和规划，使科技人才资源的开发使用与国民经济的发展紧密结合。

目前，我国新兴技术人才的培养主要是靠高等教育，因此，今后我国政府仍要继续加大教育投入，特别是高等教育投入，大力推进高等教育的市场化、产业化改革①。在人才选拔上，国家教育主管部门应积极推动高等院校实行招生自主考试，注重对学生创新潜质的考察，选拔真正具有潜质的人才。

当前，在技术分工与分化不断深入的同时，科学研究和技术发展也呈现出不断融合的趋势，学科之间的边界不再泾渭分明，许多新兴的科学生长点正是在学科交叉的界面上产生的。这对于人才的知识结构提出了新的要求。在学科设置上，要以科技发展的新趋势、新特点为导向，加强管理学、经济学、工学等学科间的相互渗透、交叉、融合，不断调整学科和专业结构，建立与人才需求结构相适应的学科、专业设置，适应技术变迁所带来的变化，使人才能够更好地为科技发展服务②。

在培养目标上，要注重人才的创造性思维和创造性能力的培育，以能力建设为核心开展人才培养，创新人才培养模式，鼓励学生参加社会实践活动和科学实践活动，以提高他们观察社会、认识社会的能力，增强社会责任意识。逐步扩大学生对

---

① 赵美兰，周定. 论我国高技术产业人力资源的开发与管理 [J]. 职业时空，2005（24）：46-48.

② 陈海秋，韩霞，杨健安. 我国科技人才培养及管理机制创新研究 [J]. 中国高校科技与产业化，2009（4）：72-73.

学科和课程的选择自由，使所愿与所学相一致。要改变灌输式的教学方法，引导学生去发现问题和解决问题，做到培养发散思维和培养聚合思维相结合，发展直觉思维和培养逻辑思维相结合，培养想象能力与鼓励创新实践相结合，更好提高学生的创新精神和创新能力。

5.2.3.2 建立产、学、研联合培养制度，加快公共实训基地建设

建立产学研联合培养制度。充分利用社会资源，调动社会力量，发挥新兴产业企业、高校和科研机构的积极性与主动性，推进产、学、研之间人员的交流与合作，探索产、学、研人才培养的一体化模式。鼓励高等院校与企业联合加强重点领域学科与专业的建设，聘请行业主管部门和企业共同参与人才培养目标设定、课程设置、教学质量评估等教学管理过程；鼓励新兴中小企业与大学、职业院校建立"订单式"培养机制，企业为学生提供实习、实训和实习指导，鼓励各类院校毕业生到企业工作，积极参与企业创新活动。

加快公共实训基地建设。公共实训基地是提高职业培训和技能人才培养的有效手段，是加快高技能人才队伍建设的创新举措。以政府投入为主，从高技能人才专项工作经费、城市教育费附加、企业职工教育统筹经费以及国家职业教育基础设施建设专项经费等资金中筹措公共实训基地建设资金，鼓励社会或个人依法捐赠，对公共实训基地建设提供资金、实物或其他支持；公共实训基地的技能实训项目以企业和培训机构无力开展的高新技能实训项目为主，重点突出"高（高端职业和技能）、新（新兴职业和技能）、长（长周期技能开发）、前（前瞻性技能开发）"；公共实训基地要面向本地区各类职业院校、社会培训机构和企业开放，突出公共性、公益性和示范性特点；公共实训基地通过为企业提供服务，获得企业的资金支持、设

施设备支持等，由实训基地在一定期限内免费为企业提供实训服务。

5.2.3.3 建立以产权激励为核心的多元化的激励机制

要想吸引、留住人才，关键在于建立一套有效的激励机制。与传统企业相比，新兴企业人力资本群体的一个突出特点是以追求自主性、个性化、多样化和创新精神的知识型员工为主。人力资本一般需要三种激励：产权激励、地位激励和文化激励。人力资本作为资本的收益就不应该是工资（劳动报酬），而应以产权激励作为主要激励手段。

（1）建立和完善产权激励机制

所谓产权激励机制是通过股权、期权的配置，使员工在工资福利之外，还能分享企业未来的一部分剩余收益及衍生利益。产权激励主要包括股票期权制度、员工持股计划以及剩余利润分享权等方式。由于人力资本的产权激励机制从制度供给的角度看归属于人力资本产权制度，而人力资本产权制度又是企业产权制度中非常重要的内容，因此，有关人力资本产权激励的内容将在第六章再行重点论述。

（2）合理制定员工职业生涯规划，充分发挥"地位激励"的作用

制定鼓励科技人员不断提升的通道，避免过多的科技人才跻身管理岗位。要参照相应行政职务，落实各个层次优秀科技人才的待遇，提高他们的地位。对核心科技人才、学科带头人、技术骨干要委以重任，给予更多的尝试和创新的机会①。

在员工发展通道方面，微软为激励技术人员建立的双轨晋升机制为我们提供了非常有益的启示。微软不仅设置了管理职

---

① 齐善鸿，周桂荣. 我国科技人才流动的特征与机制选择 [J]. 天津商业大学学报，2008（6）：55-59.

位，也为技术部门员工设立了技术升迁途径，通对技术人员成绩和贡献的认定，给予相当于管理者的报酬，除了部门内部升迁，为每个专业设立技术级别来平衡不同职能部门之间的差别，这些级别既反映员工的表现和基本技能，也反映经验阅历，相应的在整个公司建立与之相匹配的工资方案。这样就为技术人才开辟了另一条上升通道，在不增加管理岗位的情况下实现了对员工的有效激励①。

（3）利用"文化激励"良好导向功能

新兴企业应该塑造尊重科学、尊重知识、尊重人才的文化环境，努力形成以知识分子为主导的、信奉科学的文化氛围，关注知识型人才的特殊文化需求，突出知识群体的地位和作用，增强知识群体对企业整体素质的引导力。摒弃"官本位"思想，优先做好专业技术人才的管理与开发。在中兴通讯的实践看来，解决人才激励问题，优秀的企业文化可以也应该成为员工待遇的一部分。他们认为，企业社会美誉度是员工得到的文化待遇、企业的经营管理经验和技术积累是宝贵的个人竞争资本，知识文化学习是员工的一种隐性收入，中兴通讯通过文化激励保持了人力资源较高的创新积极性，其员工素质在业界也具有良好的口碑。

5.2.3.4　建立开放性的人才流动机制

（1）加强新兴产业人才市场的硬件建设。新兴产业人才市场硬件建设的侧重点并非传统产业的有形人才市场或劳动力市场，而是数字化、网络化的人才信息系统。新兴产业人才信息系统应包括以下几方面的信息：一是用人单位提供的招聘职位、岗位要求、考核选拔过程、薪酬福利待遇等；二是求职人才工

---

① 朱伟民.组织扁平化与管理变革［J］.江苏商论，2009（2）：108 - 109.

作意向、职业诉求、个人信息、薪酬期望等；三是相关人才和职位的供求状况以及其他参考指标；四是相关的政府网站、行业协会网站、公共社会服务网站的链接①，通过硬件设施的建设，实现信息公开与共享。新兴技术人才硬件市场建设还可以适当发展猎头公司，依靠专业的人才咨询企业来服务高层次的高技术人才。

（2）加强新兴产业人才市场的软环境建设。软环境包括法律环境、配套制度的改革等。例如进一步完善保护知识产权的法律法规，规范政府管理和调控人才市场的法律法规，进一步完善关于中介组织行为的法律法规、规范高技术人才中介市场的秩序。完善与人才流动相关的配套制度，建立覆盖全社会保障体系，建立和完善人才福利制度、户籍和档案制度等，促进人才的合理流动。

（3）建立人才柔性流动机制。打破科研机构、高校创新人才与企业人才流动的界限，"不求所有，但求所用"。通过科技咨询、兼职、顾问聘任等方式，吸引高等院校和科研单位的专家学者参与新兴产业发展战略研究、经营管理设计、项目开发和技术攻关等。鼓励企业家、工程师到高校兼职教学，到科研机构挂职，或就某个项目和科学问题，联合成立研发攻关小组。政府也应为这种人才的流动建立健全相应政策，鼓励和倡导各种模式的人才流动。

（4）建立人才国际流动机制。立足全球，面向未来，制定开放式新兴产业人才开发战略，"引进来，走出去"，抓住危机之后人才流动加剧的契机，采取团队引进、核心人才带动引进、新兴技术项目并发引进等多种方式招纳海外高层次人才，妥善

---

① 赵美兰，周定. 论我国高技术产业人力资源的开发与管理 [J]. 职业时空，2005（24）：46-48.

解决引进人才在居留和出入境、落户、医疗、保险、住房、子女入学等方面的困难和问题，解除他们工作、生活的后顾之忧。更为重要的是要充分发挥其专业和特长，给予其更多的发展机遇和更大的发展空间，为他们提供干事创业的舞台，努力做到待遇招人、事业留人、情谊感人、服务到人，使他们能够全力以赴地进行创新创业活动。另一方面，充分利用境外的高等教育资源，选拔具有相关专业理论基础、具有创新精神和发展潜力的国内管理与技术研发人才到新兴产业发展较好的国家进行高层次培训，尽快与国际先进水平接轨。

5.3 新兴产业发展的科技制度创新

技术进步是新兴产业形成的源头与发展的核心要素之一，技术进步成效、技术产业化水平等，均取决于是否有一个高效的科技制度。

5.3.1 科技制度的内涵

在英文中，并没有"Science and Technology Institution"（科技制度）一词，也就是说这个词语还没有确切的含义。实际上，国外学术界很少对"科技制度"进行研究，科技制度仅在公共政策（Public Policy）与公共管理（Public Management）等学科领域中被讨论。真正对科技制度进行广泛深入研究的是中国学者，这是一个很有中国特色的命题。但大多数研究者有一个共性的问题，就是在对科技制度的基本概念上是模糊的，甚至是有歧义的，这也就影响了研究者对科技制度作用的深入理解①。

---

① 钱斌. 科技体制的概念分析 [J]. 科技经济市场，2009（8）：75—76.

在我国，对科技制度的研究大多是对科技体制的描述与研究，但其实机制仅为制度的一种。其他有关科技制度的概念在此不再予细述，本书中的科技制度是指为促进科学技术的研究、开发以及科技成果的产业化，一个国家在一定时期内，对科技活动的组织方式、管理体制、运行机制等一系列组织安排与规则。那么新兴产业发展的科技制度则是指为促进新兴技术的研发及其产业化而形成的一系列机制、规则的总称，一般来说，它包括以下几个方面的内容：有关促进新兴技术研发与创新的制度，有关新兴技术成果扩散、产业化和商品化的制度，有关知识产权保护的制度等[①]。

5.3.2　我国科技制度的障碍分析

自提出培育新兴产业以来，刘延东、李毅中等国家、部委领导人在不同场合提出了支持新兴产业发展的产业技术方面的工作要求。而早在之前的"十五"和"十一五"期间，国家各部委分别或联合制定了一系列支持新兴产业技术进步的政策措施和制度安排，加快了以企业为主体的创新体系的建设，有力推动了一批高技术研发成果实现产业化，在新能源、新材料、信息、生物等方面取得了显著成就。但是，我国许多新兴行业没有掌握核心技术，而与此同时，许多技术却束之高阁，产业化率非常低下等。这些其实只是表象，其内在的原因是缺乏有效的科技制度。缺乏科技投入的长期增长机制，科技与经济脱节问题没有得到根本解决，企业的创新主体地位尚未确立，"机构重叠、多头交叉"的科技管理体制以及行政为主导的科技运行机制等，才是导致这些问题的根本原因。

---

① 白永秀. 我国高新技术产业发展的制度创新研究 [D]. 西北大学，2002：108—110.

5.3.2.1 缺乏科技投入的长期增长机制

近几年，我国高技术产业企业研发经费投入占高技术产业增加值的比重基本维持在 5% 左右，明显高于全国制造业的平均水平，但与发达国家相比，我国的高技术产业企业研发投入不足其 1/5，甚至还低于一些发达国家制造业的平均投入水平。没有较高的科技投入，就不可能创造出具有高技术水平的科研成果，更无法实现高技术产业的快速技术更新与升级，始终处在高技术产业国际分工的中下游水平。

表 5 高技术产业 R&D 经费占工业总产值比例的国际比较

单位:%

行业 国家	高技术产业	飞机和航天器制造业	医药制造业	办公和计算机制造业	广播、电视及通信设备制造业	医疗、精密仪器和光学器具制造业
美国（2006）	16.41	11.51	21.63	11.07	15.62	18.67
日本（2006）	10.64	4.20	15.04	26.06	5.43	14.59
德国（2006）	8.34	10.37	10.42	4.09	8.87	6.63
韩国（2006）	5.98	9.66	2.48	3.41	6.80	2.53
中国（2007）	1.40	4.60	1.70	0.50	1.70	2.30

数据来源：中国的数据按大中型工业企业计算，国外数据来自经济合作与发展组织《结构分析数据库 2009》、《企业研发分析数据库 2009》。

世界公认的创新型国家一个显著的特征是研发投入占 GDP 的比例一般在 2% 以上，我国最高也仅为 1.47%，远低于创新型国家。我国高技术产业 2007 年 R&D 经费占工业总产值比例也仅为 1.4%，远低于美、日、德、韩 2006 年的水平。

5.3.2.2 科研与经济"两张皮"现象严重

我国对计划经济时代的科技体制进行改革，近年来就有 1000 多家科研机构进行了企业化、市场化改革，在一定程度上改变了科研与产业分离的局面。但研发与市场脱节的矛盾并未完全得到解决。根据有关部门调研，我国高科技成果的商品转化率为25%，产业转化率为7%，远远落后于欧美发达国家以及韩国、日本等新兴工业化国家。国家"863"计划已经通过鉴定的科技成果中，得到应用的仅占38.2%，真正形成产品的只有10%，有较大经济效益的只有2.5%，近90%的科研项目都没有转化成生产力。

这其中的原因之一是我国原来的科技发展模式是"科学推动"，是先有科研院所的技术，再找企业生产，然后再找市场。我国一直把大学、科研院所作为国家创新体系的核心，而科技人员的评价标准以研究和发表论文为导向，并非以市场和专利为导向，还未从"研究—市场"的计划模式转向"市场—研究"的市场模式①。这一模式存在诸多问题：技术能否转化为产品？技术能否为企业采用？企业是否愿意用？采用之后生产的产品是否有市场？大学、研究机构和企业之间联系匮乏，知识生产者和潜在使用者之间"人为"隔离，好像是"群岛"或大量"创新岛"，彼此之间仅有有限的沟通和协同②。在科研院所与企业导向错位的情况下很容易导致科技与市场的错位。

其次是中间环节缺乏。高校和科研院所是创新的主要力量之一，但他们的考核目标不同，比如中科院的定位是知识创新，重点是基础研究，即便是研究一些应用技术，也并不是直接做产品。通常高校和院所的研究目标还到不了产品的程度；而多数企业又还没有能力直接承接院所的成果并将其转化为产品，中间环节缺失的现象严重。为提高新兴产业的技术研发水平，我国建立了国家工程实验室、国家工程技术研究中心、国家重

---

① 黄涛. 中国科技体制面临六大突出问题［J］. 科技导报，2010（28）：118－119.

② OECD. Reviews of innovation policy：China［M］. OECD Publishing，2008：47.

点实验室等，试图弥补中间环节的不足。但目前，有些实验室还是依托学校、研究所，为企业服务的理念不强，实验室基本上还是为自己的定位服务，没有达到面向行业的创新体系的目的①。

5.3.2.3 企业的创新主体地位尚未确立

企业具有把选择适合市场的科技成果转化为产品的先天优势，有着直接面对市场并了解市场需求的灵敏机制。所以，创新型国家和新兴工业化国家都把增强企业创新能力作为提升国家竞争力的重要措施，其科技体系都是以企业为主导的。一般来说，创新型国家的企业技术研发投入占销售收入的比例在 3% 以上，高技术产业、新兴产业企业占 10% 以上②，而且国家科技投入大约有 30% 是用于企业的。

我国企业长期以来是在计划经济体制下生存，研发力量十分薄弱，自主创新能力不强，很难在短时间里承担起技术创新主体的重任。尽管出现了像华为、联想、中兴等一批具有创新意识和能力的企业，但普遍而言，缺乏自主知识产权，关键技术、核心技术受制于人的局面仍没有实质性改变，在国际竞争中备受遏制，先导性战略高技术领域科技力量薄弱，重要产业对外技术依赖程度仍然较高。

一方面，许多新兴产业企业以贸易起家（例如中关村的许多所谓的高技术企业），技术创新基础比较薄弱，难以获得技术创新所需的人才、科研条件等，缺乏独立承担科研项目和研发的实力；我国市场经济体系不够完善，外部市场的竞争压力不

---

① 中国新闻网. 中国科技体制困局：科研生产"两张皮"现象严重 [EB/OL]. http://www.chinanews.com/gn/news/2010/06-12/2340246.shtml

② 赵凌云. 创新型国家的形成规律及其对中国的启示 [J]. 学习月刊，2006 (3): 9-10.

够以及企业技术创新的动力不足，企业的创新意识和竞争意识不强，自主创新还没有成为企业寻求发展的第一选择，"政策寻租"的空间仍然较大，依靠政策或其他要素获得超常规发展的机遇要比依靠创新更容易。

另一方面，国家科技投入用于企业的比例比较低，我国科技投入 90% 以上用于科研单位和大专院校，仅有 10% 左右投向企业，远不及创新型国家对企业科技投入 30% 的比例①，经过国家鉴定的具有技术中心的企业目前仅有 500 多家，比例非常低，科技投入向企业的政策倾斜力度仍不够大。

5.3.2.4 "机构重叠、多头交叉"的科技管理体制

我国科技宏观管理职能由发改委、科技部、教育部、国防科工委等多个部门来履行，在如何界定各部门和单位的职能边界上，在如何避免科技资源分散重复的问题上，在如何解决政出多门的问题上，尚未建立行之有效的工作机制，部门利益导向仍然深刻地影响着科技管理格局。政府科研经费由多个部门发放，各部门、行业和地区条块分割、多头管理、职能交叉、政出多门，技术、科研创新资源条块分割，投入相互交叉导致重复建设和资源浪费现象较多，而某些领域却缺乏有效支持，难以实现科技资源的优化配置。对中科院院士、科研单位的负责人和普通科研人员的一项调查结果显示，50% 以上的人认为国家部委多头管理、部门分割是科技管理机制存在的主要问题。例如三网融合就涉及工信部、发改委、广电总局、国资委等多个部委，增加了相互协调、配合的难度，一定程度上也削弱了

---

① 蒋正华. 提高自主创新能力 改变经济增长方式 [J]. 中国高校科技与产业化，2007（8）：

相关扶持政策的落实力度①。

高技术研究具有复杂性和综合性，往往需要多部门、多学科合作。我国科研机构条块分割，在一个城市，既有中科院的科研所、国务院各部门的科研所，又有省属、市属及市内各系统的科研所②，条块分割的封闭式科研体系，导致创新力量分散，难以形成合力，不仅不利于高技术的研究和开发，不利于新兴产业创新能力的提升，有时甚至成为创新的一种阻力。

上述这些机构之间往往缺乏有效的沟通、协调，缺乏一个统领全局的协调管理机构，一旦涉及多学科、多领域以及综合性的重大科技问题，就很难全面快速作出比较统一、科学的决策。以 2003 年的 SARS 研究为例，中国科学院基因组研究所所张杨焕明就坦承，"在 SARS 面前，我们中国科学家整体打了败仗"。究其原因，尽管我国拥有众多的 SARS 病毒样本，但各个科研单位分属不同部门，彼此之间缺乏有效沟通、协调，从而各个科研单位的样本并不多，研究因此受限。曾有报道中国农业大学的一位教授为找到 SARS 病毒的阳性样本，几次去高校系统之外的单位均遭拒绝，最后只能向国外研究机构求助③。

5.3.2.5 "行政主导"的科技运行机制

我国科技制度是沿袭政府自上而下"行政"驱动模式，从科研计划和项目立项、检查研究进度及经费监管，到科技成果

---

① 刘志阳，施祖留．我国战略新兴产业自主创新问题与对策研究 [J]．福建论坛：人文社会科学版，2010 (8)：10-16.

② 伍湘．科技制度创新与高技术产业化 [J]．企业技术开发，2002 (6)：30-32.

③ 毛寿龙．SARS 危机提醒科技体制改革 [EB/OL]．人民网：http://www.people.com.cn/GB/guandian/27/20030604/1008271.html.

评审鉴定等，均存在比较严重的行政干预现象①。"权力寻租"现象驱使研究者不专注于科技研究和探索，而是将更多精力和资源消耗在科技之外的"政治运作"上，扼杀了创新型人才，阻碍了创新成果的出现。

在科技项目立项中，行政力量的作用还比较大，各级行政管理人员有实质性的决定权。在申报过财政支持项目的科研活动人员中，41.8%认为申报过程中"拉关系、走后门严重"，38.4%认为"审批程序不透明"，12.3%认为"招标信息不公开"，有强烈的改进要求②。

经费管理方面，对项目经费评估、执行和经费使用监管不力，经费分配过程和结果不透明，经费监管体制不健全、制度不完善，甚至产生了一批靠拉关系、走后门申请课题致富的专业户，助长了腐败在科技界的泛滥，助长了"行业潜规则"的盛行。

在评审制度方面，科技评价体系不完善，制度不健全，方法不规范，存在重量轻质、论文至上的科研评价体制和"学而优则仕"的社会价值标准。科技成果评价方法简单，指标设计不合理，专家评议制和信誉制度不够完善，在一些评价活动中存在重人情关系、本位主义现象，影响了评价工作的客观性和公正性，其结果导致科技评价重形式、走过场③。

---

① Rao Yi, Lu Bai, Tsou Chenlu. A fundamental transition from rule - by - man to rule - by - merit—what will be the legacy of the mid - to - long term plan of science and technology? [J]. Nature, 2004, 432（Suppl）：A12 - A17.

② 中国科学技术协会调研宣传部.2008 年科技工作者状况调查 [J]. 科技导报, 2009 (13)：19 - 26.

③ 宋海龙. 中国科技体制改革三十年回顾与展望 [J]. 中共郑州市委党校学报, 2008 (4)：12 - 14.

5.3.3 创新科技制度，构建完整的创新体系

胡锦涛总书记在 2008 年两院院士大会的讲话中明确指出，"建设创新型国家，加快转变经济发展方式，赢得发展先机和主动权，最根本的是要靠科技的力量，最关键的是要大幅提高自主创新能力。"温家宝总理在 2009 年首都科技界大会上的讲话中也强调，"我们全部科技政策的着眼点，就是要让创新火花竞相迸发、创新思想不断涌流、创新成果有效转化。"建立适应社会主义市场经济体制和科技自身发展的新型科技体制，仍然是当前我国科技工作的首要任务。

5.3.4.1 引导和鼓励新兴企业成为技术创新主体

其一，鼓励新兴企业建立研发机构，加大研发投入力度。对于尚未设立研发机构的企业，通过财政补贴、金融支持等手段，支持其尽快建立研发机构；对于已经设立研发机构的企业，通过政府采购、激励性的税制、科技计划等多种政策措施，引导和鼓励新兴企业增加研究开发投入，提高自主创新能力。

其二，加强新兴产业企业技术中心建设。在国家企业技术中心管理办法中，对于高新技术企业从认定条件到政策支持要更多地给予倾斜，鼓励有条件的中小企业建立企业技术中心，或与大学、科研机构联合建立研发机构，加大技术创新力度，提高自主创新能力。确保新兴产业每个行业均成立国家企业技术中心，并建立各级地方政府的企业技术中心，鼓励国家、省市认定企业技术中心向中小企业开放，提供技术支持服务，促进各行业关键技术和共性技术的研发与应用。

其三，确立企业在国家科技项目中的主体地位。国家科技计划、各项科技课题要更多反映和满足企业的科技需求，在国家重大高新技术项目和重点开发项目中，更多地吸纳相关企业承担研发任务，建立以骨干企业牵头组织、高等院校和科研院

所协同参与的有效合作机制，以此提高企业的研发水平和项目的产业化程度，推动科技资源向新兴企业的集聚。

其四，培育技术中介服务机构，发挥知识密集型服务业的支撑作用。大力发展研发服务、信息服务、创业服务、技术交易、知识产权和科技成果转化等高技术服务业，着力培育服务新业态；鼓励技术中介服务机构、行业协会和技术服务企业为新兴企业提供信息、设计、研发、共性技术转移、技术人才培养等服务，促进科研成果尤其是拥有自主知识产权科研成果的商品化、产业化。加强技术服务机构在科研机构与企业之间的联系作用，避免研发与产业化之间的中间环节的断层现象，切实提高企业创新能力。研究制定支持技术中介服务机构发展的扶持政策，加大对技术中介服务机构的支持力度，对单位和个人从事技术转让、技术开发业务和与之相关的技术咨询、技术服务业务取得的收入给予税收优惠政策。

5.3.4.2 深化产学研合作制度，构建产业技术创新战略联盟

单个企业的研发力量比较分散，往往只能专注于某一领域。由于新兴产业技术具有复杂性和高风险性等特征，需要企业间联动，企业与高校和科研院所之间建立一种更为深入的研发联盟。产业技术创新战略联盟就是一种更为深入的产学研合作制度的创新，可以避免传统"产学研结合"的组织形式松散、行为短期化、形式化等缺陷，也可以有效克服我国新兴企业技术力量薄弱、科技创新资源分散、创新成果产业化程度不高等弊端，有利于新兴技术的研发与应用。

产业技术创新战略联盟是以增强产业技术创新能力为主要目的，以企业发展需求及各合作方共同利益为导向，以具有法律约束力的契约为保障，由企业、大学、科研机构或其他组织机构所组成的联合开发、优势互补、利益共享、风险共担的产

学研合作新组织①。产业技术创新战略联盟一般具有主体企业化、目标产业化和合作自由化等特征。

联盟的主要任务是组织企业、大学和科研机构等围绕新兴产业技术创新的关键问题,开展技术合作,突破新兴产业发展的核心技术,形成产业技术标准;建立公共技术平台,实现创新资源的有效分工与合理衔接,实行知识产权共享;实施技术转移,加速科技成果的商业化运用,提升新兴产业整体竞争力;联合培养人才,加强人员的交流互动,支撑国家核心竞争力的有效提升。

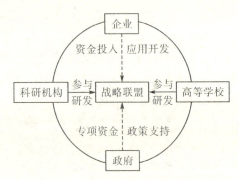

图 5-6 产业技术创新战略联盟示意图

资料来源:根据胡争光,南剑飞(2011)整理

联盟的构建要重视市场机制作用的发挥,联盟各方均应出自于自愿合作的前提,而非政府的"拉郎配",政府在其中起到"牵针引线"的作用,而非包办婚姻的"婆婆",这样的合作才能持久,并克服短视行为,保证联盟的有效执行。联盟还应该是一个开放的组织,随着市场的变化、环境的变化以及技术进

---

① 科技部.关于推动产业技术创新战略联盟构建与发展的实施办法(试行)[Z].国科发政[2009]648号.

展程度的变化，联盟的机构也应进行动态的调整与优化。另外，还需保障联盟构建的多样性，企业和高校、科研院所都可以在不同领域与其他单位构建多个不同的联盟①。

　　企业是产业技术创新战略联盟中的主体，是各种创新资源的主要投入者和创新成果的应用者与推广者；高校和科研院所则是技术研发活动的主要参与者；政府提供专项资金投入以及政策支持，是联盟的引导者和推动者②。

　　联盟虽然以企业为主体，但企业有其局限性，他们很难协调产业、高校、科研院所，无法科学把握产业前瞻性、先导性、长远性发展规划和趋势，这项工作需要依托政府部门来引导和调控③。政府对联盟的引导与支持包括：探索总结联盟运行的体制机制和模式，探索支持联盟构建和发展的有效措施，营造有利于联盟发展的政策环境；将国家科技计划与联盟的科技需求相结合，国家科技计划积极探索无偿资助、贷款贴息、后补助等方式支持联盟的发展；支持有条件的联盟针对学科发展前沿和国民经济、社会发展及国家安全的重大科技问题，开展科技创新研究；支持联盟开展国际科技合作，组织联盟成员单位承担国际科技合作计划项目；鼓励银行、创业投资机构参与联盟，向联盟企业提供多样化的融资支持和金融服务。

　　5.3.4.3　注重顶层设计，创新科技管理体制与运行机制，优化科技资源配置

　　中共中央"十二五"规划建议在强调全面推进各个领域的

　　①　向杰. 产业技术创新战略联盟已遍地开花 [N]. 科技日报，2010 - 06 - 07，9

　　②　胡争光，南剑飞. 产业技术创新战略联盟战略问题研究 [J]. 科技进步与对策，2011 (2)：74 - 77.

　　③　邬备民，李政. 产业技术创新战略联盟运行机制及策略研究 [J]. 中国高校科技与产业化，2010 (1)：24 - 25.

改革时，提出要"更加重视改革顶层设计和总体规划"的理念。重视改革的"顶层设计"，就是要求加强对改革的统筹力度，简言之，就是要求全面设计，为有序改革提供可供遵循的"序"。我国的科技体制改革层次上存在的问题是"重微观，轻宏观"，即重视微观科研机构的体制改革，而宏观的科技管理体系、国家科技计划以及相关的配套改革等宏观问题一直没有进行根本的变革，因此，应注重科技制度的顶层设计。科技制度的顶层设计主要包括科技管理体制、科技运行机制等方面的内容。针对前述我国科技制度在管理体制、运行机制等方面存在的问题，建议进行如下制度创新：

（1）建立统一协调的科技管理体制，由"交叉管理"向"协调管理"转变

尽管我国从1999年就开始推进科研机构尤其是基层科研院所的改制，将应用型科研机构转化为企业，在一定程度上缓解了科研与经济发展脱节的现象，取得了一定成效。但科研体制的改革，并非仅将科研机构简单企业化。当代创新的特点使得单一企业所拥有的资源已无法满足创新的要求，创新的跨领域特征使得技术合作、技术联盟以及虚拟组织相继出现，协作型、网络型创新成为创新的主流模式，创新的复杂性是单个企业无法胜任的[①]。由于重微观、轻宏观的改革层次，我国多部委多头管理科研院所的体制型弊病一直未能消除，分工不明、协作不畅等问题突出。

在这一方面，韩国的经验可借鉴，韩国在全球创新记分牌综合排名跻身前10名，其科技体制改革功不可没。针对其条块分割、分散的科技管理体系，采取了集中型研发体制，按不同

---

① 曹艳. 创新型国家建设过程中政府的制度供给与维度 [J]. 经济问题探索，2007 (2)：12-15.

领域分别组成"基础研究会"、"产业技术研究会"、"公共技术研究会",并将其置于国家科委的管辖之下,极大程度地提高了研发效率,原创性研发比重不断增加①。

我国在继续进行科研院所企业化的同时,应该根据新兴产业技术经济特征和产业组织特点,分类重组科研机构。建议成立一个独立的科技协调委员会,统筹全国科技管理工作,明确发改委、科技部、国防科工委等各部委在科技体系中的职能分工,改革各科技管理部门自身管理职能与方式,并建立各部委之间的协调机制。同时建立相关部门参加的国家联席会议制度、部际联席会议制度和省部会商制度,更好地协调跨部门、地区、军民之间的整体科技合作,加强科技资源的统筹和整合,切实提高整合科技资源、组织重大科技活动的能力,形成科技工作联合、协作和集成的局面,变科技部门"交叉管理"体制为"协调管理"体制。同时,可以尝试构建全国性的科学研究及知识转移框架,为科研机构、大学、企业之间建立一个交流平台,促进全国性的跨学科科技交流与合作②。

（2）建立"政科分离"的科技运行机制,实现由"人治"到"法治"的转变

科技的管理运行要实现从"人治"到"法治",就应建立和完善相关制度,以制度化来约束和规范机制的运行。通过建立健全国家科技决策咨询机制、国家科技宏观协调机制,改革科技评审与评估制度、科技成果评价与奖励制度,一定程度上

---

① 庞云凤. 国内外科技体制改革浅析及其对中国的启示［J］. 广东科技, 2008（6）: 10-12.

② 韩霞. 加快推进我国科技体制创新的对策研究［J］. 中国行政管理, 2008（2）: 69-71.

实现"政科分离"①，将行政权力从科研立项、经费审批和成果评价中剥离出来。

建立健全国家科技决策咨询机制，成立由政府、科技界、企业界及其他相关领域的战略专家组成的国家科技技术咨询委员会，为国家提供科技发展战略和科技政策方面的决策咨询②。在科技咨询委员会下，可视情况设立若干由各部门专家组成的专业委员会，负责具体专业事务。

建立健全国家科技宏观协调机制，对科技预算实行宏观调控和协调管理，按照国家科技发展战略规划以及经济社会发展的实际，统筹各个部门科技预算，对科技投入的方向和具体领域实行总体规划和调控。在科技项目立项上，结合国家科技计划、知识创新工程和自然科学基金等的实施，集中力量突破一批支撑新兴产业发展的关键共性技术，在生物、信息、新能源、新材料、空天、海洋等基础性、前沿性技术领域超前部署，为新兴技术进步和科技创新提供有效保障。

改革科技评价制度。首先，改变政府直接参与科技评估的模式，可以借鉴美国"管评分开"的经验，项目的立项、经费的分配可以让政府部门来负责，而评审、验收则应建立一个不受部门操控的专家团体，独立进行。其次，改革科技项目评价体系，要根据科学研究的发展规律以及科技活动的自身特点，实行科技项目分类评价，完善科研评价制度和指标体系。如对基础研究，要以科学意义和学术价值为评价重点，避免过去单纯以论文数量为导向评价，强调论文的水平、引用率以及对学科发展的影响；对

① 黄涛. 中国科技体制面临六大突出问题 [J]. 科技导报，2010 (28)：118 - 119.

② 龙云凤. 国内外科技体制改革浅析及其对中国的启示 [J]. 广东科技，2008 (6)：10 - 12.

于应用研究，要以市场竞争力作为评价的最终标准，而不以技术指标来衡量；对于公益性科研活动，要以满足公众需求和产生的社会效益作为评价重点。最后，要优化科技人才评价制度，改变过去评价过于机械、过分追求短期效益的做法。

6 新兴产业发展的企业制度创新

　　人类社会先后经历的几次产业革命，每一次都是由技术革命所引发，继而又导致企业制度发生质的变化。18世纪60年代，人类第一次使用蒸汽机代替了人力生产，使得企业组织摆脱了过去那种单一作坊式的生产单元，工厂制得以盛行。19世纪50年代铁路运输技术迅速提高，产生了企业管理史上最初的管理级制，并使得所有权和管理权得以分开。19世纪70年代，由于磁、电的发现，电力技术得以应用，通信系统、电气牵引、铁路等运输形式一起提高了产品、用户和信息流量与速度，这又大大促进了协调上下各管理阶层的专职专薪经理人员的产生，促进了现代工商企业的形成。20世纪80年代，以微电子、计算机、通信及人工智能等信息技术为先导的产业革命，从根本上改变了人类生活的常规，改变了社会运作的方式，改变了企业组织的经营环境和经营战略目标，这必然要求社会资源得以重新配置，对企业制度进行全面的创新。

　　20世纪中后期，以新能源、新材料、生物医药等技术为代表的新兴技术正孕育着新的产业革命，尤其是本次国际金融危机之后，企业生存和发展的外部环境发生了重要变化，而新兴产业本身亦有着其独特的发展特征与规律，相应的需要对企业制度进行创新以满足内外环境的变化，为新兴企业的发展提供更好的组织保障和产权制度环境。

6.1　企业制度及其演化

6.1.1　新兴企业的主要特征

新兴企业与传统企业相比，具有人才密集度高、研发投入强度大等方面的特征，了解这些特征，有利于企业制度做出相应有效安排。

研发投入强度大。一个有生命力的新兴产业需代表当前最先进的技术，那么这个行业中的企业也就只有进行高强度的研发才能立足于该行业。企业作为技术研究与开发的主体，谁掌握了核心技术，谁就能占据产业链高端，从而在竞争中占据有利地位。因此，企业制度设计需要考虑的第一因素就是看是否有利于技术研发。

人才密集度高。与传统企业的人力资源相比，新兴企业的人力资本属于更加追求自主性、创造性的知识型人才，包括风险企业家与经营管理者、技术专业人员和技术创新人员等，由于产业和企业发展极高的不确定性与风险性，这一群体决不能循规蹈矩，需要进行快速高效的管理与决策。因此，企业制度设计需要考虑的第二因素就是看是否有利于调动知识型员工的创新积极性。

资产方面的特征。以知识、专利等形成的无形资产在企业的资产中占据较大比例，从而对这些资产的管理就成为管理的重心，资产管理重心的变化使得企业产权制度的重要性益发凸显。

核心能力主要表现为技术创新。从知识存量与流量角度看，新兴企业通过个人学习和组织学习来实现知识（技术）的静态积累（知识储备和维持）和动态积累（知识创新），进而支撑技术能力的不断提高，建立企业的长期竞争优势。

商业模式不成熟。对于新型企业而言，由于还处于初创期，可以借鉴的成功商业模式相对较少，整个行业还处于商业模式的探索期，盈利模式不确定，带来企业边界及其组织方式的不确定。

6.1.2　企业制度的内涵及其演化

企业制度是一个内涵丰富、外延广泛的概念，这不仅是因为不同学者基于不同视角存在着不同的理解，而且在不同的历史、体制、法律背景下，各国的企业制度在具体制度安排方面也千差万别。一般认为，企业制度有狭义与广义之分。狭义的企业制度仅指企业剩余控制权与企业剩余索取权的制度安排，包括谁是企业所有权主体、企业所有权主体所占有的企业剩余是什么及分配企业所有权的原则和机构。广义的企业制度是指在一定的历史条件下所形成的关于企业组织、运营、管理等一系列企业经济关系和行为的规范与模式的总和，是企业全体员工在企业生产经营活动中须共同遵守的规定、规程和行动准则。

广义的企业制度包括企业产权制度、法人治理制度、组织制度、管理制度（含企业文化制度）等方面的内容。新兴企业技术研发的高密集程度以及知识产权、人力资本产权等产权形态对于其发展的重要性，需要适宜的组织制度以及以产权保护与产权激励为核心的产权制度，这两项制度安排也因产业特征而与一般传统企业有较大差别。限于篇幅，本书仅研究新兴产业的企业组织制度及产权制度创新。

从微观层面来看，企业制度对于新兴企业而言是极其重要的。首先，企业制度是新兴企业赖以存在的体制基础。新兴企业作为各种生产要素的组合体，实际上就是通过制度安排组织各种生产要素的，因而企业制度是对各生产要素进行组合的核心纽带和基础。有人认为企业就是出资人之间的合约，也就是出资人以契约方式规定企业制度，然后按照所规定的企业制度来组建企业。没有企业制度，就根本谈不到企业的存在，更谈不上企业的发展，因而企业存在和发展的体制基础就是企业制度。其次，企业制度是新兴企业高效发展的活力源泉。新兴企业的活力虽然来自于许多方面，但主要是来自于企业制度安排。如果企业制度的安排非常有利于调动各种生产要素的积极性，那么这个企业就非常有活力。反之，如果企业制度安排不利于调动各个生产要素的积极性，那这个企业就没有活力。就像中国原来的国有企业之所以没有活力，一个极其重要的原因就是它们的企业制度安排无法充分调动各种生产要素的积极性。因此企业制度是企业活力最重要的保证，没有良好的企业制度，就根本不可能有企业的活力①。

合理的企业制度应该包括：第一，企业的产权是清晰的，只有在企业本身产权是清晰的前提下，才能给创新的成果一个清晰的产权界定，产权激励的功能才能在企业制度的协同下发挥出来。第二，企业制度要保证最大限度地发掘本企业资源，调动员工积极性，因为员工潜力的发掘、积极性的调动是各种创新活动得以实现的重要条件。第三，企业制度的安排，要能避免因创新风险而出现的创新投资不足，能大规模地集聚创新所需的资本，而且要有较强的风险承担能力②。

企业制度分别按投资型企业制度、管理型企业制、技术型企业制度和混合型企业制度演化秩序展开。投资型企业制度指

---

① 魏杰. 中国企业制度创新 [M]. 北京：中国发展出版社，2006：3-5.
② 赵玉林. 创新经济学 [M]. 北京：中国经济出版社，2006.

的是私人的核心专有投资知识所有权居主导地位的企业制度，投资型企业管理制度有个人企业、合伙企业、业主企业和近代股份公司等组织制度形式。管理型企业制度指的是私人的核心专有管理知识所有权居主导地位的企业制度，现代经济学家称之为现代企业制度，现代企业制度的基本形式是股份公司。技术型企业制度指的是私人的核心专有技术知识所有权居主导地位的企业制度，创业企业、网络组织型企业是其基本形式。混合型企业制度指的是私人的核心专有技术知识所有权、私人的核心专有管理知识所有权及私人的核心专有投资知识所有权结合构成的企业制度①。

6.2　新兴企业组织制度创新

在工业经济时代，组织制度是以直线职能制、事业部制和矩阵制等为代表的"金字塔"式的组织结构。传统的企业组织制度存在诸多弊端：①严格的等级极大地束缚了职工的创造性、主动性和积极性。传统的分工体系强调部门的功能，各成员对部门领导负责，而对协作的执行不得力，协作只能依赖部门领导之间的合作，从而产生条块分割和部门保护主义，职能部门各自为政，产生不必要的内耗。②传统组织的机构通常比较庞大，又强调信息的传递必须沿着组织规定的渠道进行，因此容易造成信息阻塞和失真，无法对顾客和市场的变化作出快速反应。③集中决策的办法决策速度慢、质量低，难以对外界快速

①　邓金堂. 高技术经济的制度演化研究 [D]. 成都：西南财经大学，2003：121－122.

反应①。

新兴企业所面对的是快速变化的技术以及快速变化的市场，市场的不确定性、消费者需求变化的多样性与不确定性要求企业通过缩短产品研发时间来缩短产品生命周期。同时，新兴企业中创新型人才对自主性、创造性有更高的追求，传统的企业组织制度已经不再适应当前环境下的种种要求，需要对新兴企业制度进行相应的变革。

企业组织制度亦为一个含义广泛的概念。企业组织制度的创新既包括企业内的组织创新，也涵盖企业与外部的组织形态的创新。也就是说，组织创新可以是职能部门间的重新分工或企业流程再造，可以是部分调整或全面革新，还可以是企业内部调整或企业供应链和经营方式的重塑②。

鉴于新兴产业企业的特征，结合现代企业组织发展的新趋势，未来新兴企业组织形式将朝着扁平化、虚拟化、网络化等方向发展。

6.2.1 扁平化（Flattening）

所谓组织结构的扁平化是指对自上而下纵向高耸的组织结构进行变革，通过增加管理幅度，减少管理层次，并裁减冗员等，建立一种紧凑的扁平型组织结构，从而使组织具有灵活性、敏捷性和创造性等特性。需要指出的是，不能简单地把减少管理层次或扩大管理幅度等同于组织结构扁平化，扁平化的实质

---

① 张平华．中国企业管理创新［M］．北京：中国发展出版社，2001：107－108.

② 王核成．基于电子商务的组织创新研究［J］．中国软科学，2001（5）：45.

是对企业传统的基于内部垂直式分工的生产流程的再造①。

新兴市场是一个相对不稳定性的市场，也是一个快速变化的市场，需要企业缩短产品研发时间，并减少产品生命周期，技术研发需要各个部门之间的协调，需要信息的快速传递并为各部门共分享。在新兴企业中，人力资本成为最重要的生产要素，需要重新审视人的地位和作用，充分发挥人的积极性、主动性和创造性。只有通过授给基层员工以充分的权力，才能激发员工的创新性工作动力，而基层决策权的下放将削弱中层管理者的权力，使组织外形上更加扁平，因此，对"人性"的重新重视也是导致组织扁平化的一个重要因素。

扁平化组织具有传统组织所不具备的一些优势：中间层减少，最直接的作用就是降低了管理费用；扁平式组织由于层级较少，信息的传递速度就较快，信息失真少，有利于信息的沟通，同时，层级减少，各级部门直接面对市场，有利于提高决策效率，组织的反应也更加灵敏；扁平式组织一般要更多的授权给下级，实现参与式管理，员工有更多的参与决策权，责任感更强，从而有利于充分调动员工积极性，发挥人的潜能，激发员工的首创精神，这是扁平式组织最重要的优势；由于扁平式的组织重视人、尊重人，员工既是决策的参与者，又是决策的执行者，因而人人都可能成为管理的主体，从而打破了管理与被管理之间的重要界限，实现了管理所形成的力场与被管理所形成的力场的重合，由管理主体所主导的管理文化与组织文化易于协调、融合。同时，由于人人都得到重视与尊重，个人的目标与组织的目标易于达成一致，因而也使得个人的理性与

---

① 巨荣良、张彤玉. 网络经济条件下企业组织结构变革探析 [J]. 理论学刊，2009（7）：44-47.

组织的理性能够达成一致①。

　　扁平化实施需要一系列的基础和条件，其中，信息化是前提，业务流程再造是基础，员工素质是关键，变革的心理适调与企业文化建设是保障，而且这些要素又相互作用，见图6-1。

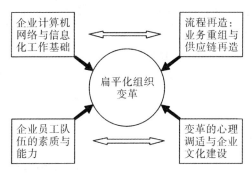

图6-1　扁平化组织形成要素

资料来源：根据林志扬，林泉（2008）整理

　　信息化是前提。现代信息技术的发展使组织的大量繁杂信息得以在极短时间被处理并迅速传递，整个企业内部各个部门、各个岗位的工作信息通过网络连接起来，高层管理者不必通过中间环节即可直接与基层员工进行沟通，从而为组织扁平化提供了物质基础和手段，并行工程（Concurrent Engineering，CE）、供应链管理（Supply Chain Management，SCM）、质量功能展开（Quality Function Deployment，QFD）、企业资源计划（Enterprise Resources Plan，ERP）、批量客户化生产（Mass Customization，MC）、客户关系管理（Customer Relations Management，CRM）等都是组织扁平化变革中必不可少的信息管理手段和基础。

　　业务流程再造是基础。前面已经提到，扁平化不是简单地

_____

　　① 　孟桢. 论组织扁平化及其在组织变革中的运用［J］. 湖南社会科学，2008（4）：223-225.

减少管理层次或扩大管理幅度，而需要进行生产流程的再造，因此，扁平化的一项基础性工作就是业务流程再造。业务流程再造包括内部的业务重组和外部的供应链再造两个部分。业务流程再造要以顾客需求为导向，消除市场、生产、销售、人事部门之间交流和沟通的障碍，实现为顾客服务活动的横向价值链整合。而外部的价值链重组则是除了保留拥有核心竞争力、能够创造较大附加价值的环节外，将其他不具备优势的业务外包或者独立出去，重新建立与供应商、销售商、其他制造商及消费者之间的战略关系。

员工素质是关键。一方面，企业需要高素质的综合性管理人才，因为只有综合能力较强的管理人员，才能在宽幅度的组织层次中迅速把握问题的关键，就下属的请示给出恰当的指导，并使下属明确理解，从而缩短与每一位下属接触所需的时间，提高组织决策的速度和管理效率。另一方面，企业需要高素质、知识结构合理的员工，因为只有下属训练有素，工作能力和专业化强，工作经验丰富，才能在扁平化的组织中进行有效的自我管理①。

变革的心理适调与企业文化建设是保障。流程再造形成了各种横向部门或团队后，必将导致利益分配格局的变化以及工作方式的变化，这就需要员工做好心理调适，以避免变革带来的焦虑、不满甚至抵触情绪。同时，要重塑企业文化，形成与变革相适应的价值观与行为准则，培育以创新、主动、信任与合作为主导的价值观，引导员工行为，使之有利于组织目标的

---

① 秦泗凯. 试论企业组织扁平化及其实现路径 [J]. 商业经济，2010 (1)：42－43.

实现①。

　　盖茨通过使他的企业结构尽可能的平坦——也就是说，使组织的等级制度的级别数达到最小来使他的员工们的距离达到最小。此外，他还谋划出这些小组在微软中的结构位置和职权授权每个小组都可以自己作出重要决策，为的是给予小组最大的自主自治权，使其能在工作上自由发挥创造和冒险，而这就是微软企业文化中最重要的体现。盖茨之所以能够对下级授予那么多的职权，是因为他很关注招募合适的员工，同时也由于他定期评估每个小组的表现，以确信所有的小组成员都能熟练掌握他们的项目，具有较好的状态。盖茨和他的员工在不同的项目中频繁接触，从而能够经常地检测他们的知识，以确定他们能够跟上最新潮流。在微软，一个程序员组的人数可以至少5~6人，并且不同的程序员组开发各自特定的软件应用程序。通常是由一个项目经理组织管理许多小的程序员组从事大项目不同部分的程序。采用产品小组形式的作用是使得成员中产生强烈的交互作用，往往带来重大的突破，而这一切都促使微软能够快速开创出自己的新产品。

6.2.2　网络化（Networking）

　　网络是具有参与活动能力的行为主体，在主动或被动的参与活动过程中，通过资源的流动，在彼此之间形成的各种正式或非正式关系②。网络化则是指构建网络这种组织结构的动态过程。网络化分为两种形式，一种是企业内部组织网络化。传统

---

　　① 林志扬，林泉．企业组织结构扁平化变革策略探析［J］．经济管理，2008（2）：4-9.

　　② Hakonsson. H. A Network Approach：London. Industrial Technological Development，1987.

的"金字塔"式的组织结构特点是直线架构、垂直领导、单线联系，很多机构之间老死不相往来。企业内部组织网络化表现为淡化严格的等级制度观念，增加执行层机构，除了执行层与决策层之间建立的直接联系外，横向的联络也在增加，企业组织结构变成了由小型、自主和创新的小型经营单元（团队）构成的网络型组织。另一种是外部网络化。企业目前所处环境变化速度不仅要求企业提高跟踪与调整能力，也需要改变竞争观念，提高风险承受能力，当外包、战略联盟等企业间的合作形式被频繁采用时，企业不再是相互独立的个体，它们通过各种方式连结在一起，相互依存、相互协作，传统企业间明确的组织界限被打破，一种新型的组织创新形式——企业外部网络便产生了。

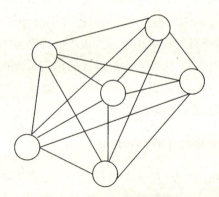

图 6-2　网络组织示意图

企业内部网络与企业外部网络的区别仅在于活性结点的不同。如果活性结点是一个企业内各部门或各团队，则表现为内部网络化，企业整体看成是一个网络组织及主结点；如果活性结点为独立的企业，则表现为外部网络化，这是一种介于组织与市场之间的组织形态，既有企业明确的目标，又引入了市场的灵活机制，同时十分强调网络组织要素协作与创新特征与多赢目标，并建立在新的社会、经济、技术平台上①。应该注意的是，内部网络化与外部网络化不是绝然分开的，两者在网络化的趋势下是紧密联系、相互配合的，企业内部的网络系统与外部的网络体系是连结在一起的。

对于新兴企业而言，采取内部组织网络化，可以实现信息在部门之间、各部门员工之间以及员工与管理层之间沟通的无障碍，可具有多向的知识交流与沟通，知识共享的范围更大；在资源共享的同时，也便于企业内资源的整合，使各种资源产生协同效应，有利于知识和技术的创新。外部网络化对于新兴企业而言，亦具有如下优势：使企业能够更为有效地把握外界信息；更有利于企业技术创新；促进创新与互补资产和互补技术充分结合以实现技术的商业化；产生协同效应并带来价值增值；帮助企业在复杂多变的环境下降低风险、促进创新②。

新兴企业在内部网络化过程中，应注意企业与部门（团队）、管理者与员工的角色定位。对于企业而言，要致力于创造一种激励交流、合作和创新的企业文化，为促进部门（团队）的合作交流创造良好的条件。另外，企业在促进资源有效利用和成员间相互交流的同时，必须发挥网络资源的整合作用，应用内部竞争的方式来进行资源分配，以激发部门（团队）的经营积极性③。管理者的任务是维护和发展企业的机会、价值和文化，并为下一级创造有效决策的条件，而员工既是决策者，又是执行者。

① 林润辉，李维安. 网络组织——更具环境适应能力的新型组织模式[J].
南开管理评论，2000（3）：4-7.

② 卢福财，周鹏. 外部网络化与企业组织创新［J］. 中国工业经济，2004
（2）：101-106.

③ 杜国辉. 层级组织的网络化变革研究：内部结构的网络化［J］. 科技进
步与对策，2005（7）：112-114.

在外部网络化的发展过程中，需要重新定位与顾客、经销商、供应商以及竞争对手的关系，建立顾客、经销商、供应商网络以及与竞争对手的战略联盟等这样一种全方位的网络系统。网络组织亦需建立规范体制，规范企业网络系统，约束企业间的行为规范，引导企业组织网络化优势发挥的同时，采取措施预防及应对非正常行为对组织网络化带来的损伤。

为适应国际竞争的需要，海尔不断进行组织制度创新，仅1998—2005年间，海尔先后进行了38次组织制度创新，从根本上解决大企业管理效率和适应市场需求的灵活性问题，预防和规避机构臃肿、效率低下、对市场反映迟钝的"大企业病"，实现与用户零距离。公司从传统企业的纵向一体化变成横向网络化，形成企业内部与外部网络相连的结构，在全球范围内整合资源，在全球主要经济区域搭建了有竞争力的贸易网络、设计网络、制造网络、营销网络与服务网络。公司持续的组织创新赋予员工更多的创新权力，并提高部门间相互协调的网络化程度，有效保障了全面创新管理的实施，大大加快了创新的步伐：2001年海尔技术中心开发新产品340项，申报专利622项，其中发明专利62项，平均每个工作日开发1.3个新产品，申报2.5项专利①。海尔企业组织制度创新的成功经验为新兴企业网络化建设提供了比较好的借鉴。

6.2.3 虚拟化（Virtualization）

1991年，美国艾柯卡（Iacocca）研究所在向国会提交的一份题为《21世纪制造企业战略》的报告书中富有创造性地提出了虚拟组织的构想。1992年，威廉姆·达维多（Willan

---

① 中国珠宝营销网.创新管理——基于海尔集团的案例研究.2005年10月21日：http://www.chncec.com/chms_view.asp?id=387.

Davidow）和米契尔·S. 马隆（Michael S. Malone）首次给出了虚拟组织的定义：虚拟组织是由一些独立的厂商、顾客甚至同行的竞争对手，通过信息技术联成临时的网络组织，以达到共享技术、分摊费用以及满足市场需求的目的。虚拟企业没有中央办公室，也没有正式的组织图，更不像传统组织那样具有多层次的组织机构。[①] 简单而言，虚拟组织（Virtual Organization）指的是为了某项特定的业务而由若干企业（公司）联合起来的一种临时组织。虚拟组织并不具有独立法人资格的企业组织实体，"虚拟"与"实体"相对应，但因为这种组织几乎具备了一般企业组织的所有特征，在虚拟的领导方式中作为一个组织来行事，所以人们形象地称之为虚拟组织。那么虚拟化则是指企业组织结构不再是以产权关系为基础、以资产联系为纽带、以权威为基本运作机制的实实在在的企业实体，而是以计算机与信息网络为基础和支撑，建立以分工合作关系为联系纽带、以权威控制与市场相结合为运行机制的动态企业联合体的过程[②]。

　　虚拟组织具有实体组织所不具备的特征与优势：第一是成员核心能力和资源的互补性。虚拟组织能够实现不同企业（公司）的优势互补与联合，从而形成虚拟组织的核心竞争力，提高了虚拟组织整体的竞争力。第二是降低管理成本。虚拟组织只具备组织的"内核"，不具备组织的"外壳"，没有与一般组织一样的组织结构，具有较强的柔韧性，从而可以极大地降低管理成本[③]。第三是组织构成的动态化。企业可以根据环境、任

---

　　① 张平华. 中国企业管理创新 [M]. 北京：中国发展出版社，2004：107 - 108.

　　② 林志扬，林泉. 企业组织结构扁平化变革策略探析 [J]. 经济管理，2008（2）：4 - 9

　　③ 柳清瑞，张今声. 网络经济时代的组织变革与创新 [J]. 中国软科学，2002（4）：38 - 41.

务的变化，及时地调整合作伙伴，不断地修正与调整组织边界，具有较大的灵活性。第四，对环境反应的敏感性与响应的敏捷性。虚拟组织是一个由市场机会推动的各种核心能力的统一体，对环境极为敏感，当某种机遇来临时，各成员分工协作，实现共赢。一旦利益不再，各企业立即调整战略目标，调整虚拟组织的组合方式，从而以高弹性适应市场的快速变化，因此，虚拟组织不仅可以预见市场变化，而且具有很强的适应市场变化的柔性和敏捷性①。

新兴企业在虚拟化进程中，要克服虚拟组织在运行过程中存在的一些固有的管理难题，例如信任与冲突、整体与部分之间的矛盾，因此，要转变观念，加强与其他企业的合作，并建立组织之间的信任，增强对组织的整体控制。

转变传统观念。虚拟组织对传统的管理理念提出了新的挑战。任何一个企业在每个领域均处于领先是不可能的事情，企业必须认识到，将资源集中于核心能力是企业获取竞争优势的必要条件，只有与其他企业结成联盟，才能谋求整个产业整体价值的最大化。对于新兴企业而言，必须要充分了解产业链各个环节，结合自身优势，迎接外部环境所带来的机遇与挑战，积极加强与外部的合作，致力于产业链高端的生产、研发。我国高技术产业在过去的发展中忽略或没有被高度重视这一点，所以一直以来长期徘徊在价值链低端，未能掌握行业的核心技术，没有形成产业发展的合力，这是未来新兴企业发展需要吸取的教训。

建立组织成员间的信任。虚拟组织需要整合独立的合作伙伴之间的流程和系统，这就需要组织成员的理解、配合以及相

---

① 特·海伦娜，朱雯吉. 虚拟组织的特征及其结构模式 [J]. 合作经济与科技，2010（1）：44−46.

互之间的信任。这样一种信任的氛围一方面需要外部非正式制度中一直以来对信任、合作、理解等价值观的倡导，鼓励成员间的交流、合作。另一方面，要使组织之间充满信任的氛围，亦需各组织成员建立以顾客为中心、推崇合作共赢、积极沟通的企业文化。

增强虚拟组织的整体控制。虚拟组织是一种具有松散耦合特性的系统，对虚拟组织的管理不再是对任务及完成任务的方式进行直接的控制，而是通过企业间的谈判与协调工作，这就极大地增加了对经营活动失去控制的风险。因此，新兴企业在构建虚拟组织联盟的过程中，首先是要明确各成员的核心竞争力，这样才能在合作中有的放矢，其次是明确彼此之间的关系、应该承担的风险、各自的利益，再次就是在信任的基础上，妥善地解决各种冲突与矛盾[1]。另外，需要建立公平竞争的商业和法律环境，以保证组织成员在统一的平台进行合作竞争。

6.2.4 企业组织创新之间的联系与区别

网络化、虚拟化和扁平化是相互联系、相互作用又有些类似的三种发展趋势，网络化是从成员之间的相互关系角度来描述未来的企业组织，虚拟化是从分工与合作方式的角度来描述未来的企业组织，扁平化则是从运行机制与组织结构形式的角度来描述未来的企业组织[2]。

网络化与虚拟化。网络化是组织的一种外在的表现形式，而虚拟化则是对组织内在本质的总结、概括；网络化尚未反映

---

[1] 黄怡，牛雄鹰. 组织设计新趋势——内部虚拟组织 [J]. 人力资源管理者，2006（5）：49-52.

[2] 林志扬，林泉. 企业组织结构扁平化变革策略探析 [J]. 经济管理，2008（2）：4-9.

网络节点之间的组织属性，但虚拟化则表明了成员之间不再以产权关系为基础、以资产为纽带；网络组织既可以是稳定的（而且更多的是稳定的）、静态的，也可以是动态的，但虚拟化必须是动态的。

网络化与扁平化。在组织网络化进程中，要使决策权向掌握知识的成员转移并构建知识共享机制，组织在权力结构的分配过程中趋于扁平化这样一种发散的状态；而在扁平化的过程中，由于横向机构以及横向联系的增加，组织也会趋于网络化。

6.3 新兴企业产权制度创新

对产权可以从经济学、法学和社会学等角度来描述，而且每一视角仍存在许多不同的解释，本书无意一一介绍各种产权的定义。在对产权认识的不同结论中有一点是统一的，即产权不是单一的权利，而是一组权利的结合体。本书采用的是经济学视角的产权，从最基本的意义上说，所谓产权，就是对财产的权利，即对财产的广义的所有权，包括归属权、占有权、支配权和使用权等[①]。

产权制度是指既定产权关系和产权规则结合而成，能对产权关系实行有效的组合、调节和保护的制度安排，是划分、确定、保护和行使产权的一系列规则。产权制度最基本的功能是界定产权主体对产权客体的关系，以及产权主体之间的关系，即明确谁所有、谁支配、谁受损和谁受益。

具体到企业产权制度，则是指规定产权所有者对企业的约束力以及产权的权责利，以明确企业的产权结构和产权变动，

---

① 黄少安. 产权经济学导论 [M]. 北京：经济科学出版社，2004.

它构成企业运行的基础平台，是企业制度的核心。在现代市场经济条件下，一个有效的企业产权制度，至少需要具备以下基本特征：产权边界明确、权责明确、保护严格、产权关系完整以及产权开放化、多元化。

6.3.1　新兴企业产权制度的主要构成

按照资产的形态，产权可以分为有形资产产权、无形资产产权（主要是知识产权）和人力资本产权。在影响创新的产权体系中，知识产权（Intellectual Property Rights，IPR）和人力资本产权（Human Capital Property Rights，HCPR）是两个最重要的支点，是促进自觉创新行为必不可少的因素。知识产权制度规定了创新成果的权利归属，是激励创新的重要的外部产权机制；人力资本产权制度充分尊重创新主体的劳动，是激发人力资本创新积极性、主动性，促进人力资本效率的内生力量。根据二者对创新主体的影响，可以认为知识产权制度是激励创新的外显维度，人力资本产权制度是激励创新的内在维度，二者相互联系、相互作用，形成激励创新的巨大合力①。

第三章的研究结论表明，新兴产业或源自于新的技术，或源自于新的市场需求，或是两者综合作用的结果，但即便是最初产生的动因是市场需求，最终仍是需要技术创新来推动，否则，这样的产业难以有比较持久的生命力。新兴技术的不断突破及其产业化是新兴产业发展的基石，没有先导性的技术，新兴产业的发展就是无源之水、无本之木。因此，科学合理界定技术创新成果的归属、激励和保护创新成果的知识产权制度是新兴企业产权制度的重要组成部分。在构建新兴企业的产权制度过程中，必须体现知识、智能等无形资产的资本价值，知识

---

① 邱爽. 产权——创新与经济增长 [D]. 成都：西南财经大学，2008.

产权是新兴企业最重要的财产权。知识产权是依照各国法律赋予符合条件的著作者以及发明者或成果拥有者在一定期限内享有的专有权利,知识产权一般分为版权和工业产权,其中,工业产权包括专利权、技术机密、商标权和反不正当竞争权等。

人力资源不仅可以作为生产要素投入而转变为人力资本,而且人力资本作为一种资本也应享有与物质资本一样的企业产权,人力资本是新兴企业的第一资本。第五章已经提到,要激发人力资本的积极性与创造性,需要建立一套有利于创新的激励制度,而其中产权激励制度是核心。因为创新的基本要求是追求其对所创造成果及收益的支配权,而对这种支配权最好的保证就是产权。通过规定人力资本可以从企业的剩余中获得与其努力程度相适应的收益,达到对人力资本的激励功能。因此,人力资本的有效激励取决于一个有效的产权制度安排——人力资本产权制度的安排①。人力资本产权是指人力资本的所有权及其派生出来的使用权、支配权和收益权等系列权利束。人力资本产权具有和其他产权一样的基本属性,例如产权的排他性、可分解性和可交易性。同时,人力资本产权又具有自身的一些特殊属性:人力资本产权与承载者的不可分离性、人力资本产权的"残缺"性、人力资本投资收益的不确定性等。

当然,物质资本的产权归属无疑也是必不可少的,因此,本书新兴企业的产权制度主要包括人力资本产权制度、知识产权制度和物质资本产权,但物质资本产权不作为本书的重点考察对象。产权的核心是企业所有权,企业所有权包括剩余索取权和控制权这两个相互匹配的内容,通过企业所有权配置实现企业产权的创造与分配,从而呈现出"产权激励—价值增值—

---

① 袁建昌,魏海燕. 高新技术企业科技型人力资本产权激励的依据 [J]. 工业技术经济,2010(5):2-5.

产权再造"这样一个过程，如图 6-3 所示。

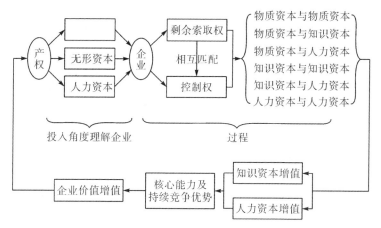

图 6-3　企业产权分享与资本增值和企业价值增值

资料来源：根据袁建昌，魏海燕（2010）整理

6.3.2　我国新兴企业产权制度安排存在的问题

6.3.2.1　人力资本产权制度存在的问题

我国分别于 2002 年和 2006 年发布过有关国有高新技术企业、上市公司股权激励的试行办法，职工持股制也经历了一个从产生、发展到暂缓、停滞和再发展的过程。但由于各种产权激励制度起步较晚，我国新兴企业人力资本产权制度安排未能跟上时代发展的要求，人力资本所有者的剩余索取权较为有限，新兴企业的剩余控制权和剩余索取权的搭配不合理，这种残缺的产权制度难以在制度框架内充分调动创新者、创业者、经营者等人力资本所有者的积极性和创造性，不利于新兴企业的长期发展。

人力资本产权在法律与估价方面存在制约。人力资源作为生产要素参与到商品生产经营活动，理应作为资本投入，但在我国除了《中华人民共和国合伙企业法》中规定可以以劳务出资外，现行法律基本不承认人力资源可以作为资本投入企业生产经营。可见，要想使人力资源成为资本，进而使人力资本出资者享有产权在法律上仍受到一定限制。人力资本要作为产权的另一个问题是估价。尽管目前已有的理论提出了许多有价值的估价方法与模型，如赫曼森（Hemanson，1969）的非购入商誉法（Unpurchased Goodwill Method）、弗兰霍尔茨（Famholz，1968）等人的经济价值法（Economic Value Method）、巴鲁克与施瓦茨（Baruck&Schwartz，1971）的工资报酬法（Human Capital Method）等，我国许多学者也对人力资本的估价问题进行了较为深入的研究①，但在实践中，对人力资本进行较为准确的估价仍存在诸多的难题。另外，在许多具体激励制度设计方面仍然存在法律制度障碍，导致这些先进的激励制度还得不到法律的有效保护。

人力资本的产权激励制度有待普及与完善。首先，在许多新兴企业中，尚未树立一种"人力资本也是一种资本投入"的观念，那么相应的也就缺乏对人力资本产权收益进行充分考虑的激励制度，创新的收益、风险均没有与创新者的利益、压力挂钩，类似于股票期权计划、员工持股计划以及剩余利润分享权等长效激励机制目前仍处于试点阶段，在新兴企业中的普及尚需时日。其次，在具体的制度设计方面还不够成熟。在股票期权制度方面，我国实施股票期权最早的当属深圳万科，上海于1999年年初在工业系统试行股票期权制，联想、贝岭、四通、北京华远、深圳华为等高科技企业都先后实施了股票期权计划，并取得了明显的激励成效。目前，我国有上千家公司正

---

① 向显湖，钟文. 试论企业经营者股权激励与人力资本产权收益 [J]. 会计研究，2010（10）：67 -75.

在或已经实施了股票期权计划，而且形成了不同的模式。但因为资本市场发展时间较短、股票市场发展不规范、中小企业上市数量不多等原因，还较难普及，也存在不少的问题，例如"内部人控制"问题、证券市场的弱有效性问题、公司绩效考核体系不完善、业绩与经理人个人收入不相关等①。截至 2007 年年底，上市公司中有 58.3% 的经营者未在本企业持股，仅有5.8% 的经营者持股比重达到 51% ~99%，经营者绝对控股比例不足 6%②。在员工持股计划方面，1984 年 7 月，我国第一家股份制企业——北京大桥百货股份有限公司成立时，在公司的股本中设立了职工股，公司的总股本为 463 万元，职工购买了5.97 万元，占总股本的 1.29%。此后股份制经济迅速发展，职工持股制进入一个大发展时期，但在发展过程中，同样存在法律规范滞后、员工持股形式化、持股平均化与强制化、持股资金来源单一、员工持股不可转让、持股比例较低等问题，没有完全起到长期激励的作用。

6.3.2.2 知识产权制度存在的问题

我国企业在很长一段时间采取了"以市场换技术"的做法，在技术上依赖进口，缺乏对引进技术在消化吸收基础上的改造创新，导致了"引进—落伍—再引进—再落伍"局面的出现。很多企业缺乏拥有自主知识产权的核心技术，如移动电话的芯片及其他一些元器件如平板显示技术、光伏发电中的核心技术和电子计算机的 Intel 芯片等，对外依存度高。在高技术产业中，我国发明专利中国外授权量达到总量的 2/3，拥有自主知识产权

---

① 曹静，蒋德启. 我国股票期权制度的实施现状与对策 [J]. 商业经济，2010（4）：81-83.

② 国务院发展研究中心：中国企业家调查系统发布的 2008 年调查报告. 腾讯网：http://finance.qq.com/a/20080418/001811.htm.

的企业只有几千家，99%的企业没有申请专利，拥有自己商标的企业仅占40%，出口产品中拥有自主知识产权的产品只占10%，严重制约了产业核心竞争力的提升①。造成当前这种局面最主要的原因是激励和保护创新成果的知识产权制度不完善。我国知识产权保护无论是意识还是力度以及企业知识产权保护的制度建设等都还难以满足新兴产业即将面临的激烈竞争。

宏观管理部门分割，缺乏协调机制。目前我国知识产权宏观管理体制是分散型的，专利、商标和版权分开管理，分别由国家知识产权局、国家商标局和国家版权局集中管理，行政管理与执法一体化，自成独立体系，由对应的地方行政机构负责。这种"多龙治水"的管理体制难以形成合力，导致管理协调乏力、资源分散、机构隶属关系混乱、职能不清、管理成本高、效率低下。在条块分割的管理体制下，由于缺少有效的沟通渠道和协调机制，政策和管理之间难以实现有效衔接。

企业对知识产权管理不重视，组织机构不健全，管理制度不完善。许多新兴企业由于更多强调对有形资产的利用与管理，对知识产权等无形资产管理重视程度不够，知识产权意识薄弱，既不重视保护自己的知识产权，也不尊重他人的知识产权；许多企业没有把知识产权管理作为日常管理的一部分，大多数新兴企业没有设立独立的知识产权管理部门，而是由法律部门、技术部门等代行其职，这在很大程度上制约了知识产权管理工作的管理绩效。源于四川省的调查数据显示，在调查的 212 户高技术企业中，未建立知识产权管理机构的企业占 26.88%，将知识产权工作归属于其他部门的企业占 66.04%，设立了专门的

---

① 任春玲，李雪梅. 运用知识产权战略推动高技术产业技术进步的对策研究 [J]. 经济纵横，2010（1）：89-92.

知识产权管理机构的企业仅占 7.08%①。知识产权管理制度不完善，在知识产权工作例会制度、成果登记制度、商标注册单位审查制度、专利商标文献定期检索制度、技术利益传承制度以及保密制度等一系列制度建设方面严重滞后，影响了知识产权的保护与运用以及对创新人员的有效激励。

知识产权管理缺乏主动性。我国的知识产权管理仍停留在战术层次，没有上升到战略层次，从而在知识产权管理过程中缺乏主动性。对于新兴产业而言，谁掌握了标准的制定权，谁就掌握了市场的主动权，同时，新兴产业是建立在知识产权基础上的新产业，没有有效的知识产权就没有新兴产业。跨国公司把规则性的东西做成国际标准，然后把这种标准性的路径全部设定成专利，形成技术门槛——"专利池"，最终占领市场。正是由于专利与标准的深度结合，发达国家的新兴产业才能实现经济利益最大化、全球化——标准成为新兴企业追求的核心利益点②。相比而言，我国企业的专利池成立时间较晚③，且主要集中在信息产业领域，目前中国专利池影响较大的有闪联专利池、AVS专利池和中彩联专利池等。围绕专利池开展的实践在中国才刚刚开始，客观说还处于学习和探索过程中，我国许多新兴技术领域专利池的构建任重而道远。

新兴技术的发展对知识产权制度提出了新的问题。我国的知识产权保护制度起步较晚，而且这一套制度的保护依据实际

---

① 王涛，顾新等. 我国高新技术企业知识产权管理现状、问题与对策[J]. 科技管理研究，2006（4）：8－11.

② 贾品荣. 培育和发展新兴产业需要知识产权战略［N］. 中国经济时报，2010－10－22.

③ 在我国，对专利池的广泛关注源于2001年出口欧洲的DVD机被扣，如果不交纳专利费，将被认定为侵权产品而遭到扣押；如果交纳专利费，则将使本来很小的利润空间进一步被挤压，很多企业将面临倒闭。

上是传统的制度模式，科技的发展强烈冲击着这一传统模式，使得制度本身面临变革的需要，其中法律制度建设滞后是最主要的表现（对此的具体论述以及相应的变革对策详见下章法律制度）。

6.3.3 我国新兴企业产权制度创新思路

6.3.3.1 人力资本产权制度改革

人力资本所有权的不可分离和主动财产特征使人力资本只能"激励"不能压榨①。在新兴企业中，人力资本所有者拥有企业的剩余控制权，新兴企业必须树立"人力资本也是一种资本投入"的观点，通过股票期权制度、员工持股计划等产权制度的实施，真正让人力资本所有者拥有一定的企业剩余索取权。

继续探索和完善股票期权制度。所谓股票期权（Stock Option）是指公司给予对公司未来发展有非常重要影响的雇员（包括董事、经理人员、技术人员、其他核心骨干等）在未来一定期限内以预先确定的价格和条件购买本公司一定数量股份的权利。股票期权不仅可以避税，而且还因为把经营者的收入与经营绩效联系起来，属于长期薪酬，可以有效抑制经营者的短期行为。资料显示，全球排名前500位的大型工业企业中，1986年就已经有89%的公司实行了股票期权，而且这一比例在不断上升且迅速扩大到中小型公司，美国硅谷的企业则普遍采取了这种制度②。类似于微软等这些公司，其技术、管理人员的最大收入来源不是工资，而是得益于股票期权计划，这一制度造就

---

① 周其仁. 市场里的企业：一个人力资本与非人力资本的特别合约 [J]. 经济研究，1996（6）：71-80.

② 辜胜阻，李永周. 论高技术产业的机制创新 [J]. 经济评论，2001（6）：41-43.

了许许多多的百万富翁，也成就了许多科技企业的高速成长。但实行这种制度必须以股份公司为前提，而且需要有比较完善的股票市场（主板、二板和创业板等）。股票期权制度的完善是一个系统工程，需要各种制度的配合与支持，例如法律制度的规范、资本市场的培育与完善、公司治理结构的完善、有效绩效评估体系的构建以及经理人才市场的发展等。同时，对于不同类型的企业，其股票期权制度实施的有效途径可能也不一样，这需要企业在实践中进行具体探索。

加大员工持股计划（ESOP，Employee Stock Ownership Plans）的实施力度。对于非上市公司，设立员工持股信托基金，由基金会筹资（包括贷款）购买公司股票，根据员工的业绩分配股权数额，转入员工个人账户，然后每月从员工工资中扣除其购股的金额。持有股权的员工希望变现时，公司根据当时的企业经营情况以公平的价格购回股票。以华为公司为例，华为公司成功的一个原因，便是重视员工持股计划的实施与完善。华为公司创业者所占股份不到10%，绝大部分股份由公司人力资源委员会从才能、责任、贡献、风险承诺等方面对每个员工进行考核，并根据考核结果分配给员工。这种全员持股制度的创新，既使华为公司吸引了大量的高级人才，又极大地调动员工的积极性和主动性①。针对我国员工持股计划的现状，建议：①实行多层次有差别的动态持股制度。针对企业的经营者与一般员工所承担风险与责任的不同，根据对企业做出的贡献、业绩和岗位的重要性，实行有差别的、动态的持股制度。②开辟员工持股的多种来源。第一，借鉴美国的杠杆型员工持股计划，以股票抵押方式作担保，以员工持股会的名义向银行贷款，并用股

---

① 张琦. 我国高技术企业制度安排及创新 [J]. 中国软科学，2001（10）：85－89.

票红利优先偿还贷款。第二，可以参照英国的做法，拿出一部分公司税前利润拨给员工持股会，购买股份分配给员工。公司利润是股东的财产，将一部分利润用于员工持股可视为股东对职工的无偿捐赠。第三，对国有新兴企业而言，可以结合国有企业股份制改革，从国有资产中提取一定比例职工配送股份，这也是减持国有股的一种有效方式①。当然，这种做法在操作上存在现行政策层面上的障碍，但也有它的合理性，值得探索和突破。

6.3.3.2 知识产权制度创新

知识产权制度的建设，不仅包括宏观的管理体制、企业层面的产权管理与保护制度，更包括知识产权相关法律制度的建设，这里主要分析宏观的管理体制与企业层面知识产权制度创新的思路。

加强知识产权的宏观管理。理顺国家知识产权宏观管理体制，优化管理机制，改善管理方法，提高管理效能。在国家层面上建立统一的知识产权宏观管理体制，譬如成立知识产权部或国家知识产权总局，统一管理包括专利、商标、版权等在内的所有知识产权事务，实现政府知识产权职能部门之间的协调与信息共享，形成合力，为知识产权保护提供方便。

健全企业知识产权管理制度。企业是技术创新的主体，企业在技术创新的同时，应强化知识产权保护意识，重视知识产权管理，建立和完善企业内部知识产权管理制度。新兴企业要设立专门的知识产权管理机构，配备具有专业素质的管理人员，并加强对非专业人员的培训工作，提高知识产权保护的法律意识；建立和完善内部知识产权管理制度，如成果登记制度、知识产权工作例会制度、科技奖惩制度、科技信息定期录入制度、

---

① 傅逸斐. 员工持股：国外经验和我国的实践 [J]. 浙江经济, 2007 (13)：53 - 54.

知识产权纠纷应对机制等，体现出知识产权管理制度的系统性和科学性，有效利用现有的知识产权资源，发挥知识产权制度的最大效益。

在新兴产业中建立与推行"专利池"制度。"专利池"（Patent Pool）是指两个或两个以上的专利权人之间通过协议，将其各自拥有的在某一生产领域所必需的专利打包集合起来形成的一个专利组合。进入"专利池"的公司可以使用"池"中的全部专利从事研究和商业活动，而不需要就"池"中的每个专利寻求单独的许可，"池"中的公司彼此间甚至不需要互相支付许可费。"池"外的公司则需要通过支付一定费用获得一个统一的许可证，从而自由使用"池"中的全部知识产权。专利池是知识产权和技术标准相结合的产物。尽管当前有些观点认为专利池存在一定的消极影响，但在更大程度上要看到专利池的积极作用，尤其是对我国新兴产业发展而言，专利池制度应该成为消除专利实施中的授权障碍、促进专利技术的推广应用、实现集成创新与知识产权保护的有效手段。专利池不仅是一个新的概念、一种新思维，更是一系列新的运营（盈利）模式。

①构建模式的选择。专利池的构建有两种模式："事后评估"型和"前端控制"型专利池。"事后评估"型专利池是指在构建专利池之前进行专利必要性评估，以确定哪些专利可以放在专利池中，这种模式通常由某一技术领域内多家掌握核心专利技术的企业通过协议结成，各成员已经拥有的核心专利技术是其进入专利池的入场券。"前端控制"型专利池是指关联企业组成技术研发联盟，明确技术主导范式，分工研发核心技术，然后贡献各自的核心专利，构建专利池①。鉴于当前我国新兴产

---

① 杜晓君. 专利池：高新技术产业发展和竞争的主导范式 [J]. 经济理论与经济管理，2007（10）：32-36.

业已经拥有核心专利技术的企业相对较少，因此，我国大体以构建"前端控制"型专利池为主，避免资源的浪费和降低研发风险。

②专利池的规划。技术路线图作为一种灵活的、结构化和可视化的前瞻方法，已经是公认的技术经营和研究开发管理的基本工具之一。通过制定行业技术路线图，科学地分析和规划知识产权发展路线，有利于凝练行业重要技术领域的关键共性技术项目，形成一系列有效专利。

③专利池的组建方式。借鉴美国、欧盟和日本的经验，建立以龙头企业为核心的新兴产业技术联盟，在技术研发、技术扩散阶段分别形成合作开发联盟与技术转让联盟，并与上下游企业建立纵向联盟，形成核心层稳固的开放式战略联盟。

④专利池的管理。在管理机构的组建上，可根据该专利池具体运行特点及长远发展目标，经池内成员协商达成一致协议，选择一种适合自身发展的组建方式；在管理机构的职能上，代表专利池统一对外许可并处理各种知识产权纠纷；实施动态管理，对新申请加入的专利进行评审，及时淘汰非必要专利①。

⑤专利池的有效规制。在合同法、专利法、反垄断法及相关法律解释中增加规范专利池的条款，利用法律手段约束和制止专利池滥用行为的发生，避免其负面效应的产生。

① 余文斌，华鹰. 技术联盟"前端控制"型专利池构建与运作模式 [J]. 科技与法律，2009 (6)：3-7.

7 新兴产业发展的政府管理制度创新

新兴产业发展的制度创新绝大部分需要政府自身或依靠政府的力量来完成，政府是制度变迁的主要推动力量。政府管理制度是新兴产业发展的制度系统中的重要组成部分，也是各项制度创新的最终决定力量①，一国的政府管理制度会随着其经济社会发展、经济结构演变而发生变迁，政府在制度创新方面的职能是政府的重要经济职能之一。

7.1 新兴产业发展的政府管理制度概述

7.1.1 政府管理制度的内涵

政府管理是指政府运用依法获授的国家公共行政权力，并在法律原则规定的范围内运用行政裁量权，以行政效率和社会效益为基本考量标准，处理公共行政事务的过程和活动②。而对

---

① 刘建武. 我国高新技术产业发展的制度创新研究 [D]. 西北大学，2002：176-186.

② 张国庆. 行政管理学概论 [M]. 北京：北京大学出版社，2000.

制度的理解在学界存在两种层面的认识：一是指"在一定历史条件下形成的政治、经济和文化等各方面的体系"。比如说"社会主义制度"、"资本主义制度"就是在这个意义上使用的，这一般被认为是制度的宏观含义。二是指"要求成员遵守的、按照一定程序办事的规则"，新制度经济学中所研究的制度就是这个层面的制度，新制度经济学派代表人物诺斯指出，制度是"一系列被制定出来的规则、守法程序和行为的道德伦理规范"，这里的制度是微观制度，本书研究的是微观政府管理制度。因此，综合以上两点，政府管理制度可以理解为国家在行使其职能，进行社会管理的过程中所遵循的一系列行为规则的总称①。

政府管理制度从历史的角度看，经历了专制主义的政府管理制度、自由主义的政府管理制度、全面干预型政府管理制度和服务型政府管理制度；在内容上，政府管理制度包括法律制度、财税制度和产业政策；在层次上，政府管理制度涵盖了立法制度、行政制度和司法制度②。

7.1.2 政府管理制度的历史演化

政府管理制度不是按照抽象原则设计出来的，而是随着经济的不断发展逐步形成的。每当生产力发展到一个关键时期，政府管理制度就会发生相应的变革，凡是顺应经济发展要求进行政府制度创新的政府，事实上都推动了经济的发展和社会的进步。如上所述，政府管理制度经历了四个阶段：

7.1.2.1 专制主义的政府管理制度

奴隶社会、封建社会基本实行的都是专制统治，这两个时

---

① 蔡声霞. 政府经济学 [M]. 天津：南开大学出版社，2009：282 - 291.
② 邓金堂. 高技术经济的制度演化研究 [D]. 成都：西南财经大学，2003：194 - 219.

期的政府制度被看作专制主义的政府管理制度，也即统治型政府管理制度。在这个阶段，市场被局限在非常狭小的范围，不存在市场与政府对资源配置的替代，本书不再详述。

7.1.2.2 自由主义的政府管理制度

在自由资本主义时期，以亚当·斯密的"看不见的手"和他的经济自由哲学观为理论基石，信奉这只"无形之手"在政府提供一种既定的"社会秩序"的前提下，具有完美的调节能力，从而实现市场出清，任何外在的人为影响，只会使情况变得更坏。政府在社会上仅仅扮演"守夜人"和"警察"的角色，最大限度地维护完全竞争的市场机制以及公正的法律框架以确保其有序运行。尽管马歇尔提出的"外部经济"概念这一思想被他的学生庇古重新论证后对政府干预经济有着重要的意义，但马歇尔的新古典经济学经济学的基点仍然是经济自由主义，与古典主义在经济自由主义思想上是一脉相承的[①]。

自由主义政府除供给安全型公共物品外，无其他经济管理职能，所以从经济学观点看，自由主义政府管理制度也就是财政管理制度。自由主义政府管理制度刺激私人创新活动，降低了私人创新的成本，为私人创新活动提供了有效率的经济制度安排，政府管理制度效率可能来自于小政府效率、财政管理制度效率和制度创新效率[②]。

7.1.2.3 全面干预型政府制度

自由市场和自由竞争带来的结果之一就是垄断大行其道，所以政府干预经济的最古老的形式就是反垄断。现代意义上的

---

① 刘灿. 从经济自由主义和国家干预的纷争与现实看市场经济模式 [J]. 中国经济问题，2010 (1)：38-45.

② 邓金堂. 高技术经济的制度演化研究 [D]. 成都：西南财经大学，2003：194-219.

反垄断法是 19 世纪末 20 世纪初资本主义生产高度社会化和普遍形成垄断之后出现的，目的是为了克服垄断对自由竞争的破坏，弥补市场的不足，如美国的《谢尔曼法》、《克雷顿法》、《联邦贸易委员会法》。

政府最初干预经济并不仅仅出于经济角度考虑，还包括其他方面的原因。20 世纪的前 50 年，人类经历两次世界大战，为了维护国家安全，取得战争的胜利，几乎所有与战争有关的国家政府都采取过各种措施干预经济活动，尽量征用、占有更多的社会财富，以保证国家在战争中的军事、政治需要。第二次世界大战后，资本主义国家为了缓和劳资矛盾，大都通过实施各种福利、社会保障政策，兴办国有企业等，直接或间接介入经济活动。

如果说以上两点表明政府干预经济的动机和初步行动的话，那么 20 世纪 30 年代的资本主义经济危机则是干预型政府制度建立的直接原因。这次危机彻底粉碎了经济自由主义的神话，暴露了自由放任理论的缺陷。政府干预理论开始盛行起来，罗斯福新政的实施和凯恩斯政府干预主义的实行是西方国家全面实行市场调节的开始，它不仅使资本主义走出了经济危机，而且促成了一系列政府干预理论和政策的产生。进而，它们把政府的经济职能归纳为确立法律框架、改善经济效率、促进收入公平及支持宏观经济稳定等四个方面[①]。干预主义的政府管理制度在一定程度上造就了福利社会和现代文明。

经济干预主义最辉煌时期是 20 世纪 50 年代前后，这段时间大致以新古典经济学无计以对的 30 年代的经济危机为起始点，

---

① 李景海. 自由主义与政府干预 [J]. 经济问题，2007 (8)：15 - 18.

终止于70年代的经济滞胀①。从20世纪70年代后期开始，西方国家普遍出现增长停滞、失业率升高、通货膨胀日益严重、财政赤字急剧上升、国际收支状况恶化的情况，政府对市场的过多干预暴露出政府如同市场一样是有缺陷的，政府失灵不可避免。

7.1.2.4 服务型政府制度

从20世纪70年代中后期开始，西方国家掀起了轰轰烈烈的政府改革。在这场新兴的政府改革过程中，新的服务型政府制度应运而生。1994年，英国政府进行了"政府信息服务"的实验，1996年11月公布了Government Direct计划，提出了新形态的公共服务以符合未来社会的需求。美国政府于1994年9月颁布了"顾客至上：服务美国公众的标准"，主张建立顾客至上的政府。同年12月，美国政府信息技术服务小组提出的《政府信息技术服务》远景报告认为，改革政府不只是人事精简、减少政府赤字的问题，更需要善于运用信息技术的力量，彻底重塑政府对民众的服务工作。还有新西兰的"公共服务部门之改造"以及日本的"实现对国民提高品质服务的行政"，都体现了政府改革的目标——构建服务型政府。

所谓服务型政府，也称为有限政府制度、企业型政府制度，是一个能够公正、透明、高效地为公众和全社会提供公共产品和服务的政府，是指能按照公众的意愿和偏好提供公共产品和服务，以回应公民和社会的需要为政府职能定位，依法、有效、透明、负责和公正的政府，其根本目标是公众满意。现代政府最本质的特征在于其角色的基本设定，即按照公众的意愿和偏好提供公共产品和服务，回应公众的要求。

---

① 唐彬. 市场还是政府？——经济自由主义与干预主义的斗争历程 [J]. 理论月刊，2006（5）：146-148.

服务型政府有四个重要特征：一是政府只提供市场、企业和个人不能或不愿提供的公共产品和公共服务。二是政府应当鼓励公共服务市场化。虽然政府应当提供公共产品，但政府不可以垄断公共产品的生产，因为在存在竞争的的情况下，服务行政的弊端会降到最低程度，并能和市场经济体制的基本要求相兼容。三是政府角色从高高在上的资源分配者、政策规制者和公共财物唯一的提供者，变为公共利益的整顿者、社会利益的协调者、社会发展的激励者。四是服务型政府应当树立顾客评价机制，而不再以内部评价作为绩效评价的唯一标准。服务型政府的绩效评价机制是外部取向的，把公众满意作为衡量公共服务质量的核心要素①。

7.1.3 政府在新兴产业发展中的功能定位

从政府管理制度的演变可以看出，19 世纪到 20 世纪经济思想的发展基本围绕"政府与市场"这条主线，关于经济自由主义与政府干预的纷争从未间断②，然而，就整体趋势来说，是趋于"整合"的，即既认同市场是有缺陷的，需要政府的适当干预，又承认政府本身也存在缺陷，政府不能完全代替市场。

而对于政府在新兴产业发展中的作用，与自由主义和干预主义的纷争一样，目前学术界有三种比较典型的代表观点，第一种观点从新兴产业的特性及重要性出发，认为新兴产业是一种处于萌芽期、成长期的产业，本身具有技术的外部性和高风险性，政府应该在其发展中担负极其重要的角色，给予必要的扶持，以减少外部性和降低风险。对新兴行业进行扶持的另一

---

① 蔡声霞. 政府经济学 [M]. 天津：南开大学出版社，2009：282 - 291.

② 刘灿. 从经济自由主义和国家干预的纷争与现实看市场经济模式 [J]. 中国经济问题，2010（1）：38 - 45.

个原因是因为新兴产业肩负促进经济结构调整、新的经济增长点的挖掘的重要任务，事关一国能否在未来发展中占据产业发展高端、能否提升整个国家的创新能力和竞争力等战略性问题，所以政府应该对其进行着力培育。第二种认为政府扶持新兴产业的政策是有害的，这主要基于如下几个方面的原因：在"择优"方面，市场选择远胜于政治家和官僚们；溢出效应往往被夸大；扶持政策对整个国民经济实力和增长贡献甚微①。第三种观点认为决不能高估政府在新兴产业（含高技术产业）发展的作用，政府的介入往往就像双刃剑，好的介入会加快新兴产业发展，不适当的介入则极有可能阻碍其发展②。真正适合政府起作用的是市场失灵的领域，政府更多应将注意力放到创建有利于发挥人力资本作用的经济体制、社会文化环境中去③。

本书一方面认同第一种观点，政府在新兴产业发展中应发挥重要作用。在世界各国和地区的产业发展中，无论是以市场经济为主导的欧美国家，还是以政府主导型为主的东亚国家和地区，大多会对未来需要重点发展的新兴产业给予必要的培育和扶持。但同时，也应充分考虑第三种观点的意见，准确把握政府在新兴产业发展中的功能定位及发挥作用的范围。从各国新兴产业发展的实践来看，政府起到了主要组织者和推动者的作用，因此，在准确界定政府作用之前，需要明确和强调三个方面的问题：

（1）在资源配置方面，以市场为导向，政府起引导和补充

---

① 王淑凤. 战略性新兴产业发展政策研究 [J]. 科技信息，2010（33）：274-275.

② 李一鸣，刘军. 产业发展中相关理论与实践问题研究 [M]. 成都：西南财经大学出版社，2006：20.

③ 吴敬琏. 制度重于技术——论发展我国高新技术产业 [J]. 经济社会体制比较，1999（5）：1-6.

作用。在强调政府对新兴产业发展的重要促进作用的同时，一定要注意，政府的推动和促进作用的发挥是建立在市场机制起主导作用的基础之上的。强调政府在新兴产业发展中的重要作用，并非是说政府在新兴产业发展的过程中发挥主导的作用，更不是说政府要代替市场机制功能。政府的重要作用主要体现在对于新兴技术的研发与产业化的资助、扶持和规范的引导性功能上，通过激励、扶持和服务等手段引导资源尤其是专业性生产要素向新兴产业集聚，并在市场机制失灵的领域如公共品的供给运用其特有的优势弥补市场的缺陷，来达到政府"有形之手"与市场机制"无形之手"的功能互补，进而建立新兴产业发展中的政府行为与市场行为的"协同"功能机制①。

（2）在投资与创新主体方面，以企业为主体，政府充当配角。我国过去高技术产业发展的经验教训告诉我们，必须要以企业为主体，才能实现高新技术的研发及有效产业化，才能使产业充满活力，因此，政府要退出微观经济领域，使企业真正成为市场竞争的主体。这一方面是让企业成为技术创新的主体，成为新兴产业技术进步的主导力量。另一方面，企业投资是主体，企业在国家法律法规的约束下，自主决定生产经营事务，在市场竞争中成长、壮大，政府的投资仅在于引导民间资本投向，即使是国有新兴企业，除了公共管理之外，国家作为所有者履行着和其他企业的所有者同样的职能，不能干预企业的具体事务。

（3）新兴产业发展对政府的要求：①需要一个有预见性、前瞻性的政府。只有政府在新兴产业的发展中有预见性地引导和扶持，才能先入一步引导资源流向有前途的产业，才能在新

---

① 陈昭锋，徐国祥. 论政府高新技术产业化的制度创新功能 [J]. 求实，2002（6）：76 - 78.

兴企业创业初期给予关键性的支持①。否则，如果政府选择失误，则将贻误战机。日本政府在第五代计算机的开发计划（FGCS）的失败就是一个典型的例子。由于日本政府高估了新的人工智能技术取代现有大型计算机技术的可能性，试图通过这个项目实现计算机的人工智能化，投入了大量的资源进行了历时12年的研发，尽管第五代计算机在某些领域取得了一定突破，但由于其功能设计与主流市场应用背道而驰，从而丧失了商业价值而难以产业化②。这个例子充分说明，科学选择新兴产业事关国家产业、经济发展的关键。也正因为如此，危机之后，温家宝总理在2009年9月连续三次召开包括47名中科院院士和工程院院士、大学和科研院所教授、专家、企业和行业协会负责人参与的新兴战略性产业发展座谈会，旨在探讨优先发展的新兴产业领域，准确预见第六次科技革命的发展方向，避免出现政府产业方向上的选择失误，提高政策的前瞻性、针对性和有效性。②需要有创业精神的政府。新兴产业的风险极高，企业的淘汰率也极高，这就需要政府要具备和企业一样坚定不移的创业精神，在推行新兴产业发展的相关政策时，要充分考虑新兴产业的高风险性，保证政策的持续性和连贯性，只有这样，才能给企业以信心和源源不断的推动力。③提供一流服务的政府。如前所述，现代政府管理制度是服务型政府，也即能按照公众的意愿和偏好提供公共产品和服务，而新兴产业本身尤其是新兴技术具有一定的外部性，因此，需要政府在公共品的供给例如人才储备、基础技术、基础设施以及政府管理等方面提

---

① 刘建武. 我国高新技术产业发展的制度创新研究 [D]. 兰川：西北大学，2002：176－186.

② 万军. 战略性新兴产业发展中的政府定位—日本的经验教训及启示[J]. 科技成果纵横，2010（1）：13－16.

供良好的公共服务，尽量提高效率、减少交易成本。

那么，具体而言，政府在新兴产业发展中的作用定位用"引导"、"服务"、"激励"、"规范"八个字来概括。①引导。通过制定新兴产业发展规划，尽量准确预测未来技术发展前景和产业发展趋势，明确新兴产业的战略目标、发展重点、发展思路等；发挥财政税收的引导作用，引导资源向新兴产业流动，采取多种财政资金支持方式，引导企业和社会力量加大科技投入。②激励。通过政府的财税政策和法律政策以及相关产业政策，鼓励新兴产业领域的研发与技术成果产业化，或通过政府采购刺激消费以培育新兴市场。③服务。政府加大新兴产业的人才引进与培育、基础设施建设等，并提高政府效率，为新兴产业发展提供良好的服务。④规范。政府要通过法律或行政执法，维护公平公正的市场环境，促进有效竞争，为新兴产业发展提供法律保障；通过制定技术标准体系，规范行业技术标准，实现国内标准与国际标准的融合，为新兴产业国际竞争赢得话语权①。

7.1.4　新兴产业发展的政府管理制度

如前所述，政府管理制度包括法律制度、财税制度以及产业政策，通过这些制度功能的发挥，能够起到引导、激励、服务和规范作用，从而促进新兴产业的发展，其作用机理如图7-1所示。

法律制度。新兴产业发展涉及到财政、税收、知识产权、风险投入、二板市场、股票期权、私募基金、技术入股等问题，这些问题如果仅靠中央的决定、政策和领导讲话来解决是不行

---

① 朱迎春. 政府在发展战略性新兴产业发展中的作用 [J]. 中国科技论坛，2011（1）：20-24.

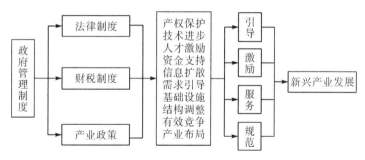

图 7 - 1　政府在新兴产业发展中的作用机制模型

的，因为政策有时效性，执行不力也没有追究措施，必须依靠法律的权威性、持久性来保证新兴产业有良好的外部环境，规范各方的责权利①。新兴产业发展的法律制度包括两个层面，其一是新兴产业发展专门的法律制度，如我国出台的《可再生能源法》、美国颁布的《制造业促进法》等，均为产业发展专门的法律制度；其二是与新兴产业各项活动相关法律制度，如有关科技进步、知识产权保护、人力资本收益的法律等，从世界各国的实践来看，法律制度可以涉及到新兴产业发展的方方面面，尤其是在欧美国家，更是主要通过规范的法律制度来促进新兴产业的发展。法律制度主要发挥规范、激励的作用。

财税制度。财税制度是政府推动新兴产业发展最重要、最直接的政策工具之一，为新兴产业发展提供动力机制，起到引导、激励、服务的作用。财税制度包括财政制度和税收制度，财政制度包括公共投资政策、转移支付政策以及政府采购政策等，税收制度包括税收减免以及其他行政事业性收费和社会负担的减免等。

---

① 雷霆. 中国高新技术产业发展的制度与机制创新研究 [D]. 北京：中共中央党校，2001：143.

产业政策。产业政策是一个国家的政府为了推动产业结构优化与升级，规范产业内企业间竞争与垄断关系而采取的一系列政策的总称，包括产业结构政策、产业组织政策和产业布局政策。产业结构政策通过制定规划，调整新兴产业与传统产业、新兴产业之间、新兴产业内部的结构关系；为了实现特定产业的有效竞争，政府应在分析产业特征的基础上，制定既能充分发挥规模经济效益又能保持竞争活力的产业组织政策，提高产业经济效率，产业组织政策主要包括企业的联合与兼并政策、经济规模政策、反垄断政策、中小企业政策等；产业布局政策是指政府根据产业的经济技术特性、国情、国力状况和各地区的综合条件，对产业的空间分布进行科学引导和合理调整的意图及其相关政策措施[1]。产业政策主要起到引导、激励与规范的作用。

需要强调的是，制度作为社会中规范各种主体行为的系列规则、程序、法律等的总称，而政策是政府部们以文件形式发布的而必须遵守的正式制度，因此，本书中的政府管理制度涵盖了政府出台的各种政策。

7.2　我国新兴产业发展的政府管理制度回顾及存在的问题

尽管当下的新兴产业在我国发展时间不长，对于如何实施有效的政府管理制度以促进新兴产业发展，一直在不断的探索之中，积累了一定的经验。但同时，由于政府管理制度安排的

---

① 王俊豪. 现代产业经济学 [M]. 杭州：浙江人民出版社，2003：294－330.

非有效性或非均衡性的存在，导致新兴产业在发展过程中也出现了一些问题。尤其是在本次危机之后，新兴产业发展的内外环境发生了较大变化，更是需要进一步创新政府管理制度，以加快促进新兴产业的发展。

7.2.1 我国新兴产业发展的政府管理制度回顾

专门针对新兴产业发展的规划、相关政策及制度是近三年才陆续出台，更多的还在酝酿与制定之中。正如第二、四章所说，从新兴产业所包括的行业领域看，相当一部分行业领域如先进信息、新材料、生物、新能源等产业均属于高技术产业范畴。因此，这里的政府管理制度涵盖了近十年针对高技术产业在内的法律法规、产业政策及财税制度等，详细见表7-1。

表7-1 近十年我国政府发展新兴产业的政策、法规一览表

年份	出台的主要政策、法规
2000	1.《鼓励软件产业和集成电路产业发展若干政策》；2.《关于组织国家高技术产业发展项目计划实施意见》；3.《国家火炬计划软件产业基地认定条件和办法》；4.《国家级高新技术产业开发区高新技术企业认定条件和办法》；5.《国家八六三计划成果产业化基地认定办法》；6.《关于加强八六三计划成果产业化工作的若干意见》；7.《国家经济贸易委员会科研成果奖励办法实施细则》。
2001	1.《当前优先发展的高技术产业化重点领域指南》；2.《关于支持高新技术产业发展的若干问题的通知》；3.《"十五"期间大力推进科技企业孵化器建设的意见》；4.《关于设立外商投资创业投资企业的暂行规定》；5.《集成电路布图设计保护条例》；6.《软件出口管理和统计办法》；7.《禁止进口和限制进口技术管理办法》；8.《中关村科技园区条例》；9.《中华人民共和国专利法实施细则》；10.《关于加强与科技有关的知识产权保护和管理工作的若干意见》。

表7-1(续)

年份	出台的主要政策、法规
2002	1.《关于支持高新技术产业发展若干问题》；2.《关于鼓励软件产业和集成电路产业若干政策》；3.《关于振兴软件产业行动纲要》；4.《中华人民共和国专利法》；5.《关于国有高新技术企业开展股权激励试点工作指导意见》；6.《关于国家科研计划项目研究成果知识产权管理若干规定》；7.《关于促进民营科技企业发展的若干意见》；8.《关于"十五"期间大力推进科技企业孵化器建设的意见》；9.《关于进一步鼓励软件产业和集成电路产业发展税收政策的通知》。
2003	1.《关于深化转制科研机构产权制度改革若干意见的通知》；2.《外商投资创业投资企业管理规定》；3.《鼓励外商投资高新技术产品目录（2003）》；4.《关于建立国家技术转移中心的通知》；5.《关于加强国家科技计划知识产权管理工作的规定》；6.《国家电子信息产业基地和产业园认定管理办法（试行）》；7.《专利代理管理办法》。
2004	1.《关于加快推进电子信息产业大公司战略的指导意见》；2.《关于电子专利申请的规定》；3.《关于2004-2005年度国家工程研究中心重点建设领域的通知》；4.《当前优先发展的高技术产业化重点领域指南（2004年度）》；5.《2004—2010年国家科技基础条件平台建设纲要》；6.《国防科技工业知识产权推进工程总体方案》；7.《保护知识产权专项行动方案》；8.《关于在国家科技计划管理中建立信用管理制度的决定》；9.《节能中长期专项规划》。
2005	1.《中华人民共和国可再生能源法》；2.《科技型中小企业技术创新基金财务管理暂行办法》；3.《国防科学技术奖励办法实施细则》；4.《科技型中小企业技术创新基金项目管理暂行办法》；5.《关于在留学人才引进工作中界定海外高层次留学人才的指导意见》；6.《国防科技工业软科学研究管理办法》；7.《关于延长转制科研机构有关税收政策执行期限的通知)》；8.《关于推动科技型中小企业融资工作有关问题的通知》；9.《"十一五"国家科技基础条件平台建设实施意见》；10.《关于发展高技术产业促进东北地区等老工业基地振兴指导意见》；11.《创业投资企业管理暂行办法》；12.《国家认定企业技术中心管理办法》。

年份	出台的主要政策、法规
2006	1.《实施〈国家中长期科学和技术发展规划纲要（2006—2020年）〉的若干配套政策》；2.《国家高技术研究发展计划（863计划）管理办法》；3.《关于发展生物能源和生物化工财税扶持政策的实施意见》；4.《关于加快发展技术市场的意见》；5.《关于进一步加强高技能人才工作的意见》；6.《科技企业孵化器（高新技术产业服务中心）认定和管理办法》；7.《可再生能源发展专项资金管理暂行办法》；8.《关于发展软件及相关信息服务出口的指导意见》。
2007	1.《高技能人才公共实训基地建设试点工作的指导意见》；2.《中华人民共和国科学技术进步法》；3.《高技术产业发展"十一五"规划》；4.《关于支持中小企业技术创新的若干政策》；5.《关于进一步加强引进海外优秀留学人才工作的若干意见》；6.《教育部关于加快研究型大学建设增强高等学校自主创新能力的若干意见》；7.《国家高新技术产业化及其环境建设（火炬）"十一五"发展纲要和国家高新技术产业开发区"十一五"发展规划纲要》；8.《促进国家高新技术产业开发区进一步发展增强自主创新能力的若干意见》；9.《关在重大项实施中加创新人才培养的暂行办法》；10.《关于支持重点科研机构进一步扩大国际科技合作的意见》；11.《科技开发用品免征进口税收暂行规定》；12.《科技型中小企业创业投资引导基金管理暂行办法》；13.《关于促进创业投资企业发展有关税收政策的通知》；14.《财政部、国家税务总局关于科技企业孵化器有关税收政策问题的通知》；15.《国家认定企业技术中心管理办法》。
2008	1.《国家知识产权战略纲要》；2.《关于促进自主创新成果产业化的若干政策》；3.《"十一五"重大技术装备研制和重大产业技术开发专项规划》；4.《关于修改〈国家科学技术奖励条例实施细则〉的决定》；5.《高技能人才培养体系建设"十一五"规划纲要》；6.《关于组织实施2008年新一代宽带及网络通讯产业化专项的通知》；7.《关于组织实施2009年企业技术中心创新能力建设专项的通知》。

表7-1(续)

年份	出台的主要政策、法规
2009	1.《关于印发促进生物产业加快发展若干政策的通知》；2.《关于实施新兴产业创投计划、开展产业研究与开发资金参股设立创业投资基金试点工作的通知》；3.《关于加快国家高技术产业基地发展的指导意见》；4.《关于加强区域创新基础能力建设工作的通知》；5.《关于印发半导体照明节能产业发展意见的通知》；6.《国家技术创新工程总体实施方案》；7.《关于推动产业技术创新战略联盟构建与发展的实施办法（试行）》；8.《关于调整重大技术装备进口税收政策的通知》。

资料来源：根据2001—2010年中国高技术发展年鉴整理

近十年新兴产业政府管理制度呈现出以下几个特征：①涉及面广。以上的政策、制度涵盖了法律制度、财税制度和产业政策，涉及新兴产业发展的技术进步与产业化、人才引进、培育与激励、投融资、知识产权保护、园区建设等诸多方面，为新兴产业发展构筑了较为全面的制度系统。②政策以指导性为主。在近十年的政府管理制度中，法律制度较少，而有关产业发展的指导意见、实施意见等较多，因此，硬性要求较少，软约束较多。③专门的新兴产业管理制度较少。尽管在本次危机之前就已经有了新材料、新能源、生物医药等新兴产业，而战略性新兴产业则是近两年才被国家从战略高度上提出，因此，专门针对新兴产业的制度也是近两年才被提上议事日程，而新兴产业作为一种新的产业形态，对于其形成与发展规律、政府的作用边界等仍需进一步探讨，专门针对新兴产业的制度更多仍处于酝酿阶段。④经验与探索并存。由于新兴产业和高技术产业在诸多方面的相似性，原有的政策、制度仍对新兴产业的发展起到了非常重要的促进作用，为新兴产业发展打下了良好基础，也获得了非常有益的经验，但同时，毕竟新兴产业与高技术产业不能完全等同，并非"旧瓶子装新酒"，需要对原来针对高技术产业的政府管理制度继续探索，不断创新，以利于更好地促进新兴产业的发展。

7.2.2 我国政府管理制度存在的问题

7.2.2.1 财税制度存在的问题

我国高度重视财税制度对新兴产业的引导、激励作用，近些年来出台的专门的财税制度主要有《关于进一步鼓励软件产业和集成电路产业发展税收政策的通知》（2002）、《关于延长转制科研机构有关税收政策执行期限的通知)》（2005）、《关于发展生物能源和生物化工财税扶持政策的实施意见》（2006）、《关于促进创业投资企业发展有关税收政策的通知》（2007）、《财政部、国家税务总局关于科技企业孵化器有关税收政策问题的通知》（2007）等政策，对新兴产业的自主技术进步及其产业化、创业投资、孵化器建设等起到重要作用，但由于各种原因，我国的财税制度仍然存在较大的创新空间。

（1）财政制度存在的问题

财政投入增长机制没有落实。我国曾规定科技三项经费要保持按法定比率10%增长，2007年又提出财政科技投入的增幅要明显高于财政经常性收入增幅，但由于这些规定缺乏硬约束而没有得到真正的落实，有限的财政资金还难满足新兴产业技术创新的需求①。从表7－2可以看出，从总量上看，我国财政科技支出有较大的提高，但是其占财政支出的比重不是很高，增长比较缓慢，同国际水平还有一定差距②。

---

① 姚雯，刘传江．促进高技术产业发展的财税政策分析 [J]．财政研究，2010（2）：50－52.

② 刘金科．新时期促进战略性新兴产业发展的财税思考 [J]．经济研究参考，2010（71）：21－23.

表7-2　2001—2008年我国财政科技支出基本情况

年份	2001	2002	2003	2004	2005	2006	2007	2008
财政科技支出（亿元）	703.3	816.2	944.6	1095.3	1334.9	1688.5	2113.5	2581.8
财政科技支出占当年财政支出的比重（%）	3.7	3.7	3.83	3.84	3.93	4.18	4.25	4.12

资料来源：国家统计局2001—2008年科技统计公报

　　财政支出结构不合理。财政资金对基础研究、共性技术的投入经费过少，而对专有应用技术研究投入相对较多，使得财政投入的短期效应较大，而长期效应不明显；对技术研发的投入多，对科技成果转化的投入少，导致科技进步的经济导向功能不强；直接的财政支持较多，间接的财政支持较少，偏离了财政资金的引导作用；用于改善新兴产业发展的基础设施的公共投资明显不足，未能为新兴产业提供良好的硬件环境；政府采购制度起步较晚，存在许多不成熟、不完善的地方，例如政府采购工作绩效评价标准不全面，政府采购立法需要完善，政府采购范围狭窄等[①]。

　　财政支出方式缺乏效率。目前的财政资金以政府直接投入为主，在这种模式下，容易产生替代市场的挤出效应，从而使得财政支持的引导作用和杠杆作用减弱，另外也容易滋生寻租行为而导致资源浪费，采用较多的财政贴息也因贷款对象分散和银行市场化信贷机制的约束而作用有限，同时也缺乏与财政资金支出方式相适应的投入机制与完善的资金管理机制，因此，从整体而言，财政资金扶持方式较少，创新形式不多，效率不高。

---

　　① 肖江平．如何构筑我国战略性新兴产业集群的政策支撑体系 [J]．商业时代，2011（4）：125-126．

（2）税收制度存在的问题

税收优惠政策针对性不强。当前新兴产业税收优惠对象主要是单位（如新兴企业、科研院所）、科研成果（如"四技收入"），而不是针对具体的科技开发活动及项目，这就导致企业的一些非技术性收入也享受到税收优惠，同时也诱导一些企业故意利用概念而造假获利，钻政策空子，不在科技创新上下功夫，许多"高科技企业"、"新兴技术"名不副实，造成税收优惠的滥用，而真正需要扶持的新兴科技项目却享受不到应有的优惠，从而对税收政策产生"挤出"效应。

税收优惠的环节需要调整。税收政策更多的是针对研发成功后的新产品所带来的利润给予税收减免，如果企业技术研发或产品市场化失败，则无法享受到税收优惠。这其实是一种"重结果，轻过程"的制度设计，对企业研发环节投入的支持力度不够，对企业研发失败和风险投资失败造成的损失缺乏必要的政策扶持。这对于新兴产业这样一种"高风险、高投入、高收益"的产业而言，没有起到降低和补偿投资风险的作用，不利于引导和鼓励企业的技术创新。同时，这种税收优惠政策也是一种"锦上添花"而非"雪中送炭"的制度安排。它只是对已经具备一定科技实力的企业尤其是已经享有科研成果的技术性收入进行优惠，而对于正在进行研发的有发展潜力但暂时仍处于亏损的新兴企业而言，难以在其迫切需要资金和优惠政策的严冬获得"炭"的热量，也即形成所谓的"马太效应"。

税收支持缺乏系统性、权威性。现行的新兴产业税收制度散见于国务院、财政部、国家税务总局有关新兴产业发展的各种通知、规定与实施意见之中，优惠政策主要是税收优惠措施的简单罗列，没有总体上的规划，缺乏系统性。现有税收政策主要是通过对一些基本税法的某些条款修订、补充而成，税收政策立法层次低，缺乏稳定性和权威性。

税种设置不合理。增值税方面，现行的增值税购置固定资产所含税款不能抵扣，再加上占新兴产业产品成本较大部分的无形资产和智力投入也不能抵扣，导致新兴产业的增值税负担较重，不利于新兴产业的设备更新与技术进步。企业所得税方面，主要存在内资与外资企业不平等、区内（高新技术产业开发区、经济技术开发区和经济特区）与区外优惠政策不一样、各省市税收优惠也不一样的现象，有悖于税收的公平原则，不利于新兴产业的可持续发展。个人所得税方面，远没有企业所得税制定得那么详细，个人所得税优惠仅限于个人取得国务院和省部级以上科技奖及政府特殊津贴，对新兴产业中高级研发人员的税收激励严重不足。

7.2.2.2 法律制度存在的问题

我国曾经颁布了《中华人民共和国专利法》（2002）、《中华人民共和国可再生能源法》（2005）、《中华人民共和国科学技术进步法》（2007）等相关法律法规。这些法律促进了科学技术的进步及其产业化，为新兴产业发展起到了一定的促进作用，但从目前来看，新兴产业发展的法律制度还存在一系列问题。

立法不成体系，存在滞后。一是尚未出台专门针对新兴技术与新兴产业进行调整的新兴产业法律法规。目前除了《中华人民共和国可再生能源法》为新能源产业确立了法律地位外，缺乏其他专门法规来确立新兴产业的法律地位并为其发展提供法律保障。二是从已经出台的法律来看，主要是从技术进步这一方面进行规范和激励的，但新兴产业的发展远不止技术方面，其他如产权、人力资源股权激励机制等也非常重要。同时，对于许多出现的新技术、新的商业模式等，法律制度的规范跟进尚显不足。以知识产权保护的法律制度为例，由于高新技术的不断涌现，许多无形资产已然超出了原有知识产权法律保护所涵盖的范围，信息技术、生物技术等新兴技术为知识产权制度的保护范围提出了一些新的课题，而我国在这方面的立法稍显滞后。例如，我国《计算机软件保护条例》规定了对计算机软件通过著作权法的形式予以保护，但这仅是一种对思想方法的表达方式进行保护的形式，而实际上，许多软件的内容已经突破了表达方式的界限，各具实质性的技术内容；互联网使商标的传播空间得以无限延展，突破了商标的地域性限制，同时，运用网络进行电子信息传输，从而改变了商标的图形设计载体，而以动态或口令带动下的电子信息形式出现，不但从根本上超越了传统的商标概念，而且就这种商标的侵权方式进行定义也无法从旧的侵权方式的规定中找到根据，给商标权保护提出了新的问题①；对于生物技术的保护使得专利法必须在保护专利人对于技术的垄断和推进生物种基因工程寻求科技发展的两难境地中进行取舍，《专利法实施细则》中虽规定了对微生物技术的保护，然而，由于缺乏配套制度和法律的保障，企业运用这项制度仍存在较大困难；尚未对联合商标制度和防御商标制度加以明确规定，容易导致对知名品牌和知名企业各种形式的利益侵害；现行法律还没能很好地解决商标权保护与商号权保护的衔接问题；关于商业秘密的保护仅散见于反不正当竞争法、合同法等当中，尚无统一的商业秘密法，影响了商业秘密权功效的发挥。

立法的协调性差。立法的协调性不仅表现为新兴产业立法体系之间的协调以及各法律、法规之间的协调，也表现为立法与社会需要之间的协调，而我国由于各种原因，立法的协调性还比较欠缺。例如在保护知识产权方面，我国先后颁布了《商标法》、《专利法》、《著作权法》法律，但由于各法律出台的时

---

① 顾海波，赵进华．高技术企业工业产权保护问题及对策分析［J］．科技管理研究，2007（6）：163－164.

间不同，在规范目标、司法保护范围与力度上存在差异，导致知识产权法律体系和内容分散、零乱、空白遗漏、重叠交叉、规范冲突等，在知识产权立法保护上呈现出商标法、专利法和著作权法"三权分立"局面，尤其是对专利、商标与著作权之间交叉问题的适用法律尚未有明确的界定①，如在外观设计的保护上，需要明确和整合专利法、著作权法及商标法之间的关系和效力。同时，知识产权保护的立法与人力资源尤其是高级研发人员所享有的权益之间的法律也缺乏良好的衔接，这都不利于激发人力资源的创造性和创新氛围的营造，从而阻碍新兴技术的研发及其产业化。

7.2.2.3 产业政策存在的问题

自提出发展培育新兴产业以来，我国就出台了《关于印发促进生物产业加快发展若干政策的通知》（2009）、《关于实施新兴产业创投计划、开展产业研究与开发资金参股设立创业投资基金试点工作的通知》（2009）、《关于印发半导体照明节能产业发展意见的通知》（2009）等专项政策，其他各专项新兴产业规划均在编制或修改完善过程中，而在"十五"和"十一五"期间也相继出台了一系列相关的产业政策（详见表7-1），为新兴产业发展营造了良好的政策氛围，对促进新兴产业发展起到了决定性的作用。但同时，这些专项产业规划与政策存在针对性不够强、操作性略显不足等问题②。

（1）产业结构政策调整力度需要加强

目前，一方面，新兴产业发展的时间还不长，传统产业由

---

① 王艺瑾. 中国高新技术产业发展的制度经济学分析［D］. 长春：吉林大学，2009：115.

② 张嵋喆，史建生. 培育战略性新兴产业的政策评述［J］. 经济研究参考，2010（52）：15-19.

于"惯性"作用难以在短时间内进行调整，新兴产业对产业结构调整的作用尚未完全凸显；另一方面，新兴产业对传统产业的技术改造力度、传统产业对新兴产业的支持作用均有待加强。目前出台的产业政策对于新兴产业的内部结构以及新兴产业与传统产业之间的关系还不够重视，调整的方向尚不明确。

（2）产业组织政策调控滞后

我国新兴产业组织已经出现了一些问题，主要表现在：缺乏掌握核心技术的产业龙头企业，许多企业难以实现规模经济性，行业集中度不高，竞争比较混乱，市场准入准出机制有待进一步完善，部分新兴工业领域面临中短期产能过剩风险。例如在节能领域，全国共有3000多家从事与半导体照明相关业务的企业，其中70%～80%从事下游应用开发。在生物医药领域，主要是仿制药和普药，产品质量和附加值不高，存在较严重的产能过剩和重复生产的现象；同时，生产相同品种的企业数量较多、产业集中度偏低，造成市场同质化无序竞争的问题比较突出。在新材料、风电设备、光伏产品、新能源汽车等领域也存在类似的问题①。

在我国大型企业缺乏跟踪研究前沿技术、核心技术缺乏和系统设计能力不足的同时，科技型中小企业由于体制约束、政策歧视、融资困难等原因而一直处于发展的劣势，中小企业的创新活力未能充分激发出来，新兴产业还未能形成以大企业为核心、整合分散中小企业的产业组织模式。在我国经济发展中，民营企业发挥着越来越重要的角色，新兴产业的发展也离不开民营企业这一重要主体，而当前对于民营企业在新兴产业发展中的定位、公共资源的分配等问题仍有待进一步明确，社会资

---

① 姜江. 我国部分新兴产业存在"潜在产能过剩"问题 [J]. 宏观经济管理，2010（10）.

本对直接进入创新创业领域尚不积极。

这些问题的出现主要是因为新兴产业在我国的成长时间还比较短，市场前景尚不明朗，商业模式、产业链环节等均有待进一步完善，在这样一种市场开拓期，产业政策的介入往往存在一定程度的滞后。这就需要对新兴产业组织政策提早介入，明确产业发展目标，加强调控力度，创新调控方式，以避免市场混乱、竞争失调现象的出现。

(3) 产业布局政策缺乏整体性与全局观

在国家将发展战略性新兴产业作为调整产业结构、挖掘新的经济增长点的战略手段之后，一些省市、地区为了"抢占战略制高点"，想方设法上项目、铺摊子、争资源，为了争取国家的项目、财政的投资，不顾自身的产业基础和资源禀赋，在缺乏详细调研和充分论证的情况下，盲目选择和投入新兴产业，试图"大干快上"、"超前发展"，以至于一些新兴产业在发展之初就已出现重复投资①，低水平盲目建设、无序扩张和恶性竞争的倾向已然出现。目前我国的新兴产业布局缺乏整体性、全局观。

表7-3反映了当前我国各省市战略性新兴产业发展重点的选择，为使之有代表性，选取了分布于东、中、西部三个地区的不同省市。从表7-3可以看出，在各个省市重点发展的战略性新兴产业中，无一例外地选择了新能源、新材料，而信息产业、新医药、节能环保产业也为绝大部分省市所选择。有报道称，全国已有上百个城市在作新能源发展规划，将新能源作为经济发展的增长点，江苏省的13个地级市中就有10个正在打造新能源产业基地。发改委能源研究所副所长、研究员李俊峰提

---

① 有机硅产业就是一个典型的例证，在有机硅市场需求前景看好时，各地一哄而上，最后导致低水平重复建设和产能过剩而陷入价格战的泥潭。

醒说：目前社会对新能源的热情很高，市场需求也很大，但是应该避免利益驱动下的盲目发展和一哄而上等问题。如不能及时遏制，形形色色的战略性新兴产业就会遍地开花，贻害无穷①。因此，在产业发展之初，从国家及各地方政府层面作好产业布局非常关键。

表7-3　我国各省市战略性新兴产业发展重点比较

地区	产业总数	新能源	新材料	信息产业	新医药	生物育种	节能环保	电动汽车	航空航天	文化创意	先进装备	光伏产业	海洋工程	新服务业
国家	7	√	√	√	√	√	√	√						
上海	9	√	√	√	√	√	√	√	√		√	√		
广东	11	√	√	√	√	√	√	√		√	√	√	√	
浙江	6	√	√				√			√		√		
江苏	6	√	√			√	√							
山东	8	√	√	√		√	√	√						
江西	10	√	√		√		√				√			
福建	14	√	√				√						√	√
安徽	10	√	√								√			
湖南	7							√						
四川	6										√			
重庆	10							√						
陕西	6	√												

备注：由于各省市产业涵盖范围不同，一些省市产业总数与列表数不一致。

资料来源：国家及前9省市数据来自广东地税局课题组（2010）②、四川省数据来自：http://www.gov.cn/gzdt/2011-03/31/content_1835216.htm、重庆省数据来自：http://wenku.baidu.com/view/51c4224669eae009581beccf.html、陕西省数据来自：http://www.law-star.com/cacnew/201108/1150071789.htm

---

① 钟清流.战略性新兴产业发展进程中的政府角色，[J].现代商业，2010(21)：149-150.

② 广东省地税局课题组.国内外发展战略性新兴产业的经验启示［J］.广东经济，2010（10）：54-57.

7.3 我国新兴产业发展的政府管理制度创新

7.3.1 财税制度创新

7.3.3.1 财政制度创新

建立财政投入增长长效机制。新兴产业的发展是一个长期工程，并非一朝一夕就能完成的。因此，必须保证政府政策的持续性和连贯性，在编制财政资金的年初预算和预算执行中的超收分配都要体现法定增长的要求，确保财政科技投入增幅明显高于财政经常性收入增幅。公共财政科技投入的力度需要加大，公共财政支持新兴产业发展的项目选择、组织、激励及产业链延伸的机制需要理顺，公共财政预算管理应在完善现有科技支出科目的基础上，增设重大科技专项支出类级科目，设立 R&D 预算科目，并保证其年均增长不低于 10% 的水平，各级政府财政科技拨款占财政支出的比例应稳定在 5% 以上[1]。

优化财政支出结构。首先公共财政的科技投入应侧重非竞争领域，如基础研究、公益性研究等方面，力求在财政的扶持下，结合国家科技计划、知识创新工程和自然科学基金项目等的实施，支持一大批具有前瞻性的行业共性技术、关键技术的开发与推广，建立起包括科技创新、技术合作研发、科技成果转化、科技中介服务等在内的新兴企业自主创新平台[2]。其次，

---

[1] 童汝根. 支持战略性新兴产业人力资本投入的财税政策 [J]. 税务研究，2010 (8)：28 - 30.

[2] 姚雯，刘传江. 促进高技术产业发展的财税政策分析 [J]. 财政研究，2010 (2)：50 - 52.

加大公共财政对新兴产业发展所需的公用基础设施等公共品的支持力度，例如电动汽车的公用充电站、专用电缆、充电桩，太阳能发电与风电发电所需的电网基础设施等，为新兴产业发展提供良好的硬件环境。最后，加强政府采购对新兴产业市场的引导作用。建立新兴产业产品认定标准和评价体系，公开政府采购新兴产品目录；进一步改进政府采购评审办法，通过预算控制、招投标等形式，给予新兴产业新产品优先待遇；在政府采购招标的评分制度中，设立自主创新的指标，建立激励新兴产业自主创新的政府采购和订购制度，对列入《政府采购自主创新产品目录》的自主创新产品给予价格优惠；提高新兴中小企业参与政府采购比例和中标率，同时注意鼓励绿色采购。

创新财政资金支持方式。首先，综合运用财政补贴、基金、贷款贴息、偿还性资助等多种方式，形成多元化、多渠道的科技投入体系，对新兴产业的技术创新活动给予重点支持，发挥财政资金对激励企业创新的引导作用，引导企业和社会力量加大科技投入。其次，遵循新兴产业的发展规律，创新财政支持方式。在种子期，采取事前补助或直接注入资金的方式，支持新兴产业共性技术、关键技术的研发活动；在创建期，通过设立创业投资基金、股权投资基金、信贷基金及专项贷款等方式，带动社会资金为成果转化和产业化提供融资服务；在成长期，采取事后奖励、消费者财政补助等方式，为新兴产业培育市场①。再次，完善财政资金使用绩效评价制度，加强对财政资金的全程监督，实现财政资金投入效益最大化。

7.3.3.2 税收制度创新

从整体而言，要针对新兴产业发展的不同阶段、产业化进

---

① 刘家庆. 促进战略性新兴产业发展的财政政策研究—以甘肃省为例[J]. 财政研究，2011（4）：31－34.

程的不同阶段以及新兴产业不同产业类别在侧重点、税种、税收优惠的具体方式上区别对待，突出政策重点，避免"撒胡椒面"式的盲目性，尽量发挥税收政策资源的最大效能，形成层次分明、重点突出、整体协调的多元化的税收扶持政策体系①。

调整税收优惠对象。税收优惠对象由单位向具体的科研项目、具体的开发环节转变，通过立法或政策原则规定能够享受税收优惠的新兴产业项目或研究开发行为，确定优惠标准，由企业进行申报，经核准后可享受税收优惠待遇。

税收优惠环节侧重点"前移"。将税收优惠的侧重点放在产品研发、技术转化环节上，采取加速折旧、投资抵免、准备金制度等政策，实现优惠环节的侧重点向中间环节转变而不是单纯注重对结果的奖励，具体的政策通过税种改革来实现。

完善税法体系，提升法律层次。从发达国家的实践来看，其税收优惠政策大多体现在相关立法中，对其优惠对象均有明确界定，以法律的形式来体现税收优惠政策的权威性、稳定性。根据我国当前经济发展的客观情况，可以考虑颁布新兴产业发展法，从整体上考虑新兴产业发展战略及其相关的财税制度，并形成专门的财政鼓励新兴产业发展条例、税收鼓励新兴产业发展条例，明确财税政策的目标、受益对象，研究和判定予以鼓励的新兴产业及其产业标准等②。

完善税种改革。增值税方面，继续推动增值税转型，实行消费型增值税，减轻新兴企业的税收负担。在完全转型之前，可试行增值税抵扣政策，允许新兴企业外购的专利权、非专利

---

① 邓保生. 促进战略性新兴产业发展的税收优惠政策分析与优化 [J]. 税务研究，2011 (5)：68-70.

② 韩凤芹. 高技术产业发展的税收政策研究 [J]. 经济研究参考，2005 (53)：2-13.

技术等无形资产以及用于科技开发、研制与试验的固定资产所含进项税金分期分批实施抵扣。在企业所得税方面，改变目前企业所得税内资外资不平等、区内区外不平等以及各地税收优惠混乱的局面，实行国民待遇原则①；所得税优惠不再根据企业的经营状况来确定优惠标准，实行投资抵免制度，不论是否盈利，对符合条件的新兴产业的研发费用，均可在税前列支，按照一定比例扣除；对新兴产业的生产、科研设备的折旧可以参考发达国家的做法②，推行固定资产加速折旧制度；建立新兴企业准备金制度，减少企业投资风险，准备金主要包括技术开发准备金、新产品试制准备金及亏损准备金等，这些准备金作为税式支出的一种形式，即企业所得中用于一定用途可作为准备金处理而在所得税前扣除。个人所得税方面，对新兴产业高科技人才在技术成果和技术服务方面的收入减征一定比例的税收；免征新兴产业科技研发人员各种技术成果奖励（不区分级别）的个人所得税；对于科技开发人员取得的股权收益给予税收上的优惠；放宽应税工资的扣除，在个人所得税中设置直接扣除或减免的教育经费项目，将新兴产业人员的正规教育支出和在职培训支出列为税前扣除项目，引导和鼓励教育投资③。

---

① 例如我国刚刚推出的"三免三减半"，对所有符合条件的企业从取得经营收入的第一年至第三年可免交企业所得税，第四年至第六年减半征收，反映了此原则。

② 如美国《国内收入法典》规定，对高新技术产业研究开发用仪器设备实行快速折旧，折旧年限为3年；德国规定高科技环保固定资产的折旧率，设备为50%、建筑物为30%；法国对企业用于科研的建筑物投资，允许在投资当年计提50%的折旧。

③ 付广军.运用税收政策促进战略性新兴产业发展［J］.兰州商学院学报，2011（2）：1-9.

7.3.2   法律制度创新

美日等国新兴产业发展的实践说明，政府推动新兴技术发展应着眼于营造有利于技术创新和新兴产业发展的法律制度环境，依靠法律为新兴产业发展提供一个相对稳定的外在环境以最大限度地降低风险。

颁布专门的新兴产业发展促进法。鉴于新兴产业发展对于当前经济发展、结构调整以及国家竞争力提升等方面的重要战略意义，可以考虑出台新兴产业发展促进法（以下简称"促进法"），确立新兴产业的法律地位并为其发展提供法律保障，从总体上规划我国新兴产业发展战略以及相关的财政、税收、金融、土地等方面的政策。在"促进法"中，应该明确制定法律的目的、新兴产业及新兴企业认定标准、各级政府在新兴产业发展中的作用定位及具体在政府采购、人才引进、税收等方面应承担的责任、高新技术开发区的设立条件、管理体制及政策支持等，为新兴产业的发展提供正式的法律制度环境。

完善新兴产业法律制度体系。新兴产业的发展涉及技术进步、产权保护、人力资本收益、融资制度等诸多方面的内容，这些方面不仅需要政府政策、方针的支持，更需要通过正式的法律进行约束和规范。因此，要根据产业发展的最新进展和社会的实际需要，出台相关法律法规，不断完善新兴产业发展的法律体系，例如技术进步法、新兴技术成果转化促进法、知识产权保护法、政府采购法、专利法、中小企业法、反垄断法等，在提供宏观的、方向性的指导的同时，出台具体的实施细则以及配套法律政策措施，使其更具可操作性，为新兴产业发展构建较为完备的法律制度体系。当然，法律制度的建设是一个系统工程，本书难以对每项法律的的建设提出针对性意见，此处仍以对新兴产业、新兴技术发展及其产业化至关重要的知识产权保护法与专利法为例简要说明法律制度体系的完善。针对前述我国知识产权保护立法方面存在的问题，建议进一步完善知识产权保护的立法。例如，在专利保护制度中，通过进一步修改和完善专利法，消除在专利申请和审查中期限过长的不合理因素；将生物技术、动植物新品种的有关部分纳入专利法的保护范畴，拓宽专利的保护范围；考虑技术含量较高的计算机软件通过专利权保护的可能性等。在商标权保护制度中，明确新技术背景下一些新的商标表现形式作为商标受商标法保护；明确商标侵权在网络环境下出现的新的侵权行为方式；制定有关联合商标和防御商标等有关规定等。在版权制度中，明确数字化技术对复制、发行等传统版权概念的影响，适应数字化技术的要求重新定义作品的概念；对因特网上的著作权有关问题如作品的使用、付酬等作出具体规定等。

　　加强立法之间的协调性。如上所述，新兴产业的发展需要诸多方面法律的约束与规范，不同方面的新兴产业立法调整着不同的关系，应注意提高新兴产业各种法律之间的相互协调与配合程度。例如，针对前面所述的在知识产权保护立法制度上商标法、专利法和著作权法"三权分立"的局面，建议统一立法基础，探索制定统一的知识产权法典，建立科学的激励约束相容机制。同时，新兴产业某些关系的调整也会出现在经济、教育、文化、卫生等立法中，要协调好新兴产业立法与其他领域立法之间的内容，避免不同法律部门之间的冲突①。

---

　　① 冷俊峰. 我国高新技术产业制度创新问题研究 [D]. 长沙：中南大学博士学位论文，2008：111-115.

7.3.3　产业政策创新

7.3.3.1　产业结构政策

（1）保持新兴产业之间合理的内部结构

新兴产业内部具有较强的互动效应。例如，新材料是汽车、电子信息、新能源、航空航天、生物医药、环保等新兴产业的基础材料，能够为这些产业的发展提供良好的产业配套；新能源也是作为许多新兴产业的初始投入，与这些产业的发展休戚相关；电子商务为新兴产业内企业间的合作与联盟、新兴市场的推广提供现代信息技术支持平台；物流产业与电子商务由于现代网络技术与电子技术的发展而趋于更加紧密地协同发展等。

因此，产业结构政策的调整目标之一是保持新兴产业内部结构的合理性，协调好新兴产业之间的发展比例，即优化新兴产业的内部结构。政府要注重各新兴产业发展规划之间的协调，以及通过财税政策的有效引导，以形成新兴产业之间"结构合理、协调发展"的格局。

（2）强化新兴产业与传统产业耦合发展

与发达国家不同，我国新兴产业发展战略的提出是在传统产业发展并不充分的背景下提出的，当前仍然面临传统产业调整改造与新兴产业培育发展的双重任务。当然，传统产业与新兴产业之间没有天然的鸿沟，两者不是替代关系，因此，新兴产业的发展必须要与传统产业紧密结合，在传统产业的优化升级中培育新兴产业，新兴产业与传统产业的耦合发展是实现双重任务的有效途径。产业政策应力求进行包括传统产业和新兴产业在内的系统化、整体化的结构调整。调整、优化、升级、融合，是传统产业与新兴产业协同发展的战略路径。这包括三个方面的内容：

第一，要通过政策手段，鼓励新兴产业通过前向、后向及旁侧等关联效应，加强与传统产业之间的技术经济联系，不断延伸和扩展产业链条，在产业不同环节形成上下游关联、产品互补、资源互补、功能互补的产业链条，从而带动传统产业的发展。

第二，鼓励新兴产业利用新技术加快对传统产业生产设备、生产工艺及其管理的改造步伐。许多发达国家的高技术产业化不仅表现为新兴产业的迅速崛起，更表现为信息技术、电子技术、生物技术向传统产业的广泛渗透。例如，将生物技术运用到麻疯树、甘薯等能源植物新品种选育、规模化种植、发酵、生物燃料转化、秸秆生物制氢、高效沼气生产和生物质能源成套设备的研制中，为农产品加工、生物发酵和动植物育种等提供技术支撑；将网络技术和电子技术渗透到传统产业生产、交换和消费的各个环节，有效促进信息流、商流、资金流和物流这"四流"的有机结合；将电子技术、计算机技术广泛运用到企业管理的各个方面，变革传统的管理方式，提高连续生产过程自动化、控制智能化及管理信息化水平，提高传统产业劳动生产率和整体竞争力。

第三，传统产业反过来通过夯实基础支持新兴产业的发展。传统产业要为新兴产业提供熟练劳动力和原材料、新兴产业赖以形成的科学研究工作所需要的各种实验手段、必要的资金积累，同时，传统产业要通过强化的技术积累效应，为新技术的产生与发展奠定基础。

在新兴产业与传统产业的形成及耦合发展过程中，市场规律发挥着基础性作用，然而政府的调控和推动也不可或缺。在市场规律作用下，资源和要素能够自发地流动与配置，但如果没有制度的规范和约束，没有政府行政的、经济的、法律的支撑，战略性新兴产业与传统产业的耦合发展就没有宏观基础和条件。在微观方面，政府应发挥的作用是创造各种有利条件把相关参与者聚集起来，提供支撑性的行动协调系统，并形成一个有效的激励和约束机制以消除耦合系统的失效①。

7.3.3.2　产业组织政策

（1）大力扶持拥有核心技术链的新兴企业

我国新兴产业普遍规模小，实力弱，缺乏拥有核心技术的龙头企业，因此，应该有选择地扶持实力雄厚、拥有自主知识产权、带动作用强的大型企业集团，将其做强做大，提高产业集中度，实现"产业规模化"，增强抵御国际市场风险的能力②。建设和完善拥有先进设备与设施的大型国家实验室、国家工程中心等科研基础设施对这类企业开放的机制，加速科技资源向这类企业的流动；吸引这类企业参与国家新兴技术产业化项目，制订这类企业转移扩散新兴技术的专项计划等；以法律或税收优惠政策的形式鼓励这类企业增加研发投入③；强化龙头企业在技术开发、产业化、标准制定中的引领作用，促进高级创新资源向龙头企业集聚；推动成立以龙头企业为核心、产学研紧密结合的技术创新体系和产业创新联盟。

（2）积极鼓励中小型民营企业进入新兴产业

在促进新兴产业发展过程中，不仅要发挥国有企业的带动作用，也应当兼顾民营企业等中小企业的实力和发展潜力，发挥民营资本对新兴产业发展的推动作用。①保证新兴产业扶持资金等公共资源将民营企业与其他投资主体同等对待。在安排新兴产业项目财政预算内投资、专项建设资金、创业投资引导

---

①　熊勇清，李世才. 战略性新兴产业与传统产业耦合发展的过程及作用机制探讨 [J]. 科学学与科学技术管理，2010（11）：6-8.

②　郭凤侠. 战略性新兴产业发展的SWOT分析：以生物产业为例 [J]. 财经问题研究，2010（10）：33-37.

③　吴照云，余焕新. 中国新兴产业市场结构演变规律探究—以有机硅产业为例 [J]. 中国工业经济，2008（12）：134-143.

基金等资金以及协调调度其他公共资源时，要将民营企业与其他投资主体同等对待。②加快清理新兴产业相关领域的准入条件。制定和完善新兴产业项目审批、核准、备案等相关管理办法，除必须达到节能环保要求和按法律法规取得相关资质外，不对民营企业和民间资本在注册资本、投资金额、投资强度、产能规模、土地供应、采购投标等方面设置门槛。③让民营企业参与新兴产业相关政策制定。在制定新兴产业相关配套政策、发展规划时，应建立合理的工作机制，采取有效的方式，保障民营企业和相关协会代表参与，并充分吸纳民营企业的意见和建议。④将民营企业作为一个重要的技术创新主体，运用各种手段支持民营企业提升创新能力，并扶持民营企业的科技成果产业化和市场示范应用。⑤引导民间资本设立创业投资和产业投资基金，支持民营企业充分利用新型金融工具如私募基金、创投基金等，不断拓宽民营企业的融资渠道。

（3）鼓励并推进新兴企业兼并、重组及纵向分工网络的形成

产业组织结构的优化，应按照专业化分工协作和规模经济原则，依靠优胜劣汰的市场机制和宏观调控，形成产业适度集中、企业间充分竞争，大企业主导、大中小企业协调发展的格局。通过上市、兼并、联合、重组等形式，形成一批拥有自主知识产权、核心能力强的大公司与企业集团，提高产业集中度和产品研发能力，促进大、中、小企业之间共生网络的形成。

处于初创期的新兴产业的一个重要特征就是没有较为成熟的产业配套，也就是产业的纵向产业链发育不完全。随着新技术的迅速发展以及企业所面对消费市场的多样性日益增强，大企业垂直一体化的发展趋势受到质疑，大、中、小企业之间开始建立起纵向分工联系，但有些因素会制约纵向关系的形成，如企业间信息不畅、交易成本过高、中小企业与大企业之间巨

大的技术差距等①。

不管是新兴企业间的兼并、重组，还是纵向分工网络的形成，都可以通过市场调节由企业间自发形成，亦可借助地方政府充当"网络经纪人"（Network Broker）的角色介入而成功实现。地方政府在三方面承担"网络经纪人"职能，促进新兴企业间的兼并、重组与纵向分工网络的形成。①加快信息化基础建设。为了促进厂商信息顺畅，必须大力提高信息化的程度，为企业相互交流提供高效运作的平台。②促进新兴大、中、小企业间的直接交流。政府作为"网络经纪人"组织中小企业与大企业之间的交流，一方面使中小企业发现潜在的生产机会；另一方面，大企业也能够发现已具备一定实力或发展潜力的中小企业，使其成为自己的供应商，并向中小企业提供技术指导、设备改进、资金援助等帮助。③推进制度规则的建立和完善，保证交易各方的合约得到有效执行，从而促进沿供应链条的公平交易并确保其持续发展。政府除了使企业不断认识到"信誉"的重要性，并建立起符合实际情况的民间争端解决机制外，还应确保产权法、合同法、其他商业法规等相关法律条例得到强有力的执行②。

7.3.3.3 产业布局政策

在编制国家新兴产业发展规划时，应充分考虑区域产业及资源禀赋，进行合理布局。同时，为更好统筹全国新兴产业发展，应尽快建立由国家发改委牵头的部际协调机制，以避免区域无序竞争。各省市根据国家的规划、标准和准入条例，结合

---

① 袁中华. 企业集群形成与发展机制研究 [D]. 成都：西南财经大学，2004.
② 姚海琳. 企业集群成长中的地方政府作用 [J]. 当代财经，2003 (4)：10 - 14.

地方的资源优势、市场优势和原来产业的优势，选择发展自己有优势或具有战略意义的新兴产业，避免概念炒作和无序竞争，形成全国各地"各具优势、优势互补、结构合理"的新兴产业协调发展格局。

我国区域经济发展具有不平衡性，东中西地区新兴产业的发展基础、资源禀赋、战略定位有较大差异。因此，新兴产业布局要因地制宜，防止一哄而上，形成新一轮的产能过剩。大体而言，我国东部地区市场机制建设比较完善，竞争相对充分，节能环保、生物医药、海洋开发等新兴产业应重点布局于东部，产业发展更多依靠市场资源，政府主要通过财税政策和金融扶持政策等市场工具进行引导。和东部相比，我国中西部地区市场基础薄弱，但劳动力成本低，自然资源丰富，新能源、新材料、信息产业的生产加工基地适宜重点在中西部布局。政府对西部新兴产业的支持除了金融财税政策之外，应同时加大财政的直接投入。政府主导的重大资源利用类和涉及国家安全的战略项目应优先在中西部布局。

国家高新区应成为我国战略性新兴产业培育发展的主要策源地、主要培育平台和关键发展载体。硅谷的案例表明，创新创业活跃的高技术产业密集区同时也是新兴产业的"孵化器"。国家高新区经过多年的发展，已经在高技术产业发展和创新创业环境营造等方面奠定了相对良好的基础，因此在新的历史阶段，应作为核心载体承担起培育发展国家战略性新兴产业的历史使命①。对国家级产业基地、园区进行规划和引导，避免结构趋同，促进新兴产业基地向专业化、特色化、集群化方向发展，

---

① 赵夫增. 后危机时代的战略性新兴产业发展与国家高新区的使命 [J]. 中国科学院院刊，2010（5）：482–489.

制定政策吸引技术、资金、人才等向产业基地集聚①。要遵循产业发展围绕产业链集聚的规律，加快工业园区的建设，集中抓好具有产业化前景和关联度强的重点项目，以龙头企业为核心，发展壮大产业集群。加快新兴产业园区建设要充分利用已有的优势，加大投入，使其成为新兴产业规模化的示范基地，发挥辐射带动作用。通过新兴产业园区建设，促进新兴产业集群式发展，进一步加强孵化器建设，为中小型高科技企业发展提供服务平台，增强集群发展的凝聚力。

① 郭凤侠. 战略性新兴产业发展的 SWOT 分析：以生物产业为例 [J]. 财经问题研究，2010（10）：33-37.

8 案例研究：成都市战略性新兴产业发展的制度创新

本章以成都市战略性新兴产业发展为例进一步说明我国战略性新兴产业发展的优劣势、普遍存在的问题，以及战略性新兴产业发展所需的制度系统及其创新。

8.1 成都市战略性新兴产业发展概况

成都市具有支持战略性新兴产业快速发展的能力，同时战略性新兴产业的发展对于其产业结构调整升级也具有十分明显的催化作用。早在"十一五"规划中，四川省政府和成都市政府就已认识到这点。四川省"十一五"规划中提出，要按照产业化、集聚化、国际化的方向，加快促进高新区和高技术战略性产业发展，推进自主创新成果产业化，引导形成一批具有核心竞争力的先导产业，包括电子信息、生物医药、新材料、航空航天、新能源、节能环保、文化创意等战略性新兴产业。在四川省规划的引导下，成都市的"十一五"规划也提出要充分吸纳电子信息、生物医药等重大战略性新兴产业项目，推动成都金融、物流、会展等现代服务业发展，加快农业产业化进程，促进产业结构优化升级。成都市战略性新兴产业已经形成较为完善的体系。

在过去几年的发展过程中，成都市战略性新兴产业发展具有较好的经济效益，对经济社会发展的贡献逐步加大。成都的工业发展迎来了很好的机遇，11个重点产业、4个战略性新兴产业都得到了很好的发展。2010年，在科技部排名中，成都高新区的可持续发展能力排名全国第二位，仅次于中关村。成都的生物医药、新材料、新能源、电子信息、节能环保等战略性新兴产业具有优势，发展速度也领跑整个西部地区，特别是电子信息产业在全国范围内均为一流水平。

2008年成都市战略性新兴产业创造的增加值占为565.65亿元，占全市经济总量的14.5%，战略性新兴产业法人单位实现生产税77.7亿元，占全部生产税的13.3%，战略性新兴产业年末从业人员占全社会从业人员比重为10.3%。成都市战略性新兴产业3年内设立企业户数与3年以上5年以内设立企业户数之比增长了147%。其中，数字新媒体产业、新能源产业增幅最大，分别达到377.8%、330.4%，体现了战略性新兴产业强劲的增长势头①。

8.2 成都市战略性新兴产业发展的优劣势分析

成都市选择了新能源、新材料、新一代信息技术、生物医药、电动汽车、高端装备制造和节能环保七大产业作为引导未来发展的战略性新兴产业。从总体来看，成都市战略性新兴产业发展仍处于起步阶段，企业数量增长快但规模普遍较小，注

---

① 资料来源：成都市工业年鉴.

册资本50万以下的企业占战略性新兴产业企业总数的50.7%，同时自主创新能力较弱，完整产业链条尚待形成，与国外发达国家和国内发达城市相比还存在较大差距。以下仅以部分产业为例说明成都市战略性新兴产业发展的优劣势。

8.2.1 电子信息产业

随着金融后危机时代国家政策的支持和经济的复苏，在国际国内加速制造业产业转移和产业结构升级的背景之下，成都电子信息产业逐渐发展成为中国西部地区重要的集成电路设计、生产基地、中国重要的电子元器件、基础材料生产基地和信息安全产品生产基地，并开始向高清晰数字电视、数字娱乐等领域拓展，形成了IT制造产业和软件产业两个集群。成都市现已成为中国西部地区重要的软件产业基地和集成电路设计基地，其电脑市场、手机市场、电子元器件市场、家用电子产品市场消费水平和辐射能力闻名全国，在全国已形成一定竞争优势[①]。

因此，成都市电子信息产业的发展要寻求进一步的突破，就应在借鉴国内外优秀电子信息产业集群发展经验的基础上，结合自身实际，认清楚优劣势，趋利避害，采取有针对性的措施，充分发挥出潜力。比如针对产业链发展处于低端，在高端集成电路、关键元器件、基础软件等核心产品和信息技术的集成应用水平与新产品研究开发能力跟沿海等发达地区相比存在一定差距的劣势，提高信息领域核心技术自主创新能力与产业化应用水平迫在眉睫。

---

① 成都市发改委，成都市经委．成都市产业地图2007－2008［M］．北京：社会科学文献出版社出版，2009．

表 8 – 1　成都电子信息产业与其他城市的优劣势比较

优势	劣势
区域优势：企业运营成本优势（土地成本较上海大约低16%，IT人员平均薪酬仅为上海同行的70%~80%）/市场优势（四川是中国人口数量第二大省，具有辐射西南6省、市的地位和作用，从而有旺盛的市场需求和市场支撑）/基础设施优势（成都电子信息产业拥有超过50年的产业积累，基础设施较为完善，与东部发达地区相比差距较小，与西南地区相比优势突出） 　行业地位优势：成都电子信息产业增幅位居国内前列，电子信息制造业研发经费占销售收入比重位列国内电子信息产业代表城市首位/申请专利数量、新产品销售收入在中西部地区居于龙头地位 　产业聚集优势：产业基地（高新区、经开区、软件产业基地等）的发展带动电子信息产业集聚发展态势/电子信息制造业、软件及服务业由于其较高的专业化程度而形成集聚规模上的比较优势 　产业链优势：产业体系齐全，重点发展领域覆盖面广，形成较为完整的产业链条，特别的基础产业层和支撑产业层发展优势突出	规模劣势：虽然成都市在电子信息产业发展中形成了相应的产业集群，但集群的总体规模还相对偏小，制约规模效应的发挥 　产业链劣势：在整个电子信息产业链基本形成的情况下，具体子产业和发展环节链条上还存在缺失/产业链高端发展不足，很多企业在中间的制造环节基础较好，而上游的研发环节和下游的销售环节缺失，使得产业发展处于全球信息产业链末端，价值流失严重，价值捕捉能力亟待提高 　企业劣势：与北京、上海、深圳等一线城市相比，成都电子信息产业企业缺乏具有带动作用的大企业和优势企业，缺少知名品牌，仅有彩虹集团和汇源集团两家企业进入全国电子信息企业百强 　产业联动劣势：传统产业与电子信息产业，以及电子信息与其关联产业之间互动性较弱，如信息化的推进没有成为电子信息产业聚集发展的需求和市场基础，而电子信息产业的发展也还不能够为信息化提供足够的产品和服务保障

8.2.2　新材料产业

根据波特产业竞争优势的"钻石体系"，一个国家的特定产业能否形成国际竞争力，主要取决于该产业的生产要素、需求条件、相关支持性产业、企业的结构战略和同业竞争等四个关键因素。下面将从这四个方面对成都市新材料产业的竞争优劣势进行分析。

（1）生产要素分析

生产要素可以分为初级生产要素（Basic Factor）和高级生产要素（Advanced Factor）。初级生产要素包括天然资源、气候、地理位置、非技术人工与半技术人工、融资等，高级生产要素包括现代化通信的基础设施、技术性原料、高等教育人力，以及高校研究所等。

初级生产要素随着科技的进步对产业竞争力的贡献度日益减少，但是其数量和质量是创造高级生产要素乃至提升产业竞争力不可缺少的基础。成都市新材料产业在初级生产要素方面具有的优势主要有：①天然资源优势：与国内其他城市相比，成都市作为全国大中城市中矿产资源最富集的地区之一，发展新材料拥有独特的天然资源优势。成都市已探明的金属矿产和非金属矿产资源共60多种，特别是硅矿含量丰富，此外天然气和水电资源也较为丰富；同时成都市周边地区资源也相当丰富，如四川省内有全球最大的独立碲矿；四川冕宁稀土、西藏及省内阿坝的锂矿资源丰富。②区位条件优势：成都市是我国西南地区和长江中上游的经济中心城市，是重要的交通枢纽中心，其公路、铁路和航空运输条件便利，对于降低新材料产业的产品成本十分有利。

成都市新材料产业在高级生产要素方面具有的优势主要有：①通信基础设施优势：成都市的通信基础设施逐步完善，现代化程度不断提高，其电子政务、电子商务、企业信息化、工业信息化、农业信息化等信息工程建设取得显著进展；面向工业自动化、电子政务、电子商务、财务、企业管理、教育和数字文化业，以支撑软件、系统集成软件、嵌入式软件为主体的软件业初具规模。以信息平台为依托，以信息化急需软件为核心，以信息资源开发和信息服务为重点的信息服务业迅猛发展；信息技术改造提升邮政、教育、医疗卫生、商业、交通、金融、税务、海关、旅游等服务业初见成效，传统服务业现代化、专业化步伐加快。总之，这些不断现代化的通信基础设施为新材料产业的发展提供了丰富的信息资源和便利的信息交流平台。②人力资源优势：成都市拥有众多的高校和科研机构，包括四川大学、西南交大、电子科大等院校在内的高分子材料研究机构可为新材料产业发展合成树脂（塑料）产业提供科技支撑；非技术人工与半技术人工人才相对富集，这对于发展知识、资金密集度较高的新材料产业而言是比较重要的竞争优势来源之一。2008 年，成都市共有科研机构 106 个，从业人员 17 703 人，其中从事科技活动人员 10 534 人，占比为 59.5%，科学家和工程师总人数为 8 327 人，占比为 47%。同时成都市在劳动力成本方面较之于深圳、上海等地也具有明显竞争优势，其工人月平均工资较低，从而相对富集的人力资源和较低的劳动力成本就为成都市新材料产业发展提供了助力。③技术性原料优势：在合成树脂领域，四川石化基地建成投产后可为成都市提供发展聚酯（PBT、PTT）及合成树脂（塑料）改性材料等产品所需的苯、对二甲苯和聚乙烯、聚丙烯等原料；在硅材料领域，超白玻璃具备 250 吨/天产能，已引进 3 条 4.5 代 TFT－LCD 用年产 300 万片 0.5 毫米无碱超薄玻璃生产线；镧系光学玻璃产量和技术在国内居领先水平，总产能占全球近 30%；在稀土材料领域，四川大学在新型薄膜电池材料、镍氢电池负极材料和生物医用材料上有较强的研发能力，粘结钕铁硼生产技术达国际领先水平，产能居全球第三，中科院成都有机化学研究所具备国内先进的锂离子电池材料研发能力，碲化镉/硫化镉等材料技术属国内首创，骨诱导材料、纳米羟基磷灰石、钛金属磷灰石涂层材料等产品技术居国内前列①。

成都市新材料产业在生产要素方面的劣势主要有：①在合成树脂领域，聚酯（PBT、PTT）产品属于高技术产业，成都市由于尚未引进拥有核心生产技术、专利的企业和项目，导致发展聚碳酸酯（PC）、聚苯乙烯、丙烯腈－丁二烯－苯乙烯（ABS）等品种的上游原料缺乏，对成都市合成树脂（塑料）产业发展产生限制。②在高纤复材领域，虽然成都市在高性能纤维生产上已形成集聚优势，但整体生产能力还较低，缺乏相应的规模化生产企业和研发机构，使得高纤复材制品总体上技术含量较低，产业链条不完整。③在稀土材料领域，锂离子电池材料、生物医用材料产业化程度低，缺乏规模化生产企业。④在人力资源上，虽然有成都市较强的人力资源储备优势，但由于新材料产业发展较晚和技术性强的特点，使得基于新材料产业的专门高素质科研人才缺乏，特别是博士、硕士、高级职称的人才极其缺乏。

（2）需求条件分析

成都市新材料产业发展拥有强大的需求动力，主要表现在：①成都市内需情况：成都市近年来经济的高速增长和居民收入的迅猛增加为成都市新材料产业的发展提供了总量庞大、质量优越的区域内需条件。例如居民收入的高速增长导致其消费层次提高，高中收入阶层对纺织新材料制成的高档服装的需求增加；随着农业产业化的积极推进，生活比较富裕的消费者越来越关注农产品的质量和安全，这将拓展高效、安全的新型农药市场需求；成都是我国重要的军工生产基地之一，有数十家大型军工企业、国防工业和武器装备的更新换代对高性能材料有

---

① 资料来源：成都市新材料产业发展规划（2009－2012）.

着迫切的需求；正在建设中的成都地铁工程也对各种特殊材料产生了非常大的需求。②国内需求情况：我国是世界上人口第一大国和最大的发展中国家，许多基础材料（如煤炭、钢铁、水泥等）的需求和消耗均居世界第一，但材料的质量、品种、规格等在很多方面均落后于发达国家，这已成为制约我国工业和国防发展的关键因素。这个基本国情为包括新材料在内的所有材料提供了一个极其广阔的大市场。我国对新材料的巨大需求主要来自国家支柱产业、高新技术产业和现代国防，例如民用飞机、汽车、高速列车等先进交通运输领域，信息与通信技术领域，以及能源领域等。这些领域的发展将极大刺激和带动高性能结构材料、微电子和光电子材料以及特种功能材料等的发展，从而创造出巨大的社会经济效益。

图 8-1　中国新材料产业市场规模增长图

资料来源：根据《中国高新技术产业导报》、赛迪顾问有限公司发布课题整理

（3）相关和支持新产业分析

新材料产业与其相关和支持性产业是相辅相成的，这些相关和支持性产业的发展，有利于增强新材料产业的竞争力。新材料是很多制造业（如食品、化工、航空航天、汽车、船舶等）的重要原材料。制造业的发展，一方面能够扩大对新材料产品的市场需求，另一方面可以促进新材料产业改善产品质量。成

我国新兴产业发展的制度创新研究

都市工业发展迅速，与新材料产业相关的制造业较为发达，在诸如交通运输基础设施建设、服装制造业、化工产业等方面，对新材料的需求均为新材料产业的发展提供了助力。

（4）同业竞争分析

近年来，四川省新材料产业蓬勃发展，攀钢集团、得阳科技、新光硅业、永祥硅业、东汽峨半、阿波罗科技、自贡硬质合金、四川大学国家生物医用材料研究中心等一批新材料企业脱颖而出。成都市新材料企业发展面临着省内和省外同业的竞争，一方面缺少产业中的龙头企业，另一方面政府鼓励各种类型的企业进入新材料产业，政策环境比较宽松，因而成都市新材料产业低端同业竞争是比较充分的，但是多数为无序的恶性竞争，还需要政府加以明确规范和引导。

综上所述，成都市新材料产业的"钻石体系"拥有的产业竞争优势并不是很明显，仍存在很多的不足。因此，要加快成都市新材料产业的发展，增强产业竞争力，尽量克服其不足，为新材料产业的发展提供良好的外部环境。

8.2.3 新能源产业

2008年成都市太阳能、核能和风能产业主要生产企业共计50余户，新能源产业实现销售收入近100亿元，虽然较之国内发展较好的城市还有一定差距（2008年深圳市新能源产业总产值约300亿元，其中新能源开发利用产值140多亿元，新能源服务产业产值50多亿元），但成都市新能源产业的发展已具有明显的优势。成都市新能源产业已涉及太阳能、核能、风能、新能源汽车、半导体照明等领域，2009年，随着加快推进建设一批新能源重大项目，成都打造国家级新能源高技术产业基地的目标正一步步实现。

表 8 - 2   2008 年成都市新能源产业发展概况

产业	概况
太阳能	2008 年实现销售收入约 8 亿元，拥有企业 10 余户
核能	2008 年实现销售收入约 13 亿元，拥有核能科研设计院所 4 家，核电设备制造企业 10 余户
风能	2008 年实现销售收入约 16 亿元，在零部件方面有相关企业 30 余户，初步形成了天马轴承、东方日立等一批成长性企业
新能源汽车	成都市具备较好的新能源产业发展基础，新能源汽车的后发优势明显
半导体照明	2008 年实现销售收入 5 亿元，有企业 40 余家

资料来源：成都市新能源产业发展规划（2009 - 2012）

成都市光伏太阳能产业链较为完整，且竞争优势较为突出。在上游，成都市拥有西部地区的多晶硅产业优势（利用水电等低价能源优势，中西部地区在光伏上游多晶硅产业上占得先机，四川新光硅业是国内为数不多的能够量产多晶硅、技术力量较为雄厚的企业）；在中游光伏组件上，四川大学自主研发的碲化镉薄膜光伏电池技术具有国际先进水平，阿波罗太阳能碲化镉、硫化镉太阳能薄膜电池材料生产规模全国第一；在下游光伏并网上，钟顺科技"高倍兆瓦级聚光光伏并网电站及关键设备研制"处于国内领先水平。同时随着天威新能源、天威硅业等一批重大项目的建成投产，成都市将形成从多晶硅到铸锭、切片、电池片、电池组件的晶体硅电池完整产品链；最后，四川大学太阳能光热发电集热技术、西南电力设计院太阳能光热电站总体设计以及锦江电器雷达追踪技术研发等一批与光热发电相关设备制造类似的技术，是成都市太阳能光热发电装备制造产业的强有力支撑。但成都市太阳能产业与国内相关领域发展最好的江苏无锡、江西新余等相比，在产业规模和产业配套方面还存在一定差距，尚未掌握太阳能发热发电的关键核心技术。

（2）核能

核电产业链构成复杂，各产业环节收益往往存在时滞，核能产业发展的核心就是要有关键的核心技术，要有一批优秀的企业和专门的研究机构和人才，才能占领产业的价值链高端。从成都核能领域的发展状况来看，在核岛研究设计和核蒸汽系统集成方面具有突出优势。从企业来看，三洲川化机是国内唯一具有整套主管道制造能力的企业，四川川锅、川开电气、成都炭素等一批企业具有核岛关键部件、材料的生产能力；从研究机构和人才来看，设在成都的中国核动力研究设计院已形成包括核动力工程设计、核蒸汽供应系统集成供应、反应堆运行和应用研究、反应堆工程实验研究及核级设备鉴定等完整的科研设计体系。同时，从另一方面也要看到成都市在发展核能上的劣势：成都市目前还不具备核岛大型设备的制造能力，部分企业中小企业虽然具有生产核岛部件、材料的技术和能力，但还未取得相应的核级生产资质。

（3）风能

成都市风能发展，主要体系在风电产业链的中游发展势头强劲：在零部件方面，现有相关企业 30 余户，初步形成了天马轴承、东方日立等一批成长型企业；在整机制造方面呈加快发展态势，腾中重工研制的高效立式风电整机系统具有风能利用率高、设备安装运输检修方便等特点，处于国内领先水平，新筑路桥研制的新型桨叶式风力发电机组具有对电网冲击小、调速范围宽的特点，广泛应用于二三类风场，同时德阳东方电气在整机生产能力方面处于国内领先地位，对成都市风电整机企业的发展可以起到很好的带动作用。但由于受运输条件限制，成都市不宜发展塔筒、桨叶等风电机组大型部件。

（4）新能源汽车

在新能源汽车领域，成都市还处于起步阶段，缺乏相应的整机和电机、电控系统关键部件龙头企业。在国家大力扶持新能源汽车发展的政策环境下，目前我国北京、广州、重庆等城市都纷纷建立起了产业联盟与区域规划，成都市应在认识到自身具有发展新能源汽车的前景基础上，加大投入力度和市场引导。成都市电动汽车消费市场潜力巨大，且具备较好的产业发展基础，后发优势较为明显。一汽丰田、川汽集团、一汽大众成都分公司等整车企业具备已较强的总装实力，中科院成都有机所已掌握锂离子电池生产核心技术，

电池隔膜制造技术处于国内领先水平，宝生实业镍氢动力电池技术在我国处于领先地位。最后四川丰富的稀土和锂矿资源，为成都市发展车用镍氢、锂离子动力电池提供了原材料保障。

（5）半导体照明

在半导体照明领域，成都市呈现出全产品链的发展趋势，目前拥有东骏激光、新力光源、瑞安特科技等半导体照明上中下游产品链企业40余家，同时电子科大、四川大学、中科院光电所、中蓝晨光化工院等科研院所在外延材料、LED器件、荧光材料等领域取得了一批技术成果，中村煌晟光电也将发展从衬底、芯片、封装到应用产品的全产业链。但是目前成都市半导体照明发展上还欠缺有核心技术和专利的企业和项目。

综合以上分析，通过图8-2的SWOT分析矩阵对成都市新能源产业发展的优劣势进行反映。

优势(S) 成都市政府高度重视，列入2009 -2012年产业规划 开放的环境与区位优势 企业技术创新意识不断增强 光伏太阳能产业链优势突出	劣势(W) 核心技术不多 专业技术开发人员不足 国内外战略投资者少 国内外竞争对手林立 研发经费投入不高
机遇(O) 国内国际投资不断加大 金融危机给中国以及成都带来的 机遇 与中西部及其他地区经济联系更 加紧密	威胁(T) 同业竞争加剧 核心技术被超越 市场细分和行业整合明显，差异 化需求显著
S-O策略 充分利用国家和成都市的各项支持 政策，引导企业在人才引进、多元 化投资体系的建立、科技开发和市 场开发等方面不断探索，明确以技 术创新为主体的企业发展模式	**W-O策略** 在产业链条构建上不断加大相关 技术与条件的投入，充分利用区 位优势加大与重庆、西安等城市 的技术合作力度
S-T策略 充分了解和分析来自国内外同业竞 争对手的战略意图，发挥本土各种 资源优势，不断增强技术创新能力 明确发展定位	**W-T策略** 在政策上，不断对企业提供相关 配套服务，不断完善吸引和促进 各类人才的引进与培育政策；建 立对技术引进与消化的具体政策， 以提升企业自身的持续创新能力

图 8 - 2　　成都市新能源产业发展 SWOT 分析

8.2.4　生物医药产业

成都市生物医药产业已基本形成了化学制药、中成药、中药饮片、中药材生产、生物生化制药、医疗器械、药品包装材料和卫生材料等门类比较齐全的医药行业体系，是成都工业的优势产业之一，在全国医药产业中也占领一席之地（青霉素钾盐产量占全国总产量的1/9，扑炎痛原料药及片剂、丁胺卡那霉素生产规模在全国名列前茅，植物提取原料药芦丁产量居全国第一）。2008 年，全市生物医药制造业实现工业产值 202 亿元，增长 21%，利税 31.72 亿元；医药商贸业实现销售收入 180 亿元，增长 20%，实现医药出口额 1.6 亿美元，增长 60.5%；医药外包服务收入 2.4 亿元，增长 71%，在成都高新技术产业利税贡献率中继续保持第一。同时全市拥有生物医药企业 350 家，其中规模以上的生物医药企业 146 家，规模以上企业数量仅次于上海、北京，成都市已成为国内重要的生物医药生产和流通基地之一。

表 8 - 3 　　　　　　　成都生物医药产业发展优劣势

优势	劣势
资源优势：四川是中国最大的中药材场地之一。有中药材资源 4000 多种，种植面积约 100 万亩，中药材年产销量 10 多万吨，占全国的 1/3，首批激活川穹等 13 种 GAP 基地，第二批 15 种示范区也已启动 　行业地位优势：生物技术药物、现代中药、特色化学原料药、生物医学工程、生物医学服务在国内已具备一定影响 　产品优势：洁尔阴洗液、三勒浆口服液、地奥心血康、黄氏注射液、参脉注射液、一清胶囊、松龄血脉康、糖脉康颗粒、抗病毒冲剂等 　产业链优势：初步形成较为完整的核心产业价值链条，某些优势产业价值链比较完善	规模劣势：成都市医药产业总量较大，但医药企业的规模偏小，进入全国百强企业数目太少，缺乏大型和跨国型企业 　创新劣势：受资金约束影响，研发投入较少，导致创新和创新成果较少，使得产业价值链上游竞争力缺失 　营销劣势：缺乏现代营销理念和专门的营销机构，营销网络重复、营销模式单一、营销手段落后，导致产业价值链下游竞争力不能充分发挥 　产业联动劣势：产业优势与商贸优势的联动性较差，科研优势与产业优势的结合度较差，各种基础的优势没能转化为较强的出口优势

　　综上，成都市相关战略性新兴产业发展的优劣势亦能反映出我国战略性新兴产业发展状况的一个侧面。例如，比较常见的优势有：资源优势较为明显，拥有了相当数量的新兴领先技术，政府高度重视，市场需求前景较好等。普遍存在的问题是：

缺乏掌握核心技术的龙头企业，缺乏持续增长的科技投入机制，中小科技型企业融资困难，创业投资介入欠充分，新兴技术产业化率不高，产业链不完整，法律制度建设滞后等。

8.3 成都市战略性新兴产业发展的制度创新

成都市将战略性新兴产业发展作为建设"世界现代田园城市"、"创新型城市"的重要支撑，顺应世界产业技术革命的新趋势，充分发挥成都比较优势，选择市场前景广、带动能力强、吸收就业多、综合效益好的新能源、新材料、航空航天、节能环保、生物医药、高端装备制造、新一代信息技术等作为重点发展的战略性新兴产业，提高战略性新兴产业规模化程度，使战略性新兴产业成为调整产业结构、转变发展方式的动力和支撑成都市经济持续健康发展的新增长点。成都市确立了战略性新兴产业发展总体目标：2010—2015 年，力争全市战略性新兴产业增加值年均增速达 30% 以上，到 2015 年，全市战略性新兴产业增加值达到 4000 亿元以上，从业人员达到 400 万人，占全社会从业人员的 40%，逐步发展成为中西部地区战略性新兴产业主要增长极。2015—2020 年，战略性新兴产业增加值年均增速达 20% 以上，到 2020 年，战略性新兴产业增加值达到 8800 亿元，从业人员达到 600 万人，成为我国战略性新兴产业发展的主要基地之一。

产业结构升级目标是：坚持以战略性新兴产业带动传统产业的发展，坚持以新兴技术改造传统产业，坚持以战略性新兴产业的发展推进低碳经济和循环经济；将战略性新兴产业渐次发展成为成都市的主导产业、支柱产业，三次产业结构更加协调，产业结构不断优化升级，产业结构对经济增长的贡献度不断增加。到 2015 年，战略性新兴产业增加值占地区生产总值的比重达 40% 以上，形成战略性新兴产业集群 3~4 个，基本成为成都市的主导产业。到 2020 年，战略性新兴产业增加值占地区生产总值的比重达 50% 以上，发展成为成都市的支柱产业，产业空间布局更加合理。

为保障这一总体目标及产业结构升级目标的实现，成都市以制度创新为中心，致力于机制、体制改革，出台了一系列的制度、政策及措施，为战略性新兴产业发展创造了良好的制度环境与安排，充分体现制度在战略性新兴产业发展中的首要作用。

8.3.1 要素培育制度创新

成都市为更快促进战略性新兴产业发展，推行"要素保障工程"，而这一工程的推动，就是要以要素培育制度的创新作为先行，促进各种高级生产要素在战略性新兴产业的集聚。

8.3.1.1 融资制度创新

针对新兴企业"高技术、高投入、高风险"特征，成都市将创新金融服务作为切入点，在帮助战略性新兴产业企业争取技术创新、技术改造等各类项目扶持以及不断增加贷款贴息的同时，积极探索新兴企业融资模式，构建银企合作机制，设置多种基金，解决新兴企业尤其是科技型中小企业融资难问题，促进科技与金融结合。

首创"梯形融资模式"。梯形融资模式由成都高新区发展策划局局长、西南财经大学博士汤继强首创，其构架由"内源融资＋政府扶持资金＋风险投资＋债权融资＋股权融资＋改制上市"六个部分组成，是一种随中小企业发展而动态适配的①由政府引导、有民间资金参与的社会化投融资解决方案。此方案不仅为不同成长阶段的企业提供了"融资路线图"，而且为各种金融机构、社会资本明确了参与方式，同时界定了政府在中小企业融资中的责任，是现有金融制度设计下的一次重要的体制机制创新。此模式捅破了蒙在中小企业融资问题上的一层"纸"，在明确了企业努力方向的同时，政府也有了更明确的着力方向②。

构建银企合作机制。建立园区管委会与省内各商业银行的战略合作，跟踪落实各商业银行为重点企业提供的授信额度，加大对企业的信贷投放。构建银企定期沟通机制，成都市相关职能部门每年至少组织举办 2 次以上银企融资项目对接会、座谈会、沙龙等活动，为企业、项目、资金搭建桥梁。

充分发挥担保公司作用。对产品市场前景好、生产经营中诚信度高但缺乏实物资产抵押的重点新兴企业，简化审查流程，确保及时获得融资担保服务，专门发布《成都市融资性担保机构绩效考核及示范担保机构确认暂行办法》，用以规范担保公司的经营行为及激励担保公司积极为新兴企业提供担保服务。

设置多种基金。如风险投资基金（VC）、科技创新基金、私募股权基金等。风险基金的重点是支持高技术成果的转化和产业化；科技基金则主要用于科技体制改革、中小企业资助、项目开发。私募股权基金（PE）主要对非上市企业进行权益性

---

① 即将中小企业发展分为初创期、成长期、扩张期、成熟期和衰退期 5 个阶段，不同阶段适用于不同的融资方式，从而将中小企业发展生命周期与投融资相结合。这与本书第五章所论述的"战略性新兴产业不同发展阶段的融资需求"大体相似。

② 中国经济新闻网. 成都"会诊"中小企业融资难题 梯形融资模式为其"舒筋活血"[EB/OL]: http://www.cet.com.cn/wzsy/df/298758.shtml.

投资。作为西部金融中心的成都，目前至少有 20 家国际知名 PE、VC 在此设立了代表处，或者与当地政府合建了创投基金，成都已成为 VC、PE 在西部竞相争夺的热点区域。上述现象的出现或与成都的政策有关，如最近成都发布了《成都市创业投资风险补偿专项资金管理试行办法》就是一个证明。另外，还建立了风险补偿资金，专项资金是由成都市应用技术研究与开发资金和成都市财政新增专项资金按 1∶2 比例安排的，资金规模 2 亿元人民币，其中启动资金 4500 万元人民币，其余部分在 5 年内按照实际使用和需求情况逐步到位。

通过融资制度的创新，成都市有效地解决了新兴中小企业成长中的资金瓶颈问题，建立起了政府资源与市场运作高度结合的科技金融服务机制，政府、银行、资本市场等各个方面积极参与，"梯形融资模式"已开花结果。据报道，2010 年，成都高新区累计帮助 300 余家（次）企业获得担保贷款 12 亿元，近 20 家企业获得各类风险投资和股权投资约 10 亿元，新增创业板上市企业 2 家，使成都高新区内上市企业达到 21 家，约占成都市的一半[①]。

8.3.1.2 人力资本制度创新

加快培养科技创新人才。建立和完善政府、企业、社会多元化的人才培养和投入机制。依托重大科技项目及重点学科、重点实验室、企业工程技术（研究）中心和博士后工作站等载体，培养和造就优秀创新团队与领军人才；调动在蓉高校、科研院所的积极性，围绕产业发展需求，扩大人才培养规模；加大"市人才开发专项资金"投入力度，重点向培养创新人才倾斜。企业培训人才提取的职工教育经费在计税工资总额 2.5% 以

---

① 中国证券网. 成都高新区将加快战略性战略性新兴产业企业聚集 [EB/OL]. http: //finance. sina. com. cn/stock/t/20110302/19089460367. shtml.

内的，可在企业所得税前扣除①。

着力进行创业园区、"创业工场"建设。2009年5月起，成都市委、市政府启动青年（大学生）创业园区建设，团市委联合市级相关部门围绕园区建设、项目征集、项目孵化、金融支持、导师服务等环节初步构建了一套扶持机制，成果初步显现。目前入驻12个青年（大学生）创业园区的项目已有636个，注册公司357家，取得技术成果132项，获得全国性技术创新成果或表彰17项。从入园项目分类看，89%的为文化创意、工业设计、软件开发、电子商务、生物医药等战略性新兴产业。同时，建设"创业工场"，打造扶持青年创业的成都模式。在12个青年（大学生）创业园区的基础上，统筹提升总体形象，集中打造整体功能。以市场化为手段，围绕战略性新兴产业成长，建立面向海内外的项目和人才汇集体系、建设全方位的创业教育培训体系、探索建立创业保障体系、培育创业文化体系②。

积极引进科技创新创业高端人才。2010年，国腾电子、成都华微电子科技有限公司、阜特科技、成都光明光电股份有限公司、科伦药业、普川生材、硅宝科技等企业组团前往深圳招聘高端人才，重点引进成都市重点产业、战略性新兴产业及其他战略性产业所急需的高端人才、重大项目与重大科技攻关及其成果转化所急需的高端人才、其他经济发展和社会事业所急需的高新技术、专业技术、管理等高端人才，在人才引进时给予相当多的优惠条件与待遇，例如安家补贴、财政奖励和保障

---

① 成都人才网. 中共成都市委、成都市人民政府关于增强自主创新能力深入推进高科技成都建设的决定 [EB/OL]: http://www.rc114.com/JobFair/Unit/shengzhen/Policy_ 5. aspx.

② 惠朝旭. 打造"创业工场"，发挥青年在成都战略性新兴产业发展中的积极作用. 成都市人民政府网站 [EB/OL]: http://www.chengdu.gov.cn/news-release/list.jsp? id=305994.

服务等，并出台了关于"支持企业引进高级人才"、"软件人才安居"、"完善科技创新人才激励机制"、"吸引留学人员来蓉创业服务"、"各类人才入户成都"等一系列政策措施，为高端人才的引进提供了政策保障。

进一步完善科技创新人才激励机制。鼓励企业完善分配制度，建立健全科技人员按贡献参与分配，以及通过合约享有专利发明权益的激励机制，充分调动科技人员的创新积极性。加大奖励力度，市科学技术杰出贡献奖奖金额度提高到 50 万元，市科学技术进步奖特等奖、一等奖、二等奖、三等奖分别调为 10 万元、6 万元、3 万元、1 万元；增设专利奖，对获得金奖、银奖和优秀奖的奖项分别给予 6 万元、3 万元、1 万元的奖励，其中职务发明奖项对个人的奖励额度不低于 80%，奖励资金由市级财政预算安排；市科学技术杰出贡献奖和市科学技术进步奖特等奖获得者享受市级劳动模范待遇；对获得"国家科学技术奖"的在蓉企事业单位、大专院校、科研院所的科技人员给予配套奖励，其中，国家最高科学技术奖获奖者奖励 50 万元，国家自然科学奖、国家技术发明奖的第一获奖者按 1∶1 配套奖励，国家科学技术进步奖第一承担单位的课题组人员按 1∶1 配套奖励①。

8.3.1.3 科技制度创新

鼓励企业技术创新。完善企业技术创新促进机制，使企业真正成为研究开发投入、技术创新活动和技术集成应用的主体。实施"技术创新引导工程"，开展创新型企业试点工作，从项目、资金等方面给予重点支持；支持大中型企业建立研发机构，

---

① 成都人才网. 中共成都市委、成都市人民政府关于增强自主创新能力深入推进高科技成都建设的决定 [EB/OL]. http：//www.rc114.com/JobFair/Unit/shengzhen/Policy_ 5. aspx.

对取得国家、省（部）级工程技术（研究）中心、企业技术中心的企业创新团队分别一次性给予50万元、20万元奖励；鼓励企业加大研发投入，允许企业按当年实际发生的技术开发费用的150%抵扣当年应纳税所得额，当年实际抵扣不足部分，可按税法规定在5年内结转抵扣；落实国家对高新技术企业的税收优惠政策，对成都高新区内新办高新技术企业自获利年度起2年内免征企业所得税，2年后减按15%的税率征收企业所得税；加快孵化器建设，对符合条件的科技企业孵化器（含国家大学科技园），自认定之日起，一定期限内免征营业税、所得税、房产税和城镇土地使用税。激励企业开发拥有自主知识产权的主导产品和关键技术，对具有自主知识产权的产品实行政府首购和订购。

推动科技资源共享。以政府为引导，发挥市场配置资源的基础性作用，完善协作机制，整合科技创新资源。促进企业与高校、科研院所联合，组建产学研技术联盟，建立开放的共性技术研发平台；支持建立科技文献、基础数据、情报信息及大型仪器设备共享平台；探索军民结合、寓军于民的有效途径，加快推进国防高技术研发成都创新基地建设，促进电子、航空航天、光电、核技术等领域的国防科技成果向民用转化，提高企业为军工配套服务的能力，拓展相关产业。

扩大科技交流与合作。立足全市重大科技需求，积极推进对外科技交流与合作，增强集成创新和引进消化吸收再创新能力。加强成渝经济区、成德绵高新技术产业带的科技互动，在电子信息、汽车、重大装备、核技术应用等领域开展交流与合作。吸引国内外高校、科研院所和知名企业来蓉设立研发机构，构建以成都为中心、辐射西部、面向全国的区域研发总部；支持企业开展国际科技交流与合作，对企业开展的国际合作项目给予适当资助。举办各类国际性学术交流会议和科技博览会，打造城市科技品牌①。

8.3.2　企业制度创新

战略性新兴产业发展不能完全寄托于政府的政策扶持，新兴企业更应该积极主动地以市场机制为导向，通过内在的变革与创新来实现产业、企业本身的成长与壮大。成都市新兴企业制度的创新与变革主要体现在：

大力实施"企业再造"工程。"企业再造"是指"企业流程再造"，是企业彻底摒弃原有不合理作业流程，针对客户需要进行根本性的重新思考，再造新的作业流程，以求在品质、成本、服务和效益等各项当代绩效考核关键指标上获得显著改善。成都市新兴企业在"企业再造"过程中，适应竞争激烈与市场需求复杂多变的经营环境，坚持以客户利益、员工、效率和效益为中心，不断更新管理理念，由根本做起，重新思考，精心设计企业的流程，实现对传统的管理模式的扬弃，以创造出跳跃式的绩效。

实现传统业务（产品）与新兴业务（产品）的主动融合。成都市战略性新兴产业发展规划中明确指出要"以新兴技术实现对传统技术的改造，以战略性新兴产业的发展带动传统优势产业的发展"，在这一指导方针下，传统业务在实现自身的技术升级的前提下，要特别注重对关键技术和关键设备的吸收引进，探索产品升级换代和产业升级发展的途径，实现传统业务与新兴业务的良好耦合。

构建自主创新的组织结构。企业创新思想和创新能力的形

---

① 成都人才网. 中共成都市委、成都市人民政府关于增强自主创新能力深入推进高科技成都建设的决定 [EB/OL]: http://www.rc114.com/JobFair/Unit/shengzhen/Policy_ 5.aspx.

成，需要建立一个有利于创新的环境和一整套机制，适当的组织和激励，是企业创新的推动力。成都市许多新兴企业的做法是：根据自主创新的"不确定性"特征，打破传统组织的等级和规程，推行较为松散灵活的组织形式，进行分散的创造性活动；组织的变迁服从于技术发展和创新，根据科技创新的进展，推进企业组织变革。

完善企业内部运行机制。成都市原有工业企业内部控制运行机制中普遍存在"重设立，轻运行"、会计信息失真、风险意识薄弱、内部监督失灵等问题。成都市战略性新兴产业企业在内部运行机制方面的变革大体有：建立以财权为基本纽带、以产权制度完善为保障的公司治理结构，为内部控制的构建提供制度基础；转变内部审计职能，加强内部审计的独立性；加强会计信息化建设，搭建内控运行机制的技术平台；建立以风险为导向的财务管理和内控运行机制。

8.3.3 政府管理制度创新

8.3.3.1 创新政府服务模式

成都市政府首创了多项服务模式，软环境变成硬实力，"三段式服务模式"、"并联审批模式"、"一窗式服务模式"等服务创新，已经从成都高新区推广到了全国许多地区。

在政务服务方面，实行所谓的"三段式服务模式"，围绕项目引进、建设、生产经营三个关键环节，构建了不同的服务体系，实现全程服务与无缝服务。在 2007 年，启用"并联审批模式"，是指通过审批流程再造，改变以前按序逐家审批的模式，由一个中心（部门或窗口）协调、组织各责任部门同步审批办理的行政审批模式，实行"许可预告、服务前移、一窗受理、内部运转、并行审批、限时办结、监控测评"的一窗式服务模式，审批办理时间平均缩短77%。2009 年，又在中西部率先开通了"962000 企业服务呼叫中心",不论是投资等大事,还是疏通下水道等小事,企业在任何时间只要拨打这个号码,都能得到及时答复和处理。962000 企业服务呼叫中心的企业服务几乎涉及所有部门,呼叫中心只是一个诉求集合渠道,成都高新区在全区各部门、街道都安排了专门分管领导、联系专员,通过中心专网,分流每个企业诉求,适时追踪问题处理进度,确保每个环节的全效运转。

在企业增值服务方面,建立了专业园区管理服务公司、技术创新服务中心、创新投资公司等懂技术、善管理的专业技术服务团队,为企业提供技术平台、人才培育、融资担保、行业分析咨询等增值服务。

在创新创业服务方面,打造了全国最大的科技孵化器,建立了全国第一批大学生创业服务基地,配套了创业辅导、风险投资、廉租公寓、企业员工公寓等服务措施[1]。

2011 年,四川省战略性新兴产业促进会在成都成立,截至目前,已吸收 200 多家关注战略性新兴产业发展的企事业单位入会。促进会负责人表示,促进会成立后将搭建好"政企对话"、"高科技人才对接"、"高科技项目转化"等六个平台,做好"服务政府"、"服务会员"两个服务。可以预见,该促进会的成立,必将实现对成都市战略性新兴产业发展的有效促进。

8.3.3.2 法律制度建设

尽管法律制度建设更多属于国家层面,但地方政府亦需配合国家法律制度的建设,出台地方性法规与条例。成都市不断完善战略性新兴产业在科技活动的组织与管理、科技成果流通、专利、版权、环境保护、标准化、涉外科技等方面的立法工作,

---

[1] 凤凰网财经. 成都高新区未来将加快战略性新兴产业企业聚集 [EB/OL]. http://finance.ifeng.com/roll/20110303/3561104.shtml.

增强产业发展的法律保障。例如修订《成都市科技进步条例》，出台《成都市专利保护与促进条例》、《成都市科学技术普及条例》，依法保障科技创新活动，取得了较好的效果。

8.3.3.3 财税制度创新

专设战略性新兴产业发展专项资金。2011 年，四川首次拨出 20 亿元作为扶持战略性新兴产业发展的专项资金。这些资金主要用于扶持新一代信息技术、新能源（含电动汽车）、高端装备制造、新材料、生物和节能环保等战略性新兴产业的重大项目的发展，着力解决一批重大关键技术，重点培育发展战略性新兴产品 233 个。其中，做强做大 20 个重大关键产品，加快发展 90 个以上重点培育产品，引导发展 100 个以上区域特色产品。根据省经信委、省财政厅《关于申报 2011 年新兴产业发展专项资金项目的通知》，成都市开展了 2011 年新兴产业发展专项资金项目申报工作，对符合《2011 年四川省新兴产业发展专项资金申报指南》要求，列入 2011 年新兴产业发展专项资金项目评审计划的项目，进行统一申报。

设立贷款贴息专项资金。从 2010 年起，成都市每年设立流动资金贷款贴息补助专项资金，并根据重点企业财力增长情况同比例逐年增加，对重点企业的流动资金贷款予以贴息补助支持，减轻企业财务费用负担，降低企业融资成本。

加大政府采购对战略性新兴产业的扶持。成都市根据战略性新兴产业产品认定标准，公开政府采购新兴产品目录，给予战略性新兴产业新产品优先待遇并给予自主创新产品以价格优惠，加大政府采购对新兴市场的引导力度。

企业所得税。根据新企业所得税法的规定，对于战略性新兴产业①的企业，享受"三免三减半"的税收优惠。所谓"三免三减半"是指符合条件的企业从取得经营收入的第一年至第三年可免交企业所得税，第四年至第六年减半征收。成都市拟出台政策，新兴企业在"三免三减半"政策期满后，仍享受所得税率在15%的基础上减半征收的优惠；企业开发新技术、新产品、新工艺的研究开发费用支出，可以在计算应纳税所得额时加计扣除；对于战略性新兴产业中符合条件的技术转让所得，可以免征、减征企业所得税等；新兴企业的固定资产由于技术进步等原因，可以采取缩短折旧年限或者采取加速折旧的方法。

营业税。对单位和个人从事技术转让、技术开发业务和与之相关的技术咨询、技术服务业务取得的收入，免征营业税；新兴科技企业孵化器、科技园区向孵化企业提供场地、房屋以及提供孵化服务取得的收入，免征营业税。

个人所得税。对科研机构、高等学校转化职务科技成果以股份或出资比例等股权形式给予个人奖励，经主管税务机关审核后，暂不征收个人所得税；对战略性新兴产业高科技人才在技术成果和技术服务方面的收入、取得的股权收益给予税收上的优惠。

8.3.3.4 产业政策创新

(1) 产业组织政策

加大对重点龙头企业的培育与扶持力度。成都市扩大新兴企业培育范围，在电子信息、汽车、新能源、生物医药等优势产业中筛选出具备一定规模、市场前景广阔、技术水平先进、处于产业链高端的企业进行重点培育与扶持，2010年认定重点企业331家，其中节能环保设备50家、新一代信息技术45家、

---

① 目前国家确立的战略性新兴产业包括：节能环保、新一代信息技术、生物、高端装备制造、新能源、新材料和新能源汽车等产业。

生物医药 69 家、高端装备制造 18 家、新能源装备 70 家、新材料 60 家、新能源汽车 19 家。另外，出台了《成都市培育大企业大集团动态管理办法》和《成都市大企业大集团营业收入和新增上缴税金上台阶奖励办法》，可以及时快捷地解决大企业大集团发展中的实际困难和突出问题，大力扶持龙头企业进行技术改造和新产品开发，全力培育龙头产品和预备产品。

鼓励企业兼并重组。鼓励本土企业通过企业合并与股权、资产收购等多种形式进行兼并重组，通过优势企业强强联合壮大企业规模。同时，鼓励本土龙头企业通过资本经营、战略合作与业务重组等方式拓展异地业务，尤其鼓励本土企业在全球范围开展资源整合，提高企业国际化经营水平，扩大国际影响力。政府为企业的兼并重组提供信息服务，并作为"网络经纪人"为企业兼并重组搭建中介平台，推进制度、规则的建立与维护。成都光明光电股份有限公司是斓系光学玻璃的新材料龙头企业，中国兵器装备集团公司将其持有的成都光明 5275 万股股份（13.5% 公司股权）转让给日本富士能株式会社，从而使后者成为公司第二大股东，通过战略投资者的成功引入，将进一步提升成都光明的整体实力、整体价值和可持续发展能力，为公司择机上市和又好又快发展奠定良好基础①。

扶持中小企业和微型企业成长。加大推进中小企业创业基地建设，实施中小企业成长工程，积极引导大企业与中小企业、微型企业之间的协作；进一步完善中小企业和微型企业服务体系建设，建立"成都市中小企业呼叫中心"和"中小企业服务联盟"，建立起以公共信息服务为基础、各种专业服务为补充的服务平台体系。

---

① 胡玉芳. 成都光明光电股份有限公司——斓系光学玻璃的龙头企业[J]. 四川稀土，2009（1）：5.

积极引入民营经济。2008 年，四川民营经济国税收入、地税收入比重分别占到了 69.09% 和 51.35%，首次实现"双过半"。全省民营经济增加值占全省 GDP 的比重达 54.2%，占据大半江山，没有民营经济的参与，战略性新兴产业的发展将缺乏活力。为此，成都市出台了相应的政策，拓宽民间投资的领域和渠道，放开民营企业投资的大部分限制，鼓励和引导民营企业通过参股、控股、资产收购等多种方式进入节能环保、软件开发、服务外包、网络动漫、广告创意、电子商务等战略性新兴产业领域，制造公平竞争的投资环境，让民营企业与国有企业在竞争中享受同等待遇。同时，推动民营企业加强自主创新和转型升级；支持民营企业参与成都重大科技计划项目和技术攻关，鼓励民营企业加大新产品开发力度，发展战略性新兴产业；建立健全民间投资服务体系，加强服务和指导，为民间投资创造了良好环境。

（2）产业布局政策

结合各区产业发展基础，对战略性新兴产业在成都的布局进行总体规划，按照"工业向园区集中、土地集约利用、产业集群发展"的总体思路，形成了"一区一主业"的战略性新兴产业布局格局，更多相关产业在同一空间集聚，配套产业也逐步进入产业链中，产业集群发展初具规模。主要战略性新兴产业布局情况如下：

新能源产业。在双流产业园、新津工业区、高新西区等地发展太阳能、核能技术研发及关键部件制造；以双流、新津工业集中发展连片区、青白江工业集中发展区为主要载体发展风能技术研发及关键部件制造；在龙泉驿成都经开区重点发展新能源汽车；以郫县—高新区半导体照明产业发展区为载体发展半导体照明。

新材料产业。主要集中在新津工业集中发展区、彭州塑胶科技产业园、双流工业集中发展区、青白江工业集中发展区、龙泉驿经开区、高新区。

环保产业。在金堂工业集中发展区规划建设全市环保产业基地，主要发展以循环经济为基础的资源综合利用企业和环保产品生产与经营企业；在新津工业集中发展区重点布局废金属、废纸回收利用的资源综合利用企业；在成都龙潭工业集中发展区规划建设全市环保科技孵化园，打造环境服务总部基地。

生物医药产业。生物制药布局在成都高新区、彭州市、武侯区；生物医学材料及医疗器械生产以成都高新区、新津县、双流为主。现代中药分布在成都高新区、都江堰市、邛崃市、温江区等区。化学合成药布局在成都高新区、双流县；以成都高新区、金牛区、新都区为主要载体进行生物医药外包服务。

到目前为止，高新区逐步形成了以英特尔、富士康、中兴通讯、银海软件、成芯半导体等代表的以集成电路设计、制造、封装、软件开发及终端产品生产为主的电子信息和软件产业集群；经济技术开发区初步形成了以一汽大众、一汽丰田、吉利高原、神钢等为代表的汽车及机械产业集群；双流县初步形成了以天威新能源、汉能等为代表的新能源产业集群；新津县初步形成了天威硅业、新光硅业、纳爱斯等为代表的新材料产业集群。其中，双流县新能源产业功能区、新津新材料产业功能区先后获批"新能源产业国家高技术产业发展基地"、"国家高新能纤维高新技术产业化基地"，全市国家级科技产业园区（基地）达到 17 个。

8.4 成都市战略性新兴产业发展的经验启示

由于资料收集的难度，本书仅以成都市战略性新兴产业发展的实践为例进行研究。成都市地处我国西部，大体代表的是西部城市，我国中西部地区市场基础相对薄弱，自然资源又比较丰富。而相比之下，东部地区市场发展比较成熟、竞争较为充分，严格来说，由于市场基础、经济发展状况、资源禀赋等的不同，企业的战略安排、产业的选择、政府的扶持重点等方面均会存在一定差异，所以东部与中西部地区在新兴产业发展中的制度建设重点也会有所区别。尽管如此，从目前的情况来看，由于我国整体上仍属于发展中国家，大多数地区仍是借助发达国家产业转移的契机，进行产业结构调整，培育和发展战略性新兴产业，并以此为依托，促进企业技术创新和产业创新。另外，本书案例的验证重点是战略性新兴产业发展所需的制度系统，以及成都市如何在具体分析其产业发展优劣势与资源禀赋的基础上，如何选择和培育战略性新兴产业，而且成都市的一些制度创新经验也的确在向其他地区推广，因此，成都市战略性新兴产业发展的案例具有一定的借鉴意义。

通过本案例的研究，可以看到，成都市战略性新兴产业发展主要围绕各种要素培育制度、企业制度以及政府管理制度的创新而开展，而且从中也可看到各种制度创新的主体选择，例如企业组织制度创新的主体基本上是企业主导型，而政府管理制度一般只能是政府主导供给，技术进步制度、资本市场制度、人力资本制度等要素的培育制度创新则更多采取政府供给主导与微观主体需求诱导相结合的模式。另外，从成都市战略性新兴产业发展的实践中，可以得到了以下一些值得借鉴的经验或有益的启示：

（1）规划先行

在"十一五"期间，成都市就已经制定了许多新兴产业的发展规划，例如《生物医药产业十一五发展规划》、《信息产业十一五发展规划》以及《航空航天产业十一五发展规划》等，只是当时还没有提出战略性新兴产业这一概念而已。在温家宝总理2009年9月连续召开有关战略性新兴产业发展的会议以后，成都市发改委等部门马上抓紧对各个战略性新兴产业发展状况的调研工作，召开了许多相关专题会，在此基础上出台了2009—2012年各战略性新兴产业发展规划作为初步的战略部署，同时，发布了"十二五"规划前期重大招标课题，其中就有指定的"'十二五'时期加快新兴产业发展，调整产业结构研究"课题，以作为战略性新兴产业十二五规划工作的前期准备。据悉，在即将出台的《成都市十二五工业发展规划》中明确指出要以战略性新兴产业发展为突破口，并提出了以"八大工程"作为保障。这些规划的制定，为战略性新兴产业的发展提供了明确的发展方向、发展目标和保障措施。

（2）科学选择战略性新兴产业的发展领域

在战略性新兴产业的选择上，成都市没有一哄而上，为了争取国家、财政的项目支持而盲目地确立与支持战略性新兴产业主要发展领域，而是在进行详细调研的基础上，综合各产业发展的基础与优劣势、世界战略性新兴产业发展趋势、产业链构成等，科学、客观地选择本区域具有发展潜质的战略性新兴产业，最大程度避免战略方向上的失误与资源的浪费。

（3）大胆进行各种制度的创新

成都市在战略性新兴产业的发展过程中，大胆地进行各项制度的变革，并注意经验的总结，以利于下一步的工作的开展。如前所述，成都市的许多发展经验，已经向全国许多地区推广。例如：融资制度中"梯形融资模式"，政府服务中的"三段式服务模式"、"并联审批模式"、"一窗式服务模式"、"962000企业服务呼叫中心"等；成都高新区成立之初，就在全国创造了四个第一，即第一个实行"一站式"管理，第一个建立科技与经济相结合的股份公司，第一个建立风险投资公司，第一个在内陆城市建立保税仓库；成都市战略性新兴产业发展一个最重要的经验就是，坚持围绕产业抓服务，而这种服务自身又通过系列机制、体制的创新，增强了成都高新区的综合竞争力，通过创新性地建立精简、高效的以服务为核心的体制和制度，成都市使软环境变成了硬实力。

（4）发挥政府在制度创新中的积极作用

成都市政府充分发挥政府在制度创新中的各种优势，不仅在政府管理制度创新方面发挥完全的作用，也积极参与到各种要素培育的制度创新中去，起到较好的引导和激励作用。例如在融资制度的设计时，政府与金融机构一道进行讨论研究，成都市相关职能部门每年至少组织举办2次以上银企融资项目对接会、座谈会、沙龙等活动，为企业、项目、资金搭建桥梁；为人才的培育、引进等制定了一系列政策措施，为高端人才的引进提供了良好的政策保障等。

9 研究结论与展望

9.1 研究结论

通过本书的研究，得到的主要结论如下：

（1）新兴产业形成的动因主要有"技术推动"模式、"需求拉动"模式以及"技术推动—市场拉动"综合模式。新兴产业发展路径主要有市场自发培育式、政府培育式以及市场自发与政府扶持相结合模式。

（2）制度与资本、技术、人力资本构成新兴产业发展的内生性要素，但制度高于技术，制度高于资本，是首要的因素。制度对其他三大要素均有着极其重要的影响，资本、技术、人力资本在某个产业集聚的数量和质量，取决于制度环境和具体的制度安排；制度能够促进人才、资本与技术之间的耦合。

新兴产业发展的制度系统分为正式制度和非正式制度。正式制度包括要素培育制度、企业制度和政府管理制度，其中要素培育制度包括了融资制度、人力资本制度和科技制度，企业制度由企业组织制度、企业产权制度、法人治理制度、管理制度等构成，政府管理制度包括财税制度、法律制度和产业政策等。非正式制度则涵盖了价值观、意识形态、风俗习惯、文化传统等内容。

（3）实证检验的结果显示，我国新兴产业增长的主要拉动力量是实物资本的投入，尚未走出我国传统产业"粗放型、数量型增长方式"的一贯模式，向集约型、质量型增长方式转变势在必行。人力资本、技术进步对新兴产业发展的促进作用不显著，其主要原因是尚未建立较为完善的人力资本制度和科技制度，限制了人力资本和技术进步在新兴产业发展中作用的发挥。制度因素已经成为新兴产业发展中仅次于实物资本之后的第二大拉动因素，但应该看到的是，尽管非国有化、市场化、外向化进程仍在不断继续，政府扶持力度也在加大，仍存在较大的制度创新空间，应坚持各项制度、机制的改革与创新，并注重制度之间的耦合性，使之成为新兴产业发展的首要拉动因素。

（4）由于与传统产业相比对制度的特殊需求，新兴产业的出现必将导致制度的非均衡，而且这种制度的非均衡会在一定时期内存在，也即新兴产业从诞生开始，总是或多或少要经历一段"制度真空"时期。因此，政府和企业应加强对新兴产业发展规律、影响因素、适应的制度、技术和产业发展趋势等方面的基础性研究，尽量减少认知时滞，缩短制度非均衡存在的时间，尽早形成有利于新兴产业发展的制度环境和制度安排。

由于制度创新仅在潜在收益大于创新成本时才发生，新兴产业出现后引发的制度失衡并不必然导致制度的"适应性"创新，"制度真空"时段的长短取决于是否有某个外部的力量来改变潜在收益与制度创新成本之间的比较。而危机作为一种典型的外部力量，将给新兴产业的快速发展带来新的机遇，对政府而言，要充分利用好危机之后给新兴产业带来的发展机遇，适时创新制度，转危为机。

主体的创新收益大于创新成本，还只是该主体进行制度创新的必要条件，而非充分条件，因为制度供给是有外部性的，对创新主体而言，只有当与其他主体合作条件下的创新利润大于不合作条件下的创新利润时，该主体才会从事制度创新活动。而一旦所有主体在合作条件下的创新利润小于不合作条件下的创新利润之和时，演化稳定策略取决于初始状态。

（5）要素培育制度是新兴产业发展的核心制度。任何一个产业的发展都离不开资本（实物）、人力资本和技术这三大要素，对于新兴产业而言亦不例外，只是其对这些要素需求的特征（特性、数量、质量上）会与传统产业有所区别，这些要素的供给与集聚，都是在一定制度背景和制度安排下进行的。因此，要素培育制度是新兴产业发展的核心制度，该制度与新兴产业发展的耦合与适应程度会直接影响到新兴产业的发展速度与质量。

（6）企业制度是新兴产业发展的微观基础。鉴于新兴企业的特征，结合现代企业组织发展的新趋势，未来新兴企业组织形式将朝着扁平化、虚拟化、网络化、模块化等方向发展。

（7）政府管理制度是新兴产业发展的重要支撑。政府管理制度包括法律制度、财税制度以及产业政策，通过这些制度功能的发挥，能够起到"引导"、"激励"、"服务"和"规范"作用，从而有效促进新兴产业的发展。

9.2 研究展望

本书在对新兴产业形成与发展机理、制度系统及其创新机制与模式进行研究的基础上，结合我国制度建设现状，对新兴产业发展的制度创新进行了系统的研究，本书的研究目标已基本达到。但正如书中所述，对新兴产业的研究正如其产业特征一样，还处于萌芽期，因此本书仅仅是一个阶段性成果，还有许多待深入研究的方向和内容：

由于数据、资料的可获得性，当前大多研究基本还处于定性研究阶段，本书也仅仅是借用高技术产业的数据进行了实证检验。鉴于新兴产业在国家战略中的重要地位，可以预见，很快就会出台专门的统计口径，对新兴产业的发展状况进行系统的统计。在此基础上进行诸如新兴产业发展与产业结构调整、就业结构调整、经济增长之间关系的研究，对新兴产业的技术效率、生产率、影响力系数、感应度系数等的研究，均为本书希望能继续深入研究的内容。

新兴产业发展的制度系统纷繁芜杂，尽管本书将之进行了梳理与简化，但就其正式制度而言，省略了部分制度的创新研究，而对于非正式制度，尽管其对新兴产业的发展有着非常重要的作用，但基于本书篇幅，亦待后续研究再行开展。

参考文献

[1] Porter M E. Competitive Strategy, Techniques for Analyzing Industries and Competitors [M]. Free Press. New York, 1980.

[2] R Solow. Technical change and the aggregate production function. Review of Economics and Statistica [J], 1957 (8): 312 - 320.

[3] E Mansfield. The Economics of technological chang [M]. New York. w. w. Norton and Company, 1976.

[4] Porter Michael E. Competitive advantage of nations [M]. Free Press, New york, 1990.

[5] J Schmookler. Invention and economic growth. Cambridge: Havard University Press, 1966.

[6] GOLD SMITH Raymond W. A perpetual inventory of national wealth [R]. NBER Studies in Income and Wealth. New York: National Bureau of Economic, 1951.

[7] YOUNG A. Gold into base metals: productivity growth in People's Republic of China during the reform period [J]. NBRE Working paper, 2000.

[8] ROBERT M SOLOW. A contribution to the theory of economic growth [J]. The Quarterly Journal of Economics, 1956, 70 (1): 65 - 94.

[9] ARROW J. The economic implications of learning by doing [J]. The Review of Economic Studies, 1962, 29 (3): 155 - 173.

[10] ROMER P. Increasing returns and long - run growth [J]. Journal of Political Economy, 1986, 94 (5): 1002 - 1037.

[11] ROMER P. Endogenous technical change [J]. Journal of Political Economy, 1990, 98 (6): 71 - 102.

[12] LUCAS R. Why doesn't capital flow from rich to poor countries? [J]. America Economic Review, 1988, 80 (2): 92 - 96.

[13] DAVIS L, NORTH D. Institutional change and american economic growth: a first step towards a theory of institutional innovation [J] . The Journal of Economic History, 1970, 30 (1): 131 - 149.

[14] NORTH D. institutions, institutional change and economic performance [M]. London: University of Cambridge Press, 1990, 43 (5): 36 - 57.

[15] Freeman C, C Perez. Structure crises of adjustment, business cycles and investment behavior//G. Dosi et al. eds. Technicle change and economic Theory. France Pinter, London 1988: 38 - 66.

[16] Friedman D. Evolutionary games in economics [J]. Econometrican, 1991, (59): 637 - 639.

[17] Hodgson G. Economics and evolution: bringing life back to economics [M]. Cambridge: Polity Press, 1993.

[18] Rao Yi, Lu Bai, Tsou Chenlu. A fundamental transition from rule - by - man to rule - by - merit—what will be the legacy of the mid - to - long term plan of science and technology? [J]. Nature, 2004, 432 (Suppl): A12 - A17.

[19] OECD. Reviews of innovation policy: China [M]. OECD

Publishing, 2008: 47.

[20] Hakonsson. Network approach: London. Industrial Technological Development, 1987.

[21] Gourinchas Rey. From world banker to world venture capitalist: US external adjustment and exorbitant privilege. NBER Working Paper NO. 11653. August, 2005.

[22] Steven Klepper. Entry, exit, growth and innovation over the product life cycle. The American Economic Review, 1996 (6).

[23] Jeffel Funk. The origins of new industry: the case of the mobile Internet [J]. Management of Engineering and Technology, 2003.

[24] Baldwin Carliss Y, Kim B Clark. Managing in the age of modularity. Harvard Business Reviews, 1997 (Sep/Oct): 81 - 93.

[25] Sturgeon T J. Modular production networks: a new American model of industrial organization. Industrial and Corporate Change, 2002, vol. 11, Issue 3: 451 - 496.

[26] Gary P Pissano, David J Teece. How to capture value from Innovation: shaping intellectual property and industry architecture. California Management Review 2007 (50): 278 - 296.

[27] Kremer. Population growth and technological change: On million B. C. to 1990. Quarterly Journal of Economics, 1993, 108 (3): 681 - 716.

[28] Rostow W W. The stages of economic growth: a non - communist Manifesto . Cambridge; London: Cambridge University Press, 1960, .

[29] Keizer J A, Halman J L, Song M. From experience: applying the risk diagnosing methodology. Journal of Product Innovation

Management, 2002, 19 (3): 18 - 256.

[30] MA Yunze. A Study on the dynamic mechanism encouraging the development of new energy industry. 2010 International Conference on Energy, Environment and Development - ICEED2010, Volume 5, 2011: 2020 - 2024.

[31] Carlota Perez. The double bubble at the turn of the century: technological roots and structural implications, Cambridge Journal of Economics, 2009, 33 (4): 779 - 805.

[32] Krugman Paul. A model of innovation, technology transfer, and the world distribution of income. Journal of Political Economy. 1979, 87 (2): 253 - 66.

[33] Flavin. The adjustment of consumption to changing expectation about future income. Journal of Political Economics. 1981, 89: 974 - 1009.

[34] Friedman. The theory of the consumption function, princeton University Press. 1957.

[35] Gourinchas, Parker. The empirical importance of precautionary saving. 2001, NBER Working Paper, 8107.

[36] Hall Robert E. Stochastic implications of the life cycle permanent income hypothesis: theory and evidence. Journal of Political Economy. 1978, 86 (6): 971 - 987.

[37] Hall, Mishkin. The sensitivity of consumption to transitory income estimates from panel data on households. Economitrica, 1982, 50: 461 - 48.

[38] Hubbard, Skinner, Zelds. Precautionary saving and social Insurance. Journal of Development Economics. 1995, 66: 23 - 49.

[39] Starr - McCluer. Health insurance and precautionary

saving. American Economics Review. 1996, 86 (1): 285 - 295.

[40] Wei Sun. Testing the behavioral life - cycle model: the effects of social security and pension on personal saving (unpublished). 2001, A dissertation for Ph. D.

[41] Leimer and Lesnoy. Social security and private saving: new time - series evidence. Journal of Political Economy. 1982 (90): 606 - 629.

[42] Leland. Saving and uncertainty: the precautionary demand for saving. Quarterly Journal of Economics. 1968, 82: 465 - 473.

[43] Lewis W Arthur. Economic development with unlimited supplies of labor. Manchester School of Economic and Social Studies. 1954 (22).

[44] Deaton. Saving and liquidity constraints. Econometrica. 1991, 59 (5): 221 - 248.

[45] Engen and Gruber. Unemployment insurance and precautionary saving. NBER Working Paper, 1995, 5252.

[46] Feenberg and Skinner. The risk and duration of catastrophic health care expenditures. The Review of Economics and Statistics, 1994, 74 (4): 633 - 647.

[47] Non. Capitalization of Interjurisdictional Differences in Local Tax Prices [J]. The American Economic Review, 1976 (12).

[48] Greig P. The management decision - making process in the mulitple use of forested lands, with particular reference to outdoor recreation, Master of Science thesis, University of Melbourne, 1973.

[49] Ulph A, Reynolds J. An economic evaluation of national parks. Monograph No. 4, Centre for Resource and Environmental Studies, Australian National University, 1981.

［50］Scoccimarro M. An analysis of user - pays for Queensland National Parks: a case study of green mountains, bachelor of economics (Honours) thesis, University of Queensland, 1992.

［51］Herath G, Kennedy J. Estimating the economic value of Mount Buffalo National Park with the travel cost and contingent valuation models. Tourism Economics, 2004, 10 (1): 63 - 78.

［52］杨益. "后危机时代" 我国经济和产业发展面临的机遇、挑战及战略选择 ［J］. 国际贸易, 2009 (9): 4 - 7.

［53］祝宝良. 构建发展战略性新兴产业政策支撑体系. 科技成果纵横 ［J］, 2010 (1): 7 - 9.

［54］汪斌. 东亚工业化浪潮中的产业结构研究 ［M］. 杭州: 杭州大学出版社, 1997: 289.

［55］程瑞华, 王赢. 加大信贷支持力度 推动新兴产业发展 ［J］. 中国金融家, 2010 (1): 57 - 58.

［56］吴垠. 低碳经济发展模式下的新兴产业革命 ［N］. 经济参考报, 2009 - 11 - 3 (5).

［57］温家宝. 让科技引领中国可持续发展 ［J］. 科技管理研究, 2010 (1): 1 - 3.

［58］刘澄, 顾强, 董瑞青. 产业政策在战略性新兴产业发展中的作用 ［J］. 经济社会体制比较, 2011 (1): 196 - 203.

［59］周叔莲, 裴叔平. 试论新兴产业与传统产业的关系 ［J］. 经济研究, 1984, (2): 35 - 41.

［60］史忠良, 何维达. 产业兴衰与转化规律 ［M］. 北京: 经济管理出版社, 2004: 123 - 129.

［61］黄南. 世界新兴产业发展的一般规律分析 ［J］. 科技与经济, 2008 (5): 31 - 34.

［62］郭铁成. 新兴产业形成规律和政策选择 ［J］. 中国科

技产业，2010（11）：60 - 62.

[63] 郑江淮. 理解战略性新兴产业的发展——概念、可能的市场失灵与发展定位 [J]. 2010（4）：5 - 10.

[64] 唐宁. 日本的新兴产业战略 [J]. 日本研究，2006（1）：16.

[65] 王春法. 论技术创新过程中的不确定性问题 [J]. 中国科技产业，1997（2）.

[66] 林书雄. 新兴技术的内涵及其不确定性分析 [J]. 价值工程，2006（9）.

[67] 迈克尔·波特. 国家竞争优势 [M]. 北京：华夏出版社，2002.

[68] 姜江. 世界战略性新兴产业发展的动态与趋势 [J]. 中国科技产业，2010（07）：54 - 59.

[69] 江世银. 区域产业结构调整与主导产业选择研究 [M]. 上海：上海人民出版社，2004.

[70] 苏东水. 产业经济学 [M]. 北京：高等教育出版社，2000：474.

[71] 厉无畏，王振. 中国产业发展前沿问题 [M]. 上海：上海人民出版社，2003.

[72] 杨公仆，夏大尉. 产业经济学教程 [M]. 上海. 上海财经大学出版社，2002.

[73] 张会恒. 论产业生命周期理论 [J]. 财贸研究，2004（6）：7 - 11.

[74] 芮明杰，张琰. 产业创新战略—基于网络状产业链内知识创新平台的研究 [M] 上海：上海财经大学出版社，2009：18 - 20.

[75] 迈克尔·波特. 竞争战略——分析产业和竞争者的技巧 [M]. 北京：华夏出版社，1997.

[76] 郑林. 产业经济学 [M]. 郑州：河南人民出版社，1992：3.

[77] 周新生. 产业兴衰论 [M]. 兰州：西北大学出版社，2000：3.

[78] 胡洪力. 中国汽车产业成长研究 [D]. 西安：西安交通大学，2003.

[79] 刘小雪. 发展中国家的新兴产业优势 [M]. 北京：世界知识出版社，2005.

[80] 史丹，李晓斌. 高技术产业发展的影响因素及其数据检验 [J]. 中国工业经济，2004（12）：32－39.

[81] 李树人. 资源型城市新兴产业规模化研究 [D]. 太原：山西大学，2007.

[82] 凡勃伦. 有闲阶级论 [M]. 北京：商务印书馆，1981.

[83] 康芒斯. 制度经济学 [M]. 北京：商务印书馆，1962.

[84] 道格拉斯·C. 诺斯. 制度、制度变迁与经济绩效 [M]. 上海：上海三联书店，1994.

[85] T. W. 舒尔茨. 制度与人的经济价值的不断提高 [A]. 载 R. 科斯等著. 财产权利与制度变迁 [M]. 上海：上海三联书店，2002：253.

[86] 柯武刚，史曼飞. 制度经济学 [M]. 北京：商务印书馆，2000：35.

[87] 张旭昆. 制度系统的关联性特征 [J]. 浙江社会科学，2004（3）：79－84.

[88] 卢现祥. 西方新制度经济学 [M]. 北京：中国发展出版社，1996.

[89] R. 科斯等. 财产权利与制度变迁 [M]. 上海：上海

三联书店，1994.

[90] 邓大才. 论制度变迁的组合模式——制度创新方式与制度演进方式相机组合研究 [J]. 北京行政学院学报，2002 (4)：42-47.

[91] 张晋. 新兴产业发展的理变分析 [J]. 太原科技，2004 (2)：16-17.

[92] 任晓. "十一五"温州新兴产业兴起之路径 [J]. 浙江经济，2005 (11)：46-47.

[93] 王海霞. 甘肃发展新兴产业的模式选择与推动策略 [J]. 商业时代，2009 (9)：104-105.

[94] 刘志阳，程海狮. 战略性新兴产业的集群培育与网络特征 [J]. 改革，2010 (5)：36-42.

[95] 王利政. 我国战略性新兴产业发展模式分析 [J]. 中国科技论坛，2011 (1)：12-42.

[96] 黄南. 世界新兴产业发展的一般规律分析 [J]. 科技与经济，2008 (5)：31-34.

[97] 刘志迎. 现代产业经济学教程 [M]. 北京：科学出版社，2007.

[98] 乔·J. 施蒂格勒. 施蒂格勒论文精粹 [M]. 北京：商务印书馆，1999：16.

[99] 刘志迎. 基于效率理论的高技术产业增长研究 [D]. 南京：南京农业大学博士学位论文，2006.

[100] 黄先海. 蛙跳型经济增长——后发国家发展路径及中国的选择 [M]. 北京：经济科学出版社，2005.

[101] 文启湘. 产业经济理论前沿 [M]. 北京：社会科学文献出版社，2005.

[102] 姜大鹏，顾新. 我国战略性新兴产业的现状分析

[J]. 科技进步与对策, 2010 (17): 65 - 70.

[103] 李明智, 王娅莉. 我国高技术产业全要素生产率及其影响因素的定量分析 [J]. 科技管理研究, 2005 (6): 34 - 38.

[104] 金玉国. 宏观制度变迁对转型时期中国经济增长的贡献 [J]. 财经科学, 2001 (2): 24 - 28.

[105] 亚当·斯密. 国富论 [M]. 孙善春, 李春长, 译. 北京: 中国华侨出版社, 2010.

[106] 大卫·李嘉图. 政治经济学及赋税原理 [M]. 郭大力, 王亚南, 译. 南京: 译林出版社, 2011.

[107] 阿尔弗雷德·马歇尔. 经济学原理 [M]. 周月刚、雷晓燕译. 北京: 中国城市出版社, 2010.

[108] 杜金沛. 高新技术经济发展: 技术、制度与资本的耦合 [D]. 成都: 西南财经大学, 2003.

[109] 杨小凯, 黄有光. 专业化与经济组织——一种新兴古典微观经济学框架 [M]. 北京: 经济科学出版社, 1999: 113 - 125.

[110] V. 奥斯特罗姆, D. 菲尼, H. 皮希特. 制度分析与发展的反思 - 问题与决策 [M]. 王诚, 等, 译. 北京: 商务印书馆, 1996: 92 - 107.

[111] 文启湘, 胡洪力. 制度变迁对中国汽车工业增长贡献的实证分析 [J]. 经济经纬, 2003 (6): 8 - 11.

[112] 柯武刚, 史漫飞. 制度经济学——社会秩序与公共政策 [M]. 上海: 商务印书馆, 2000: 56.

[113] 吴永虹. 论制度创新与企业技术创新激励 [J]. 经济体制改革, 2003 (4): 40 - 41.

[114] 赵玉林. 创新经济学 [M]. 北京: 中国经济出版社,

2006.

[115] 苏胜强. 经济增长中的资本、技术和制度的系统特征分析 [J]. 广东广播电视大学学报, 2001 (3): 50-55.

[116] 陈柳钦. 高新技术产业发展的制度环境分析 [J], 科技与经济, 2007 (4): 3-6.

[117] 姜江. 世界战略性新兴产业发展的动态与趋势 [J]. 中国科技产业, 2010 (07): 54-59.

[118] 谢识予. 经济博弈论 [M]. 上海: 复旦大学出版社, 2002.

[119] 陈柳钦. 高新技术产业发展的金融支持研究 [J]. 当代经济管理, 2008 (5): 59-65.

[120] 张峋喆, 史建生. 培育战略性新兴产业的政策评述 [J]. 经济研究参考, 2010 (52): 15-19.

[121] 刘志彪. 科技银行功能构建: 商业银行支持战略性新兴产业发展的关键问题研究 [J]. 南京社会科学, 2011 (4): 1-7.

[122] 周英章, 金戈. 论商业银行对高新技术产业的金融支持 [J]. 中国流通经济, 2001 (5): 60-64.

[123] 张洁梅. 私募股权基金与我国的产业发展问题研究 [J]. 改革与战略, 2009 (9): 65-68.

[124] 姚树荣. 创新型人力资本、制度与企业绩效 [J]. 当代财经, 2001 (2): 3-7.

[125] 高素英. 人力资本与经济可持续发展 [M]. 北京: 中国经济出版社, 2010: 276-285.

[126] 熊文红. 我国科技人才培养与成长机制的创新 [J]. 科学决策, 2006 (1): 45-47.

[127] 熊斌, 葛玉辉. 推动战略性新兴产业发展的科技人

力资源开发研究 [J]. 中国人力资源开发, 2010 (8): 5-8.

[128] 高毅蓉, 林玳玳. 高新技术产业人才资本产权激励障碍因素的实证分析 [J]. 科技管理研究, 2006 (2): 110-112.

[129] 黄燕芬, 顾严, 杨宜勇. "十一五"我国高技术产业人才的透视、预测及发展机制 [J]. 江海学刊, 2005 (4): 73-78.

[130] 赵美兰, 周定. 论我国高技术产业人力资源的开发与管理 [J]. 职业时空, 2005 (24): 46-48.

[131] 陈海秋, 韩霞, 杨健安. 我国科技人才培养及管理机制创新研究 [J]. 中国高校科技与产业化, 2009 (4): 72-73.

[132] 辜胜阻, 李永周. 论高技术产业的机制创新 [J]. 经济评论, 2001 (6): 41-43.

[133] 齐善鸿, 周桂荣. 我国科技人才流动的特征与机制选择 [J]. 天津商业大学学报, 2008 (6): 55-59.

[134] 朱伟民. 组织扁平化与管理变革 [J]. 江苏商论, 2009 (2): 108-109.

[135] 钱斌. 科技体制的概念分析 [J]. 科技经济市场, 2009 (8): 75-76.

[136] 白永秀. 我国高新技术产业发展的制度创新研究 [D]. 西北大学博士学位论文, 2002: 108-110.

[137] 黄涛. 中国科技体制面临六大突出问题 [J]. 科技导报, 2010 (28): 118-119.

[138] 赵凌云. 创新型国家的形成规律及其对中国的启示 [J]. 学习月刊, 2006 (3): 9-10.

[139] 蒋正华. 提高自主创新能力 改变经济增长方式 [J].

中国高校科技与产业化，2007（8）：

[140] 刘志阳，施祖留. 我国战略新兴产业自主创新问题与对策研究 [J]. 福建论坛：人文社会科学版，2010（8）：10－16.

[141] 伍湘. 科技制度创新与高技术产业化 [J]. 企业技术开发，2002（6）：30－32.

[142] 中国科学技术协会调研宣传部. 2008年科技工作者状况调查 [J]. 科技导报，2009（13）：19－26.

[143] 宋海龙. 中国科技体制改革三十年回顾与展望 [J]. 中共郑州市委党校学报，2008（4）：12－14.

[144] 科技部. 关于推动产业技术创新战略联盟构建与发展的实施办法（试行）[Z]. 国科发政 [2009] 648号.

[145] 向杰. 产业技术创新战略联盟已遍地开花 [N]. 科技日报，2010－06－07（9）.

[146] 胡争光，南剑飞. 产业技术创新战略联盟战略问题研究 [J]. 科技进步与对策，2011（2）：74－77.

[147] 邬备民，李政. 产业技术创新战略联盟运行机制及策略研究 [J]. 中国高校科技与产业化，2010（01）：24－25.

[148] 曹艳. 创新型国家建设过程中政府的制度供给与维度 [J]. 经济问题探索，2007（2）：12－15.

[149] 龙云凤. 国内外科技体制改革浅析及其对中国的启示 [J]. 广东科技，2008（6）：10－12.

[150] 韩霞. 加快推进我国科技体制创新的对策研究 [J]. 中国行政管理，2008（2）：69－71.

[151] 魏杰. 中国企业制度创新 [M]. 北京：中国发展出版社，2006：3－5.

[152] 邓金堂. 高技术经济的制度演化研究 [D]. 成都：

西南财经大学, 2003: 121-122.

[153] 张平华. 中国企业管理创新 [M]. 北京: 中国发展出版社, 2004: 107-108.

[154] 王核成. 基于电子商务的组织创新研究 [J]. 中国软科学, 2001 (5): 45.

[155] 巨荣良, 张彤玉. 网络经济条件下企业组织结构变革探析 [J]. 理论学刊, 2009 (7): 44-47.

[156] 孟桢. 论组织扁平化及其在组织变革中的运用 [J]. 湖南社会科学, 2008 (4): 223-225.

[157] 秦泗凯. 试论企业组织扁平化及其实现路径 [J]. 商业经济, 2010 (1): 42-43.

[158] 林志扬, 林泉. 企业组织结构扁平化变革策略探析 [J]. 经济管理, 2008 (2): 4-9.

[159] 林润辉, 李维安. 网络组织——更具环境适应能力的新型组织模式 [J]. 南开管理评论, 2000 (3): 4-7.

[160] 卢福财, 周鹏. 外部网络化与企业组织创新 [J]. 中国工业经济, 2004 (2): 101-106.

[161] 杜国辉. 层级组织的网络化变革研究: 内部结构的网络化 [J]. 科技进步与对策, 2005 (7): 112-114.

[162] 柳清瑞, 张今声. 网络经济时代的组织变革与创新 [J]. 中国软科学, 2002 (4): 38-41.

[163] 特·海伦娜, 朱雯吉. 虚拟组织的特征及其结构模式 [J]. 合作经济与科技, 2010 (1): 44-46.

[164] 黄怡, 牛雄鹰. 组织设计新趋势——内部虚拟组织 [J]. 人力资源管理者, 2006 (5): 49-52.

[165] 刘建武. 我国高新技术产业发展的制度创新研究 [D]. 兰州: 西北大学, 2002: 176-186.

［166］张国庆.行政管理学概论［M］.北京：北京大学出版社，2000.

［167］蔡声霞.政府经济学［M］.天津：南开大学出版社，2009：282-291.

［168］刘灿.从经济自由主义和国家干预的纷争与现实看市场经济模式［J］.中国经济问题，2010（1）：38-45.

［169］李景海.自由主义与政府干预［J］.经济问题，2007（8）：15-18.

［170］唐彬.市场还是政府？——经济自由主义与干预主义的斗争历程［J］.理论月刊，2006（5）：146-148.

［171］王淑凤.战略性新兴产业发展政策研究［J］.科技信息，2010（33）：274-275.

［172］李一鸣，刘军.产业发展中相关理论与实践问题研究［M］.成都：西南财经大学出版社，2006：20.

［173］吴敬琏.制度重于技术——论发展我国高新技术产业［J］.经济社会体制比较，1999（5）：1-6.

［174］陈昭锋，徐国祥.论政府高新技术产业化的制度创新功能［J］.求实，2002（6）：76-78.

［175］万军.战略性新兴产业发展中的政府定位—日本的经验教训及启示［J］.科技成果纵横，2010（1）：13-16.

［176］朱迎春.政府在发展战略性新兴产业发展中的作用［J］.中国科技论坛，2011（1）：20-24.

［177］雷霆.中国高新技术产业发展的制度与机制创新研究［D］.中共中央党校，2001：143

［178］王俊豪.现代产业经济学［M］.杭州：浙江人民出版社，2003：294-330.

［179］王艺瑾.中国高新技术产业发展的制度经济学分析

[D]. 长春：吉林大学，2009：115.

[180] 姚雯，刘传江. 促进高技术产业发展的财税政策分析 [J]. 财政研究，2010 (2)：50-52.

[181] 刘金科. 新时期促进战略性新兴产业发展的财税思考 [J]. 经济研究参考，2010 (71)：21-23.

[182] 肖江平. 如何构筑我国战略性新兴产业集群的政策支撑体系 [J]. 商业时代，2011 (4)：125-126.

[183] 姜江. 我国部分新兴产业存在"潜在产能过剩"问题 [J]. 宏观经济管理，2010 (10).

[184] 广东省地税局课题组. 国内外发展战略性新兴产业的经验启示 [J]. 广东经济，2010 (10)：54-57.

[185] 钟清流. 战略性新兴产业发展进程中的政府角色 [J]. 现代商业，2010 (21)：149-150.

[186] 冷俊峰. 我国高新技术产业制度创新问题研究[D]. 长沙：中南大学，2008：111-115.

[187] 童汝根. 支持战略性新兴产业人力资本投入的财税政策 [J]. 税务研究，2010 (8)：28-30.

[188] 姚雯，刘传江. 促进高技术产业发展的财税政策分析 [J]. 财政研究，2010 (2)：50-52.

[189] 刘家庆. 促进战略性新兴产业发展的财政政策研究——以甘肃省为例 [J]. 财政研究，2011 (4)：31-34.

[190] 邓保生. 促进战略性新兴产业发展的税收优惠政策分析与优化 [J]. 税务研究，2011 (5)：68-70.

[191] 付广军. 运用税收政策促进战略性新兴产业发展 [J]. 兰州商学院学报，2011 (2)：1-9.

[192] 熊勇清，李世才. 战略性新兴产业与传统产业耦合发展的过程及作用机制探讨 [J]. 科学学与科学技术管理，2010

（11）：6 - 8.

［193］吴照云，余焕新 . 中国新兴产业市场结构演变规律探究—以有机硅产业为例 ［J］. 中国工业经济，2008（12）：134 - 143.

［194］曾泽志 . 我国战略性新兴产业的现状及政策建议［J］. 中国经贸导刊，2011（13）：14 - 15.

［195］姚海琳 . 企业集群成长中的地方政府作用 ［J］. 当代财经，2003（4）：10 - 14.

［196］吴传清，周勇 . 培育和发展战略性新兴产业发展的路径和制度安排 ［J］. 学习月刊，2010（7）：8 - 9.

［197］赵夫增 . 后危机时代的战略性新兴产业发展与国家高新区的使命 ［J］. 中国科学院院刊，2010（5）：482 - 489.

［198］郭凤侠 . 战略性新兴产业发展的 SWOT 分析：以生物产业为例 ［J］. 财经问题研究，2010（10）：33 - 37.

［199］谯薇 . 我国新兴产业发展中存在的问题及对策思考［J］. 经济体制改革，2010（4）：167 - 169.

［200］成都市发改委与成都市经委 . 成都市产业地图 2007 - 2008 ［M］. 北京：社会科学文献出版社，2009.

［201］胡玉芳 . 成都光明光电股份有限公司——斓系光学玻璃的龙头企业 ［J］. 四川稀土，2009（1）：5.

［202］高峰，唐家龙 . 新兴产业发展规律及启示 ［J］. 科技进步与对策，2011（1）：56 - 58.

［203］卡萝塔 . 佩雷丝 . 技术革命与金融资本：泡沫与黄金时代的动力学 ［M］. 中国人民大学出版社，2007：11 - 12.

［204］段小华，刘峰 . 关于政府科技投入支持新兴产业的若干问题探讨 ［R］. 中国社会科学技术发展战略研究院调研报告，2009：2 - 4.

[205] 刘洪昌, 武博. 战略性新兴产业的选择原则及培育政策取向 [J]. 现代经济探讨, 2010 (10): 56-59.

[206] 吴一群, 刘榆. 刍议 2008 年全球金融危机的影响及启示 [J]. 东南学术, 2009 (1): 28-33.

[207] 赵玉林, 张倩男. 湖北省战略性主导产业的选择研究 [J]. 中南政法大学学报, 2007 (2): 30-35.

[208] 李江, 和金生. 区域产业结构优化与战略性产业选择的新方法 [J]. 当代财经, 2008 (8): 70-73.

[209] 胡振华, 黎春秋, 熊勇清. 基于 "AHP-IE-PCA" 组合赋权法的战略性新兴产业选择模型研究 [J]. 科学学与科学技术管理, 2011 (7): 104-110.

[210] 郭克莎. 工业化新时期新兴主导产业的选择 [J]. 中国工业经济, 2003 (2): 5-10.

[211] 筱原三代平. 产业结构论 [M]. 北京: 中国人民大学出版社, 1990.

[212] 郝希曼. 经济发展战略 [M]. 北京: 经济科学出版社, 1991.

[213] 黄少安. 产权经济学导论 [M]. 北京: 经济科学出版社, 2004.

[214] 张琦. 我国高技术企业制度安排及创新 [J]. 中国软科学, 2001 (10): 85-89.

[215] 袁建昌, 魏海燕. 高新技术企业科技型人力资本产权激励的依据 [J]. 工业技术经济, 2010 (5): 2-5.

[216] 曹静, 蒋德启. 我国股票期权制度的实施现状与对策 [J]. 商业经济, 2010 (4): 81-83.

[217] 傅逸斐. 员工持股: 国外经验和我国的实践 [J]. 浙江经济, 2007 (13): 53-54.

［218］向显湖，钟文．试论企业经营者股权激励与人力资本产权收益［J］．会计研究，2010（10）：67-75.

［219］尤小雁．论员工持股计划实施中存在的问题［J］．财会月刊，2009（9）：79-80.

［220］周其仁．市场里的企业：一个人力资本与非人力资本的特别合约［J］．经济研究，1996（6）：71-80.

［221］邱爽．产权-创新与经济增长［D］．成都：西南财经大学，2008.

［222］顾海波，赵进华．高技术企业工业产权保护问题及对策分析［J］．科技管理研究，2007（6）：163-164.

［223］王涛，顾新等．我国高新技术企业知识产权管理现状、问题与对策［J］．科技管理研究，2006（4）：8-11.

［224］贾品荣．培育和发展新兴产业需要知识产权战略［N］．中国经济时报，2010-10-22.

［225］余文斌，华鹰．技术联盟"前端控制"型专利池构建与运作模式［J］．科技与法律，2009（6）：3-7.

［226］杜晓君．专利池：高新技术产业发展和竞争的主导范式［J］．经济理论与经济管理，2007（10）：32-36.

［227］白玲．技术创新与产业竞争力研究［M］．北京：经济管理出版社，2009.

［228］侯云先，王锡岩．战略产业博弈分析．北京：机械工业出版社，2004.

［229］安东内利．创新经济学 新技术与结构变迁［M］．刘刚，等，译．北京：高等教育出版社，2006.

［230］周飞跃．产业竞争力提升战略［M］．北京：经济科学出版社，2006.

［231］弗里曼，等．工业创新经济学［M］．华宏勋，等，

译．北京：北京大学出版社，2004．

[232] 袁中华，冯金丽．制度变迁对新兴产业发展的贡献研究——基于行业面板数据的实证分析 [J]．商业经济与管理，2011 (9)：49－56．

[233] 袁中华．企业集群形成与发展机制研究 [D]．成都：西南财经大学，2004．

[234] 袁中华，刘小差．后危机时代我国新兴产业发展的金融支持研究 [J]．新金融，2010 (5)：52－55．

[235] 袁中华，高文亮．新兴产业制度创新机制与模式研究 [J]．科技进步与对策，2011 (12)．

[236] 袁中华，罗华．西藏跨越式发展中主导产业选择的实证分析 [J]．长沙理工大学学报：社会科学版，2009 (2)：39－44．

致　谢

本书是在我博士学位论文的基础上修改补充而成的。在本书完稿之际，首先要感谢恩师李一鸣教授，传道授业，诲人不倦；治学严谨，思虑广远；教之以严，待则以宽，不嫌我愚钝，悉心点拨。自选题立意、构思布局、调研与数据收集到修改定稿，耳提面训，受益良多！不得导师指教，难有此文的完成。学术之余，导师也对我的工作关怀有加，指导推荐，由衷感佩！一日为师，终生难忘，希望导师健康幸福，希望今后不负导师辛苦与期待！感谢师母汪老师，时刻让我如沐春风！给我诸多生活上的关照！

在论文的写作过程中，我对国学大师王国维关于学问之道的三重境界的评述有了更深层次的理解。回想当初，离家别业，再当学子，跨入实现最高学术理想的殿堂。对于自己的这一选择，有许多的迷茫与彷徨。学海茫茫，路在何方？虽未上高楼，却也颇有"望尽天涯路"之感。既入学门，为不虚此行，我广泛涉猎，博读相关书目。为一个新理论，为一种新工具，为一次新实践；为知识的更新、理解与掌握，为论文的构思、写作与发表，我冥思苦想，绞尽脑汁。那时，我真正体会到了"为伊消得人憔悴"的感觉。当一种新思绪变成新构想，当一个新结点成为新平台，当一个新高峰成为新支点；当长时间的艰难爬行后，目标就在眼前，那种"暮然回首，那人却在灯火阑珊处"的感觉，那种发自内心的欣喜之情，无法言喻。学问之路，人生之路，路在脚下，我将奋勇而前行，去寻找那灯火阑珊处。感谢西南财经大学，让我再一次在知识的海洋里遨游。

西南财经大学工商学院的赵国良教授、郭元晞教授、赵振铣教授、何永芳教授、吴潮教授等或曾教授我专业课，或曾与我探讨论文思路，发蒙启蔽，四川大学经济学院的周春教授、杜肯堂教授等都对论文的修改和完善提出了非常宝贵的意见和建议，在此，对他们的无私帮助也表示深深的感谢。

"三人行必有我师"，同学、朋友就是我的同行者，自光华至柳林，相互砥砺，受益匪浅。感谢良师益友工商学院的朱晓琴博士、财税学院黄冠豪博士、经济学院陈辞博士曾给予的帮助！感谢同时学习的诸位博士，他们是聂鹏博士、代云初博士、刘小差博士、尹华北博士、曾祥旭博士、沙之杰博士、高文亮博士、潘明清博士、杜青龙博士以及其他所有帮助过我的同学，在此表示衷心的感谢！

感谢我的家人，是他们在我最困难的时候给予我最深厚的关怀，希望未来不再让他们为我担忧与劳累！

最后，真诚感谢西南财经大学出版社的李霞湘女士，为本书的出版提供了大力支持与帮助。

袁中华

2013 年 10 月